"十四五"职业教育国家规划教材

中国电力教育协会职业院校
电力技术类专业精品教材

高电压技术

（第二版）

主　编　伍家洁　苏　渊

副主编　郭剑峰　徐廷成　杨启军

编　写　赵俊霖　赵　莹　杨　溢

　　　　牟平伟　刘禹良

中国电力出版社
CHINA ELECTRIC POWER PRESS

内 容 提 要

本书为"十四五"职业教育国家规划教材。

本书分三个学习情境,其主要内容包括绝缘介质电气性能及击穿过程、电气设备绝缘试验和电力系统过电压防护。本书从基本物理概念及物理过程入手,引入国家标准、行业标准和职业规范,适当介绍新技术、新方法,突出了以能力培养为核心的教学理念。本书不仅配套了视频、动画等教学资源,还选取了一些思政素材供教学选用。

本书可作为高职高专院校电力技术类专业的教学用书,也可以作为发供电企业生产技能人员的培训参考书。

图书在版编目(CIP)数据

高电压技术/伍家洁主编 . —2 版 . —北京:中国电力出版社,2019.11(2024.12重印)
"十三五"职业教育规划教材
ISBN 978 - 7 - 5198 - 2788 - 5

Ⅰ.①高… Ⅱ.①伍… Ⅲ.①高电压-技术-高等职业教育-教材 Ⅳ.①TM8

中国版本图书馆 CIP 数据核字(2019)第 273569 号

出版发行:中国电力出版社
地　　址:北京市东城区北京站西街 19 号 (邮政编码 100005)
网　　址:http://www.cepp.sgcc.com.cn
责任编辑:雷　锦(010—63412530)
责任校对:黄　蓓　朱丽芳
装帧设计:赵姗姗
责任印制:吴　迪

印　　刷:北京雁林吉兆印刷有限公司
版　　次:2012 年 8 月第一版　2019 年 11 月第二版
印　　次:2024 年 12 月北京第二十一次印刷
开　　本:787 毫米×1092 毫米　16 开本
印　　张:11.75
字　　数:283 千字
定　　价:39.00 元

前　　言

本书为"十四五"职业教育国家规划教材，并于2023年列入职业教育优质教材推荐名单。

高电压技术课程是一门专业性、实用性、理论性非常强的课程，具有理论与实践并重的特点。它既是电类专业的一门核心技能课程，也是取得电气试验员职业资格证书的必须对应课程。随着职业教育教学改革的不断深化和电力行业的发展，本书编者认为本课程应以工程应用为主，内容不宜过细过深，应着重于塑造读者的动手能力和解决实际问题的能力。

本书引入国家标准、行业标准和职业规范，力求使读者能掌握常用电介质的电气性能，熟悉电气设备绝缘预防性试验，并能根据试验数据作出绝缘性能的初步判断；同时能了解过电压产生原因，熟悉发电厂、变电站及线路的过电压保护装置的作用，能初步配置发电厂、变电站及线路的过电压保护装置。此外，为了帮助读者理解运用书中内容，本书附有工程案例和思考题，以供读者参考和选做。因有国家级职业教育发电厂及电力系统专业教学资源库建设项目的支持，本书加入了一些视频和动画资源，并于重印时更新添加，且收集了一些思政素材，以便教学选用。为学习贯彻落实党的二十大精神，本书根据《党的二十大报告学习辅导百问》《二十大党章修正案学习问答》，在数字资源中设置了二十大报告及党章修正案学习辅导。

本教材学习情境1由重庆电力高等专科学校苏渊、郭剑峰、杨溢编写，学习情境2由重庆电力高等专科学校杨启军、赵俊霖、赵莹编写，学习情境3由重庆电力高等专科学校伍家洁、徐廷成、刘禹良编写，重庆万州供电局杨溢、重庆电力公司电力科学研究院牟平伟为本书工学结合方面提供了大量的意见和建议，并协作编写部分子情境。全书由伍家洁统稿。

本书承蒙国网技术学院张红教授审稿，并提出了许多宝贵意见和建议，编者在此表示深切的谢意。

限于编者水平，书中难免存在一些疏漏和不足之处，恳请读者批评指正。

编　者

2023 年 12 月修改

目　录

高电压技术
综合资源
（更多视频与动画见文中）

中国特高压：驯服高压

电力科学家：王季梅
中国真空电器之父

电力科学家：徐士高
中国头号油博士

电力工匠：张留岗
出了名的细心人

电力工匠：贾廷波
口袋装着小本本，遇有问题记下来

电力工匠：高建国
魂在匠心，直指卓越

电力工匠：宰红斌
输电线路赤脚医生
磨砺成国网工匠

电力科学家：何大愚
我国电气工程优秀先驱

学习情境 1　绝缘介质电气性能及击穿过程

子情境 1.1　绝缘材料的电气性能

在电力系统中，电介质主要起绝缘作用，即把不同电位的导体分隔开，使之在电气上不相连接。按状态不同可将电介质分为气体、液体和固体三类。在电场作用下电介质会产生许多物理现象，如极化、电导、游离、损耗和击穿放电等现象，正确理解和认识这些现象，对进行绝缘结构的合理设计、绝缘材料的合理利用以及对绝缘性能的准确评估有着非常重要的意义。

1.1.1　电介质的极化

【学习任务】　了解电介质在电场作用下的极化现象，熟悉各类电介质极化的特点，了解介电常数的物理意义及电介质极化在工程上的意义。

一、极化的概念和极化的形式

（一）极化的概念

无论何种结构的电介质，在没有外电场作用时，内部的正、负电荷处于相对平衡状态，正、负电荷的作用中心互相重合，整体上对外没有极性。当有外电场作用时，均匀介质内部各处仍呈电中性，但在介质表面要出现异号电荷（靠近正极板的表面出现负电荷，靠近负极板的表面出现正电荷），这

电介质的
极化讲解微课

种电荷不能离开电介质到其他带电体，也不能在电介质内部自由移动，我们称之为束缚电荷。它不像导体中的自由电荷能用传导方法将其引走。因此，在外电场作用下，电介质表面出现束缚电荷的现象称为极化。充满电介质的电容器比真空电容器的电容大就是由于电介质的极化作用。

（二）极化的形式

1. 电子式极化

任何电介质都是由原子组成，原子由带正电荷的原子核和带负电荷的外层电子组成。无外电场时，原子中的正、负电荷的电荷量相等，且正、负电荷作用中心重合，对外不显电性。而在外电场作用下，原子外层电子轨道相对于原子核产生位移，其正、负电荷作用中心不再重合，对外呈现出一个电偶极子的状态，如图 1-1 所示，这就是电子式极化。电子式极化存在于一切电介质中。

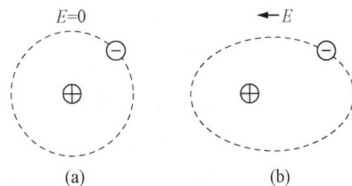

图 1-1　电子式极化示意图
(a) 极化前；(b) 极化后

电子式极化的特点为极化过程所需的时间极短，约 $10^{-15} \sim 10^{-14}$ s。极化程度与电源频率无关，与温度无关。此种极化是弹性的，去掉外电场，可立即恢复，无能量损耗。

2. 离子式极化

离子式极化发生于离子结构的电介质中。固体无机化合物（如云母、陶瓷、玻璃等）多属于离子结构。在无外电场作用时，每个分子的正、负离子的作用中心是重合的，故不呈现极性，如图 1-2（a）所示。在外电场作用下，正、负离子偏移其平衡位置，正、负离子的作用中心不再重合，从而使整个分子呈现极性，如图 1-2（b）所示，这种极化称为离子式极化。

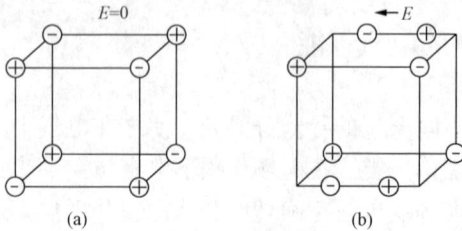

图 1-2 离子式极化示意图
（a）极化前；（b）极化后

离子式极化的特点为极化过程所需的时间极短，约 $10^{-13} \sim 10^{-12}$ s。极化程度与电源频率无关，但随温度升高而略有增加。此种极化是弹性的，去掉外电场，可立即恢复，无能量损耗。

3. 偶极子式极化

偶极子是一种特殊的分子。没有外电场时，它的正、负电荷的作用中心不相重合，好像分子的一端带正电，分子的另一端带负电，从而形成一个永久性的偶极矩（偶极矩是指正、负电荷中心间的距离 r 和电荷所带电量 q 的乘积）。具有这种永久性偶极矩的分子称为极性分子，水分子就是典型的极性分子。

极性电介质的分子本身就是一个偶极子。在没有外电场作用时，单个的偶极子虽然具有极性，但各个偶极子处于不停的热运动中，排列毫无规则，对外的作用互相抵消，整个介质对外不呈现极性，如图 1-3（a）所示。在有外电场作用时，偶极子受电场力的作用发生转向，并沿电场方向定向排列，整个介质对外呈现极性，如图 1-3（b）所示。这种由偶极子转向造成的极化称为偶极子式极化。

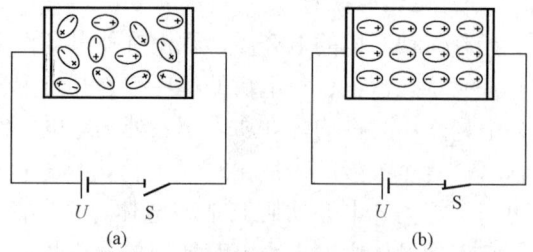

图 1-3 偶极子式极化示意图
（a）极化前；（b）极化后

由于偶极子分子每次转向都要克服分子间的摩擦力和吸引力，在交流电压作用下，每过半个周期就要换向一次，因此由偶极子分子组成的电介质在工频交流电压作用下的极化损耗要远大于直流电压下的损耗。

偶极子式极化的特点为极化过程所需的时间较长，约 $10^{-10} \sim 10^{-2}$ s。极化程度与电源频率有关，与温度有关。此种极化是非弹性的，去掉外电场，不能立即恢复，有能量损耗。

4. 夹层式极化

前面所讲的三种极化均是在单一电介质中发生的。但在高压设备中，常应用多种介质绝缘，如电缆、电容器、电机和变压器等，两层介质中常夹有油层、胶层等，这时在介质的分界面上会产生"夹层极化"现象。

以平行板电极间的双层电介质为例说明夹层极化过程。图 1-4（a）为夹层式极化实验电路，图 1-4（b）为其等值电路，在开关 S 刚合闸瞬间（相当于施加很高频率的电压），等

值电路中电容支路的容抗远小于电导支路的电阻，电导支路相当于断开，两层介质上的电压分配与各层电容成反比，即

$$\left.\frac{U_1}{U_2}\right|_{t\to 0}=\frac{\dfrac{1}{\omega C_1}}{\dfrac{1}{\omega C_2}}=\frac{C_2}{C_1} \qquad (1-1)$$

到达稳态时，等值电路中电容支路相当于开路，两层介质上的电压分配与各层电导成反比，即

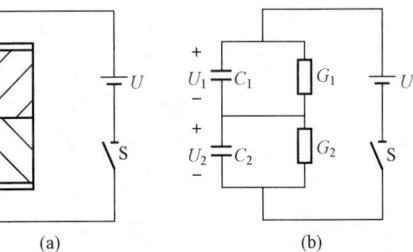

图 1-4　夹层极化物理过程示意图

（a）示意图；（b）等值电路

$$\left.\frac{U_1}{U_2}\right|_{t\to\infty}=\frac{R_1}{R_2}=\frac{\dfrac{1}{G_1}}{\dfrac{1}{G_2}}=\frac{G_2}{G_1} \qquad (1-2)$$

一般来说，对两层不同的介质，$\dfrac{C_2}{C_1}\ne\dfrac{G_2}{G_1}$，即

$$\left.\frac{U_1}{U_2}\right|_{t\to 0}\ne\left.\frac{U_1}{U_2}\right|_{t\to\infty} \qquad (1-3)$$

所以合闸后，两层介质上的电压有一个重新分配的过程，即 C_1、C_2 上的电荷要重新分配。设 $C_1>C_2$、$G_1<G_2$，则在 $t\to 0$ 时，$U_1<U_2$；在 $t\to\infty$ 时，$U_1>U_2$。这样，在 $t>0$ 后，随着时间的增大，U_2 逐渐下降，U_1 逐渐升高，即 C_2 上的一部分电荷要经 G_2 放掉，而 C_1 则要经过 G_2 从电源再吸收一部分电荷（称为吸收电荷），结果使两层介质的分界面上出现了不等量的异号电荷，从而显示出电的极性来（分界面上正电荷比负电荷多，呈现正极性，否则呈现负极性）。这种使夹层电介质分界面上出现电荷积聚的过程称为夹层式极化。由于夹层极化中有吸收电荷，故夹层极化相当于增大了整个电介的等值电容。

极化时夹层界面上电荷的堆积是通过介质的电导完成的。由于一般电介质的绝缘电阻很大，故这种极化过程是很缓慢的（由电容充电的时间常数 $T=RC$ 决定），其完成时间从几秒到几十分钟，甚至长达几小时。因此，夹层极化只有在直流电压下或低频电压作用下，才能呈现出来，而且极化时伴随有能量损耗。当绝缘受潮时，由于电导增大，极化完成时间将大大下降。如果吸收过程缓慢，那么在去掉外加电压后，电介质内部的吸收电荷被释放出来也同样缓慢。对使用过的大电容设备，应将两电极短接并彻底放电，以免有吸收电荷释放出来，危及人身安全。

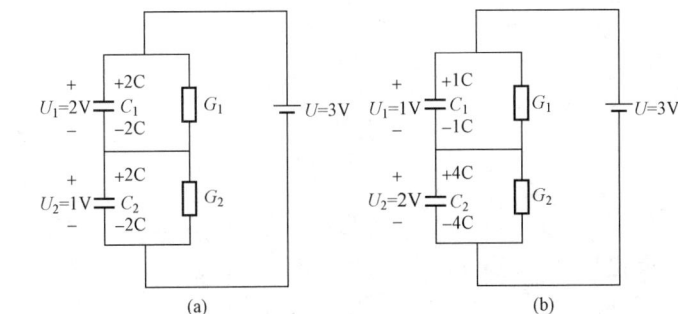

图 1-5　双层介质中电荷和电位分布

（a）合闸初瞬时；（b）稳态时

【例 1-1】　为帮助理解夹层极化过程，现以实际数据进行分析。

设图 1-4（b）中 $C_1=1\text{F}$，$C_2=2\text{F}$，$G_1=2\text{S}$，$G_2=1\text{S}$，$U=3\text{V}$，为了说明简便，全部参数均采用基本单位。

合闸初瞬，根据式（1-1）可得 $U_1=2\text{V}$，$U_2=1\text{V}$，$Q_1=U_1C_1=2\text{C}$，$Q_2=U_2C_2=2\text{C}$，如图 1-5（a）所示；

稳态时，根据式（1-2）可得 $U_1=1\text{V}$，$U_2=2\text{V}$，则 $Q_1=U_1C_1=1\text{C}$，$Q_2=U_2C_2=4\text{C}$，如图 1-5（b）所示；分界面

上堆积的电荷为$(+4-1)C=+3C$。

二、介电常数

电介质的介电常数也称为电容率，是描述电介质极化程度的物理量。介电常数大，则电介质发生极化时出现的电荷量多，反之，则电荷量少。

电介质的介电常数讲解微课

1. 介电常数分类

（1）真空介电常数ε_0，定义为$1/(\mu_0 c^2)$，其中μ_0为真空磁导率，c为光在真空中的速度。

（2）绝对介电常数ε，定义为电通量密度D除以电场强度E。其SI单位为F/m，常用μF/m、nF/m、pF/m。

（3）相对介电常数ε_r，定义为$\varepsilon/\varepsilon_0$，其中$\varepsilon_0$为真空介电常数，是无量纲量。

介电常数动画

2. 介电常数的物理意义

如图1-6（a）所示的平行板电容器，极板面积为S，距离为d，极板间所加电压为直流电压U。当极板间为真空时，电压U对真空电容器充电，极板上出现电荷Q_0。此时电容器的电容值C_0为

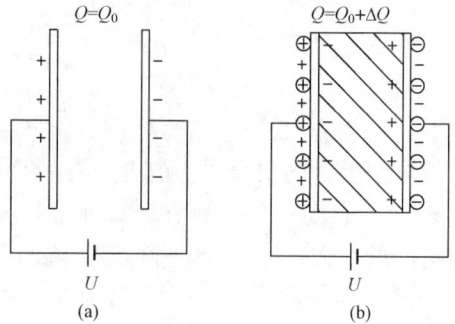

图1-6　极化现象
（a）极板间为真空；（b）极板间放入介质

$$C_0 = \frac{Q_0}{U} = \frac{\varepsilon_0 S}{d} \qquad (1-4)$$

式中　S——极板面积，cm^2；

d——极间距离，cm；

ε_0——真空的介电常数，8.86×10^{-14}F/cm。

当极板间放入一块固体介质后，极板上的电荷则增加为$Q_0+\Delta Q$，如图1-6（b）所示。这种现象是由电介质的极化造成的。在电场作用下，电介质发生极化，在沿电场方向的两个表面上产生异号电荷，所产生的电场与外施电压产生的电场方向相反，如果极板上的电荷保持不变，电场空间中的场强将减小。事实上，固体介质放入前后，由于外加电压U不变，极板间的总电场E将保持不变，$E=\dfrac{U}{d}$。因此，为维持电场恒定，极板上的电荷必然会增加，增加的电荷用以抵消极化电荷所产生的反电场。此时电容器的电容值C为

$$C = \frac{Q_0+\Delta Q}{U} = \frac{\varepsilon S}{d} \qquad (1-5)$$

式中　ε——固体介质的介电常数。

相对介电常数ε_r定义为

$$\varepsilon_r = \frac{\varepsilon}{\varepsilon_0} = \frac{Q_0+\Delta Q}{Q_0} \qquad (1-6)$$

介电常数是表征电介质在电场作用下极化程度的物理量。

3. 气体电介质的相对介电常数（见表1-1）

气体物质分子间的距离很大，它的密度很小，因此，气体的极化率很小，一切气体的相对介电常数都接近于1。

表 1-1   气体电介质的相对介电常数

气体名称	He	H_2	O_2	N_2	CH_4	CO_2	C_2H_4	空气	SF_6
ε_r	1.000072	1.00027	1.00055	1.0006	1.00095	1.00096	1.00138	1.00059	1.002

4. 液体电介质的相对介电常数（见表 1-2）

中性液体电介质（如石油、苯、四氯化碳、硅油等）的相对介电常数不大，其值在 1.8～2.8 范围内。

极性液体电介质通常具有较大的相对介电常数，这类电介质的缺点就是在交变电场中的介质损耗较大，故高压绝缘中很少应用。

表 1-2   液体电介质的相对介电常数

液体名称	变压器油	硅有机油	蓖麻油	酒精	蒸馏水
ε_r	2.2	2.4	4.2	33	81

5. 固体电介质的相对介电常数（见表 1-3）

中性固体电介质（如石蜡、聚乙烯、聚丙烯等）只具有电子式极化和离子式极化，其相对介电常数较小；极性固体电介质（如树脂、纤维、橡胶、聚氯乙烯）的分子具有极性，所以这类介质的相对介电常数都较大。

表 1-3   固体电介质的相对介电常数

材　料　类　别		名称	相对介电常数 ε_r（工频，20℃）
固体介质	中性或弱极性	石蜡	1.9～2.2
		聚苯乙烯	2.4～2.6
		聚四氟乙烯	2
	极性	松香	2.5～2.6
		沥青	2.6～2.7
		聚氯乙烯	3.3
		环氧树脂	4.1
		胶木（酚醛树脂）	4.5
		纤维素	6.5
	离子性	云母	5～7
		电瓷	5.5～6.5

三、电介质极化在工程上的意义

（1）选择电介质时，除应注意电气强度等要求外，还应注意 ε_r 的大小。如用作电容器的绝缘介质，希望 ε_r 大些，这样可使电容器单位容量的体积和质量减小。用作其他电气设备的绝缘介质，则希望 ε_r 小些。如电缆绝缘介质的 ε_r 越小，则工作时的充电电流的极化损耗就越小。

（2）几种绝缘介质组合在一起使用（高压电气设备的绝缘常是这种情况）时，应注意各种材料 ε_r 的配合。因为在串联电介质中电场强度是不同的，与绝缘材料的 ε_r 成反比，即 $\dfrac{\varepsilon_1}{\varepsilon_2} = \dfrac{E_2}{E_1}$，即在 ε_r 小的介质中电场强度高，其耐电强度也应高些，否则会降低整体材料的绝缘能力。如果绝缘中存在气泡，由于气体的 ε_r 是最小的，所以气泡将承受较大的电场强度，首先气泡处发生局部放电，使整体材料的绝缘能力降低。以变压器油中的气泡为例，有 $\dfrac{\varepsilon_{oil}}{\varepsilon_{bub}} = \dfrac{E_{bub}}{E_o}$，所以 $E_{bub} = E_o \times \dfrac{\varepsilon_o}{\varepsilon_{bub}} = E_o \times \dfrac{2.2}{1.0058} \approx 2.2 E_o$，即气泡中的场强为油中场强的 2.2 倍，而气体的击穿场强比液体低，所以气泡先击穿。

（3）材料的介质损耗与极化形式有关，而介质损耗是影响绝缘劣化和热击穿的一个重要因素。如极性介质的 ε_r 大，往往其损耗也大。

（4）在绝缘试验中，夹层极化现象可用来判断绝缘受潮情况。例如，水分侵入电介质后，使材料的介电常数增大，同时水分能增强夹层式极化作用，因此通过测量材料的相对介电常数，就能判断电介质受潮程度。在使用电容器等大容量设备时，须特别注意吸收电荷对人身安全的威胁。

1.1.2　电介质的电导

【学习任务】　了解电介质在电场作用下的电导概念，理解电介质的绝缘电阻和泄漏电流的概念，熟悉各类电介质电导的特点，了解电介质电导在工程上的意义。

电介质的
电导讲解微课

一、电介质电导的概念

任何电介质都不是理想的绝缘体，在它们内部总有一些带电质点（主要是正、负离子）存在。在外电场作用下，这些带电质点作定向运动，形成电流，电介质在电场作用下产生的这种现象称为电介质的电导。电介质的电导可以用电导率 γ 表示，其与电介质的电阻率 ρ 成反比，即 $\rho = \dfrac{1}{\gamma}$。电介质电导（绝缘电阻之倒数）与金属电导不同，它比金属电导小得多，且为离子性的（金属电导是电子电导），其值大小与温度有关。温度越高，参与导电的离子越多，电导增大，绝缘电阻减小，所以电介质的绝缘电阻具有负的温度系数（金属电阻具有正的温度系数）。绝缘电阻随温度进行修正的公式可参见 GB 50150—2006《电气设备交接试验标准》。

二、电介质的等值电路和绝缘电阻

在图 1-7（a）所示电路中加直流电压，流过介质的电流 i 如图 1-7（b）所示，电流 i 由 3 部分组成，即 $i = i_C + i_a + i_\infty$。电流 i 随时间逐渐衰减，最后达到某个稳定值，这个现象称为吸收现象。根据电流 i 各分量的特点，可得介质等值电路如图 1-7（c）所示。

图 1-7 中 C_0 为反映真空和无损极化所形成的电容，流过的电流为 i_C，i_C 称为电容电流，该支路电流存在的时间很短，很快衰减到零；C_a 为反映有损极化形成的电容；R_a 为反映有损极化的等效电阻，流过的电流为 i_a，i_a 称为吸收电流，该支路电流存在的时间较长；R_∞ 为介质的绝缘电阻，流过的电流为 i_∞，i_∞ 称为泄漏电流，是不随时间变化的恒定电流，

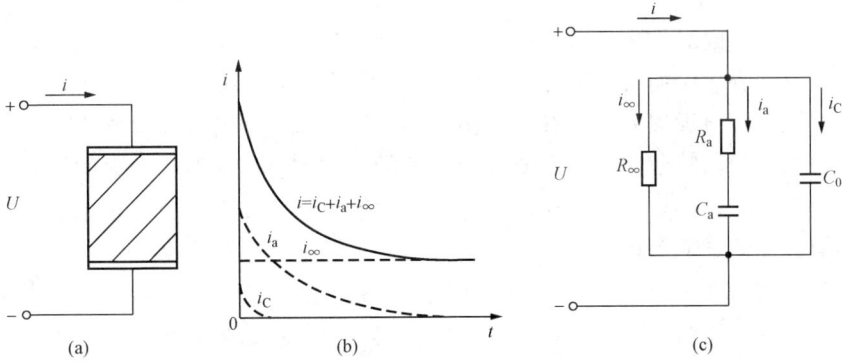

图 1-7   电介质中的电流及其等值电路

（a）在介质上施加直流电压；（b）直流电压下流过介质的电流；（c）介质的等值电路

电介质绝缘良好时，其数值非常小，为微安级。

电介质中流过的泄漏电流所对应的电阻称为介质的绝缘电阻，可表示为

$$R_\infty = \frac{U}{I_\infty} \qquad (1-7)$$

由于电介质的吸收现象，试验中实际所测的绝缘电阻随时间变化的曲线如图 1-8 所示。

介质绝缘电阻的大小决定了介质中泄漏电流的大小。泄漏电流大，将引起介质发热，加快介质的老化。固体介质的绝缘电阻包括体积绝缘电阻和表面绝缘电阻，是它们两者并联的总阻值，即

$$R_\infty = \frac{R_1 R_2}{R_1 + R_2} \qquad (1-8)$$

式中 R_1——体积绝缘电阻，$M\Omega$；

R_2——表面绝缘电阻，$M\Omega$。

三、各类电介质电导的特点

1. 气体电介质的电导

气体介质只要工作在场强低于其击穿场强时，其

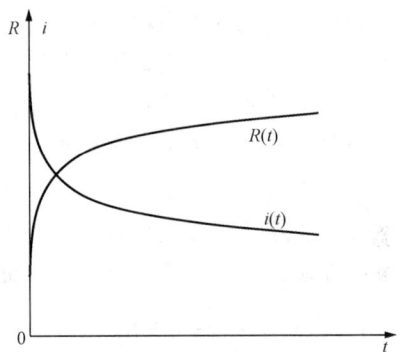

图 1-8   绝缘电阻随时间的变化

电导是很微小的，为 $10^{-15} \sim 10^{-16}$（S/cm），故是良好的绝缘体，气体电导主要是电子电导。

2. 液体电介质的电导

液体介质中形成电导电流的带电质点主要有两种：一是构成液体的基本分子和杂质离解而成带电质点，构成离子电导；二是液体中的胶体质点（如变压器油中悬浮的小水滴）吸附电荷后变成带电质点，形成电泳电导。中性和弱极性液体，在纯净时电导很小，而当含有杂质和水分时，其电导显著增加，绝缘性能下降，其电导主要由杂质分子构成。极性和强极性液体介质，其分解作用很强，离子数多，电导很大，一般情况下不能作绝缘材料。可见，液体的分子结构、极性强弱、纯净程度、介质温度等对电导影响很大，各种液体电介质的电导可能相差悬殊，工程上常用的变压器油、漆和树脂等都属于弱极性。

杂质和水分对液体电介质的绝缘有很大危害，电气设备在运行中一定要注意防潮，可以采用过滤、吸附、干燥等措施除去液体电介质中的水分和杂质。

3. 固体电介质的电导

固体电介质产生电导的机理和规律与液体类似，只是固体电介质没有电泳电导。离子电导很大程度取决于介质中所含杂质，特别是对中性及弱极性介质，杂质离子起主要作用。

固体介质除体积电导以外，还存在表面电导。固体电介质的表面电导主要是由附着于介质表面的水分和其他污物引起的。介质表面极薄的一层水膜就能造成明显的电导。如果除水分外，介质表面还有尘埃等污秽物质，则因污秽中所含的盐类电介质溶于水后形成大量的自由离子，将使表面电导显著增大。

固体电介质的表面电导与介质的特性有关。容易吸收水分的电介质称为亲水性介质，水分可以在其表面形成连续水膜，如玻璃、陶瓷就属此类。不易吸收水分的介质称为憎水性介质，水分只能在其表面形成不连续的水珠，不能形成连续水膜，如石蜡、硅有机物就属此类。显然憎水性介质的表面电导通常要比亲水性介质的小。

采取使介质表面洁净、干燥或涂敷石蜡、有机硅、绝缘漆等措施，可以降低固体电介质的电导。

四、电介质电导在工程上的意义

（1）在高压设备绝缘预防性试验中，一般都要测量绝缘电阻和泄漏电流，以判断设备绝缘是否受潮或有其他劣化现象。测量绝缘电阻和测量泄漏电流从试验本质讲是相同的，测量绝缘电阻，就是测量介质在直流电压作用下的泄漏电流。对于干燥、完整良好的绝缘，其泄漏电流很小，绝缘电阻值很高；而受潮、含有杂质或存在贯穿性损伤后，极化作用加强，泄漏电流增大，绝缘电阻显著下降。

（2）电介质的电导对电气设备的运行有重要影响。电导产生的能量损耗使设备发热，为限制设备的温度升高，有时必须降低设备的工作电流。在一定的条件下，电导损耗还可能导致介质发生热击穿。

（3）注意环境湿度对固体电介质电导的影响，有时需作表面防潮处理，如在胶布（或纸）筒外表面刷环氧漆，绝缘子表面涂硅有机物或地蜡等。

1.1.3　电介质的损耗

【学习任务】　了解电介质在电场作用下的损耗类型，理解介质损失角正切值的意义，熟悉各类电介质损耗的特点，了解介质损失角正切值在工程上的意义。

一、电介质损耗的概念

电介质在电压作用下有能量损耗。一种是电导引起的损耗；另一种是由有损极化引起的损耗。在直流电压下，由于无周期性极化过程，因此，当外加电压低于发生局部放电电压时，介质中损耗仍由电导引起，此时用绝缘电阻这一物理量就足以表达，而在交流电压下，除了电导损耗外，还由于存在周期性极化引起的能量损耗，因此，需引入介质损失角正切 $\tan\delta$ 这一新的物理量来表示。

电介质的损耗讲解微课

二、介质损失角正切 $\tan\delta$

电介质在电场作用下的等值电路如图 1-9（a）所示。该等值电路适用于直流电压，也适用于交流电压。图 1-9（a）可简化为图 1-9（b）。

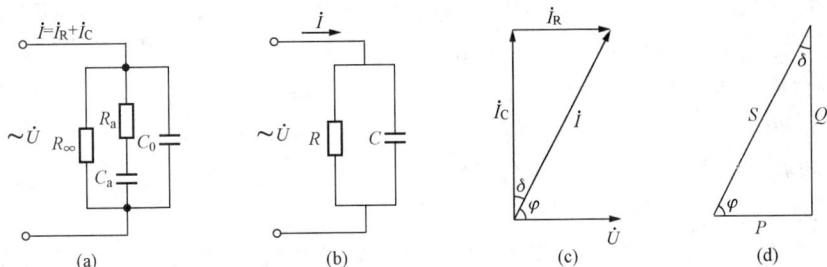

图 1-9 交流电压下电介质的等值电路和相量图

(a) 交流电压下电介质的等值电路;(b) 简化等值电路;(c) 相量图;(d) 功率三角形

在介质两端施加交流电压 $\dot{U}$,由于介质中有损耗,电流 $\dot{I}$ 不是纯电容电流,可分为有功电流 $\dot{I}_R$ 和无功电流 $\dot{I}_C$ 两个分量,相量关系如图 1-9(c)所示,即

$$\dot{I} = \dot{I}_R + \dot{I}_C \qquad (1-9)$$

由图 1-9(d)所示的功率三角形可见,介质的有功损耗为

$$P = Q\tan\delta = U^2\omega C\tan\delta \qquad (1-10)$$

对同类试品绝缘的优劣,可直接用介质损失角正切 $\tan\delta$(δ 为介质损失角,它是功率因数角 φ 的余角)来判断介质的品质。介质损失角正切值 $\tan\delta$ 如同 ε_r 一样,是仅取决于材料的特性,而与材料尺寸无关的物理量。从图 1-9(c)中可得

$$\tan\delta = \frac{I_R}{I_C} = \frac{\dfrac{U}{R}}{U\omega C} = \frac{1}{\omega CR} \qquad (1-11)$$

如以一块放置于平行板电极中的矩形材料为例,其横截面积为 A,厚度为 d,则 $C = \varepsilon\dfrac{A}{d}$,$R = \rho\dfrac{d}{A}$,因此得

$$\tan\delta = \frac{1}{\omega CR} = \frac{1}{\omega\varepsilon\dfrac{A}{d}\rho\dfrac{d}{A}} = \frac{1}{\omega\varepsilon\rho}$$

式中 ε 和 ρ 都由材料特性决定,说明 $\tan\delta$ 的确是与材料尺寸无关的物理量。

【例1-2】 设平行平板电极间为真空时电容为 0.1μF。现放入 $\varepsilon_r = 3.18$ 的固体介质,加上工频 5kV 电压后,介质损失有 25W,试计算放入的固体介质的 $\tan\delta$。

解:根据式(1-6)可得放入固体介质后的电容

$$C = \varepsilon_r C_0 = 3.18 \times 0.1(\mu F) = 3.18 \times 10^{-7}(F)$$

把已知数据代入式(1-10)得

$$25 = (5 \times 10^3)^2 \times 2\pi \times 50 \times 3.18 \times 10^{-7} \times \tan\delta$$

$$\tan\delta = 1\%(\text{工程中 } \tan\delta \text{ 常用百分数表示})$$

介损测量
试验视频

三、各类电介质损耗的特点

1. 气体电介质的损耗

气体电介质的相对介电常数 ε_r 接近 1,极化率极小,气体电介质的损耗就是电导损耗。当电场强度小于使气体分子游离所需值时,气体介质的电导是极小的,所以气体介质的损耗也是极小的。正因为如此,常用气体介质的电容器作为标准电容器。

但在强电场下气体易游离，例如在不均匀电场中出现局部放电时，气体间隙的介质损耗将明显增加。若固体介质中含有气泡，气泡内的局部放电也会使介质损耗增加。

2. 液体和固体电介质的损耗

非极性或弱极性的液体或固体，以及结构较紧密的离子性介质，它们的极化形式主要是电子式极化和离子式极化，没有极化损耗，这类介质的损耗主要由电导决定，$\tan\delta$ 较小，约 10^{-4} 数量级，且介质损耗大小随温度的升高而升高。例如变压器油在 20℃时，$\tan\delta$ 不大于 0.5%，70℃时，$\tan\delta$ 不大于 2.5%。聚乙烯、聚苯乙烯、硅橡胶、云母等也属于这类介质，是优良的绝缘材料，能用于高频或精密的设备中。

偶极性固体和液体介质以及结构不紧密的离子性固体介质除具有电导损耗外，还有极化损耗，$\tan\delta$ 较大。这类介质的损耗和温度、频率等因素有较复杂的关系。损耗与温度的关系如图 1-10 所示。当温度 $t \leqslant t_1$ 时，由于温度低，故电导和极化损耗都很小。随着温度升高，电导增加，电导损耗也增大；同时由于液体黏度是随温度上升而减小，故偶极子的极化增强，极化损耗也因而增加。所以在该段内 $\tan\delta$ 就随温度升高而上升，直到 $t = t_1$ 时达到极大值。在 $t_1 < t < t_2$ 范围内，由于分子热运动加快，妨碍了偶极子在电场作用下做有规则的排列，极化强度反而减弱，所以极化损耗就随温度升高而减小。由于

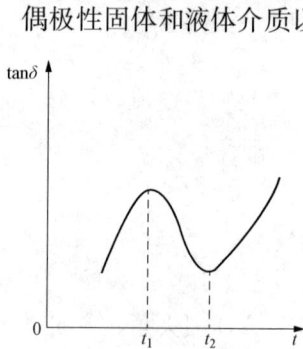

图 1-10 极性液体电介质 $\tan\delta$ 与温度的关系

这一段内极化损耗的减小比电导损耗的增加更快，故总的看来 $\tan\delta$ 随温度升高而下降。在 $t = t_2$ 时 $\tan\delta$ 出现一极小值。$t > t_2$ 后，极化损耗已不起主要作用，电导损耗决定总的损耗，故 $\tan\delta$ 重新随温度上升而增加。

在电力系统中电源频率固定为 50Hz，一般频率只有很小变化，可视为对 $\tan\delta$ 无影响。纸、聚氯乙烯、玻璃、陶瓷等属于这类介质，见表 1-4。

表 1-4   工频电压下 20℃时某些液体和固体电介质的 $\tan\delta$ 值

电介质	$\tan\delta$（%）	电介质	$\tan\delta$（%）
变压器油	0.05~0.5	聚乙烯	0.01~0.02
蓖麻油	1~3	交联聚乙烯	0.02~0.05
沥青云母带	0.2~1	聚苯乙烯	0.01~0.03
电瓷	2~5	聚四氟乙烯	<0.02
油浸电缆纸	0.5~8	聚氯乙烯	5~10
环氧树脂	0.2~1	酚醛树脂	1~10

四、电介质损耗在工程上的意义

（1）作为绝缘介质，希望其 $\tan\delta$ 越小越好。因此，选择绝缘介质时，必须注意材料的 $\tan\delta$。$\tan\delta$ 越大，介质的损耗也越大，交流电压下发热也越严重。这不仅使介质容易劣化，严重时还可能导致热击穿。

（2）在电气设备绝缘预防性试验中，$\tan\delta$ 的测量是一个基本项目。当绝缘受潮时 $\tan\delta$ 会增大，绝缘中存在气隙或大量气泡时在高电压下 $\tan\delta$ 也会显著增大，因此通过测量 $\tan\delta$ 和 $\tan\delta = F(U)$ 的关系曲线可以对绝缘状态加以判断。

子情境 1.2　气体绝缘材料及其击穿特性

气体电介质在电力系统中的应用十分广泛，架空输电线路和配电装置母线的相与相间及相与地间就是利用空气来绝缘的。而在全封闭组合电器中，则是以 SF_6 气体来绝缘。正常情况 SF_6 气体为优良的绝缘体。但在系统中产生过电压而使气体间隙上的电压超过某一临界值时，气隙会发生击穿现象，从而引起事故。研究气体电介质的击穿特性可合理确定气体的间隙距离，保证电力系统安全运行。

1.2.1　六氟化硫气体

【学习任务】　了解 SF_6 气体的物理、化学和电气性质，熟悉 SF_6 气体使用时的注意事项。

在电力工业中，SF_6 气体作为一种气体绝缘介质，具有优异的绝缘和灭弧性能。SF_6 气体分子结构示意图如图 1-11 所示。

SF_6 气体已有百年历史，它是法国两位化学家 Moissan 和 Lebeau 于 1900 年合成的，1947 年提供商用。SF_6 气体用于 4 种类型的电气设备作为绝缘或灭弧，即 SF_6 断路器及 SF_6 负荷开关设备、SF_6 绝缘输电管线、SF_6 变压器及 GIS（气体绝缘组合电器）。从用气量讲，80% 用于高中压开关设备。

一、SF_6 气体的性质

1. SF_6 气体的物理性质

常态下，纯净的 SF_6 气体为无色、无味、无毒、不燃的惰性气体。

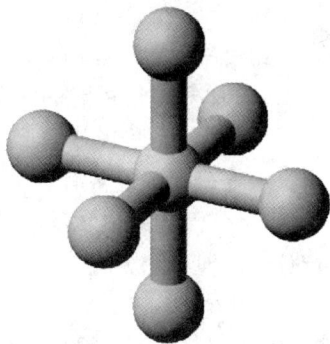

图 1-11　SF_6 气体分子结构示意图

SF_6 气体的密度大约是空气的 5 倍。SF_6 气体如有泄漏必将沉积于低洼处，如电缆沟。在浓度过大时会出现使人窒息的危险，设计户内通风装置时要考虑到这一情况。另外，SF_6 气体通过对流能与空气混合，但速度很慢。气体一旦混合后就形成了 SF_6 气体和空气的混合气体，不会再次分离。

SF_6 气体容易液化，液化温度与压力有关，压力升高液化温度也增高，如在常压（0.1MPa）下，液化温度为零下 63.8℃；在 1.2MPa 压力下，0℃ 时液化。为此在 SF_6 断路器中，SF_6 气体都不采用过高的压力，以使其保持气态。单压式 SF_6 断路器灭弧室气体压力为 0.3～0.6MPa，断路器还装有加热器，根据温度和压力确定投入时间，防止气体液化。而为便于运输和储存，SF_6 气体通常加压充入降温至 −80℃ 左右的钢瓶中，以液态形式存在。在使用时减压放出，呈气态充入电气设备中。

2. SF_6 气体的化学性质

一般来说 SF_6 化学性质非常稳定，在空气中不燃烧，不助燃。在 150℃ 下不与水、酸、碱、卤素及绝缘材料作用，在 500℃ 以下不分解，但温度超过 600℃ 时，SF_6 气体将产生部分热分解。尽管 SF_6 气体本身无毒，但其在电弧作用下的分解物如 SF_4（四氟化硫），S_2F_2（氟化硫），SOF_2（氟化亚硫），SO_2F_2（二氟化硫酸），SOF_4（四氟亚硫酰）和 HF（氢氟酸）等，它们都有强烈的腐蚀性和毒性。当工作人员接近 SF_6 电气设备闻到有刺鼻性的气味时，应立即设法防止吸入气体并迅速离开。室内 SF_6 气体开关泄漏时，除应采取戴防毒面具、穿防护服等防护措施外，还应开启风机通风 15min 后方可进入室内。室外接近可能泄漏 SF_6 气体的设备时要谨慎，尽量选择从"上风"处接近设备。

另外，SF_6 又是在化学上极其稳定的一种气体，它在大气中的寿命约为 3200 年。特别是 SF_6 具有很强的吸收红外辐射的能力，也就是说，SF_6 是一种有很强温室效应的气体，如以 100 年为基线，其潜在的温室效应作用为 CO_2 的 2.39 万倍。加之目前排放到大气中的 SF_6 气体，正以每年 8.7% 的速率增长。这里说的往大气中的排放并不是指电气设备运行时的自然泄漏量，这种泄漏量每年还不到 1/1000，完全可忽略不计。这里所指的泄漏量主要是指产品在制造、安装、现场调试以及检修时的排放量。

3. SF_6 气体的电气性质

SF_6 气体具有很强的负电性［指 SF_6 气体中的自由电子可以直接被 SF_6 气体吸附成为负离子（$SF_6 + e \longrightarrow SF_6^-$）］，正、负离子很容易复合成中性质点或原子，这种负电性是一般气体所没有的，因此，SF_6 气体在电弧电流处于接近零值状态时，具有较强的灭弧能力。

此外，SF_6 气体在 0.294MPa 压力下，SF_6 气体的绝缘强度与普通变压器油的绝缘强度相当。当交流电流过零时，SF_6 气体的介质绝缘强度恢复很快，要比空气快 100 倍。

二、SF_6 气体使用时的注意事项

（1）SF_6 气体中的水分必须控制在一定限度内，否则将给 SF_6 电气设备的安全运行带来问题。水分造成的危害有两个方面。

1）水分引起的化学反应。常温下 SF_6 气体是非常稳定的，温度低于 500℃ 时一般不会自行分解，但是水分较多时，200℃ 以上就有可能产生水解

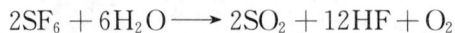

$$2SF_6 + 6H_2O \longrightarrow 2SO_2 + 12HF + O_2$$

HF 是氢氟酸，有很强的腐蚀性，又是对生物肌体有强烈腐蚀性的剧毒物。SO_2 遇水后生成亚硫酸 H_2SO_3 也有腐蚀性。为了限制有毒物质的生成量，必须限制 SF_6 气体中的水分含量。

2）水分对绝缘性能的影响。绝缘件表面出现凝露会对绝缘性能带来不利影响。通常气体中混杂的水分以水蒸气形式存在。在温度降低时，可能冷凝为露水附在绝缘件的表面，出现沿面放电事故。

SF_6 电气设备中水分的主要来源及控制的方法如下。

1）即使纯净的 SF_6 新气体中仍含有一定的水分。我国有关标准中规定，新 SF_6 气体中的水分含量不得大于 64×10^{-6} （V/V）。SF_6 电气设备在充填气体前，必须对气体的含水量进行测定，不符合标准的气体不得装入 SF_6 电气设备。

2）SF_6 电气设备的部件在制造厂装配前一定要干燥处理。绝缘件在加工过程中不得沾水，否则即使采用干燥的方法也不容易把其中的水分全部去尽。对于像 GIS 这类外壳体积较大的部件，在存放期间应加盖密封，并在其中放入适量的吸附剂。

3）在设备安装完毕抽真空前，应放入新的吸附剂。抽真空时的真空度越高，零部件中的残留水分抽出越多，一般在真空度达到 133Pa 时，还应继续抽真空 1h 以上，以便使零部件，特别是有机绝缘材料零部件中的水分有足够时间排出。

4）改进 SF_6 电气设备的密封结构，提高密封面的加工精度与装配质量，选用优质的密封垫圈，这样可以减小外界水蒸气的进入。在 SF_6 电气设备中虽然 SF_6 气体的压力比外界

高，但对 SF_6 气体中的水蒸气而言，外界水蒸气的分压力比设备内部高。运行经验证明，漏气量大的 SF_6 电气设备（说明密封不良）其含水量容易超标就是一个证明。对于漏气量大的 SF_6 电气设备如果不采取有效措施，只采用不断补气的方法，最终将导致设备内部的水分严重超标。为此，要定期检测 SF_6 气体的湿度，一般不大于 $300\mu l/L$。

（2）运行中，为保证 SF_6 断路器的安全运行，要求采用专用仪器定期监测断路器 SF_6 气体泄漏情况，年漏气体应小于 1%。

（3）为保证 SF_6 断路器可靠工作，还应装设绝缘气体的经常性监测装置（如气体压力表）。在规定的温度之下，当 SF_6 气体压力或密度的变化值超过允许变化范围时，经常性监测装置自动发出报警信号，并装有闭锁装置，使断路器不能操作。

气体中带电质点
介绍动画

1.2.2　气体中带电质点的产生与消失

【学习任务】　了解气体中带电质点的产生与消失形式，理解游离和去游离的概念。

一、气体中带电质点的产生

气体原子在外界因素（电场、高温等）的作用下，吸收外界能量使其内部能量增加，这时原子核外的电子从离原子核较近的轨道跃迁到离原子核较远的轨道，此过程称为原子激发，此时该原子为激发状态的原子，其内部能量比正常原子大。

如果中性原子从外界获得足够的能量，使原子中的一个或几个电子完全脱离原子核的束缚而成为自由电子和正离子（即带电质点），此过程称为原子的游离。游离过程所需要的能量称为游离能 W_i，一般为 $10\sim15eV$。显然，发生游离的条件就是原子从外界获取的能量大于原子的游离能。

按照能量来源的不同，游离可分为以下几种形式。

1. 碰撞游离

在电场作用下，电子被加速获得动能。如果其动能大于气体质点的游离能，在和气体质点发生碰撞时，就可能使气体质点产生游离，分裂成正离子和自由电子。这种游离称为碰撞游离。这是气体中带电质点数目增加的重要原因。因为电子的质量小，其自由行程（质点无碰撞走过的距离）大，在电场作用下，容易获得较大的速度，累积起足够的动能。

碰撞游离动画

电子从电场中获得的能量为

$$W = \frac{1}{2}mv^2 = Eq\lambda \tag{1-12}$$

式中　m——电子的质量，kg；

　　　v——电子的速度，m/s；

　　　E——电场强度，N/C；

　　　q——电子的电荷量，C；

　　　λ——电子的平均自由行程，m。

当电子的动能大于或等于气体分子的游离能时，就有可能因碰撞引起游离，因此产生游离的条件为

$$Eq\lambda \geqslant W_i \qquad (1-13)$$

式中　W_i——气体分子的游离能，J。

2. 光游离

由光辐射引起气体原子或分子产生的游离，称为光游离。光是频率不同的电磁辐射，也具有粒子性，可视为质点，称为光子。光子的能量为

$$W = h\upsilon = h\frac{c}{\lambda} \qquad (1-14)$$

式中　h——普朗克常数，$h=6.62\times10^{-34}$J·s；

　　　υ——光子频率，s^{-1}；

　　　c——光速，$c=3\times10^8$m/s；

　　　λ——光的波长，m。

由此可见，光子的能量与波长有关，波长越短能量越大。当光子的能量等于或大于气体原子或分子的游离能时，就可能引起光游离。

通常普通的可见光是不能直接产生光游离的，导致气体光游离的光子可以是宇宙射线、γ射线、X射线等短波长的高能射线，也可以是气体中反激发过程或异号带电质点复合成中性质点过程中释放出的光子。

3. 热游离

因气体分子热状态引起的游离称为热游离。其实质仍是碰撞游离和光游离，只是直接的能量来源不同而已。

气体分子的平均动能和气体温度有如下关系

$$W = \frac{3}{2}KT \qquad (1-15)$$

式中　K——波尔茨曼常数，$K=1.38\times10^{-23}$J/K；

　　　T——绝对温度，K。

在常温下，气体质点热运动所具有的平均动能远低于气体的游离能，不足以引起碰撞游离，而在高温下，如电弧放电时，气体温度可达数千摄氏度，此时气体质点动能就足以引起碰撞游离了；此外，高温气体的热辐射光子也能导致气体质点的光游离。

4. 表面游离

放在气体中的金属电极表面游离出自由电子的现象称为表面游离。使金属释放出电子也需要能量，使电子克服金属表面的束缚作用，这个能量通常称为逸出功。金属表面游离所需能量可以从下述几种途径获得。

（1）正离子碰撞阴极。正离子在电场中向阴极运动，碰撞阴极时将动能传递给阴极中的电子可使其从金属中逸出。在逸出的电子中，一部分可能和撞击阴极的正离子结合成为分子，其余的则成为自由电子。只要正离子能从阴极撞击出至少一个自由电子，就可认为发生了阴极表面游离。

（2）短波光照射。阴极表面受到短波光的照射，也能产生表面游离。

（3）强场发射。在阴极附近加上很强的外电场时，将电子从阴极表面拉出来，称为强场发射或冷发射。由于强场发射所需电场极强，一般气体间隙达不到如此高的场强，所以不会产生强场发射，而在高真空间隙击穿时，强场发射具有重要意义。

二、气体中带电质点的消失

气体发生放电时，除了不断形成带电质点的游离过程外，还存在相反的过程，即带电质点的消失过程，也称之为去游离。

（1）带电质点受电场力的作用流入电极。在外场的作用下，气体间隙中的正、负电荷分别向两电极作定向移动，到达两电极后发生电荷的中和。

复合动画

（2）带电质点的扩散。带电质点的扩散是指带电质点从浓度较大的区域转移到浓度较小的区域，从而使带电质点在空间各处的浓度趋于均匀的过程。带电质点的扩散同气体分子的扩散一样，都是由热运动造成的。带电质点的扩散使放电通道中的带电质点数减少，可导致放电过程减弱或停止。

（3）带电质点的复合。带正、负电荷的质点相遇，发生电荷的传递、中和而还原成中性质点的过程，称为复合。正、负离子的复合远比正离子与自由电子的复合容易得多，参加复合的电子大多数是先形成负离子后再与正离子复合的。在复合过程中，质点原先在游离时所吸取的能量以光子的形式释放出来。异号质点的浓度越大，复合越强烈。因此，强烈的游离区通常也是强烈的复合区，同时伴随着强烈的光辐射，这个区的光亮度也就越大。

（4）附着效应。某些气体中的中性分子（或原子）具有较大的电子亲和力，当电子与其相碰撞时，便被其吸附而成为负离子，同时释放出能量，这个过程成为气体的附着效应。容易附着电子形成负离子的气体称为电负性气体，如氧气、氯气、氟气、水蒸气、六氟化硫等都属于电负性气体。

电子被电负性气体俘获而形成质量大、速度小的负离子后，游离能力大为降低。因此，附着效应起着阻碍放电的作用，电负性气体具有较高的绝缘强度。

在电场作用下，气体中放电是不断发展以致击穿，还是气体尚能保持其电气强度而起绝缘作用，就取决于上述两种过程孰强孰弱。

1.2.3　均匀电场中气体的击穿过程

【学习任务】　掌握汤逊理论、巴申定律、流注理论的理论要点，理解汤逊理论与流注理论的异同点，了解巴申定律在工程上的应用。

一、汤逊理论

20 世纪初英国物理学家汤逊（John Sealy Townsend）在均匀电场、低气压、短间隙的条件下进行了放电实验，根据实验结果提出了解释气体放电过程的理论，称为汤逊理论（也称电子崩理论）。

1. 均匀电场中气体的伏安特性

如图 1-12 所示，在紫外线的照射下，对两平行平板电极间施加电压后，气隙中由于光游离而出现了少量带电质点。在 $0<U<U_1$ 时，由于电压升高时，单位时间内进入电极的带电质点数增加，电流随电压升高而升高；在 $U_1<U<U_2$ 时，电流趋于稳定，这是因为气隙中单位时间内产生的带电质点数不变，即使增大电压，光游离产生的电子数与进入极板的电子

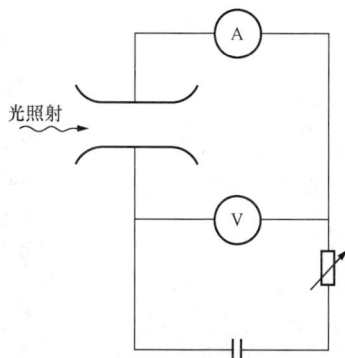

光照射

图 1-12　测定气体中电流的回路示意图

数达到动态平衡，因此电流也保持不变。由于外界游离因素产生的带电质点数很少，因此电流极小，一般只有 $10^{-19}\,\mathrm{A/cm^2}$ 的数量级，此时气体间隙仍处于良好绝缘状态。在 $U_2 < U < U_b$ 时电流又随电压而增加，这说明出现了新的游离因素，这就是电子的碰撞游离。电子在足够强的电场作用下，已积累起足以引起碰撞游离的能量。当外施电压达到 U_b 时，电流剧增，间隙击穿，并伴有声、光现象。均匀电场中气体的伏安特性如图 1-13 所示。U_b 是该平板间隙的击穿电压。均匀电场中空气间隙的击穿场强约为 $30\,\mathrm{kV}$（幅值）$/\mathrm{cm}$。

2. 汤逊理论

汤逊理论认为，均匀电场中，气体间隙的击穿主要由电子的碰撞游离和正离子撞击阴极表面造成的表面游离所引起。

当间隙上所加电压 $U > U_2$ 时，假设外界游离因素作用下先使阴极附近出现了一个自由电子。此电子在电场的作用下加速，造成碰撞游离，于是出现一个正离子，两个自由电子。两个自由电子在电场中运动又造成新的碰撞游离。电子数目将以 2^0、2^1、2^2、…、2^n 的规律，如雪崩状增加。将因碰撞游离使自由电子数不断增加这一现象称为电子崩。图 1-14 所示为电子崩发展的示意图。

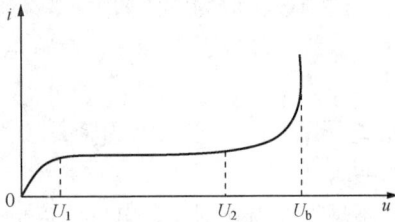

图 1-13　均匀电场中气体的伏安特性

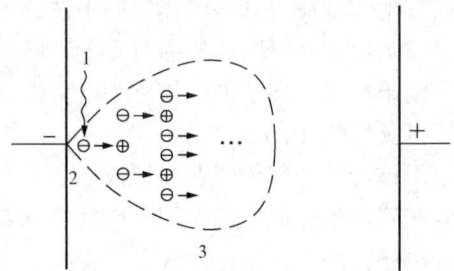

图 1-14　电子崩形成示意图
1—外界游离因素；2—起始电子；3—电子崩

当外施电压 $U < U_b$ 时，若取消外界游离因素，已产生的带电质点最终全部进入电极（正离子进入阴极，自由电子进入阳极），电子崩会消失，电流也将消失，这类放电称为非自持放电。如图 1-15 所示。

图 1-15　非自持放电过程框图

当外施电压 $U \geqslant U_b$ 时，由于场强足够大，正离子撞击阴极会发生表面游离，释放出的电子又会引起电子崩，这时气体中的游离过程可只靠电场的作用自行维持，而不再需要外界游离因素，这就是自持放电。如图 1-16 所示。

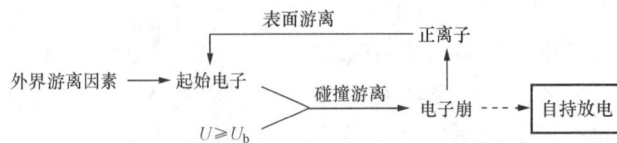

图 1-16　自持放电过程框图

二、巴申定律

早在汤逊理论提出之前，巴申（Paschen）就从实验中总结出了击穿电压 U_b 是气压 p 和间隙距离 d 乘积的函数，即

$$U_b = f(pd) \tag{1-16}$$

图 1-17 给出了均匀电场中空气间隙的 U_b 与 pd 的关系曲线。从图中可见，首先，U_b 并不仅由 d 决定，而是 pd 的函数；其次，U_b 不是 pd 的单调函数，而是 U 形曲线，有极小值。对空气，U_b 的极小值约为 325V。此极小值出现在 $pd \approx 76\text{Pa} \cdot \text{cm}$ 时，即 U_b 的极小值不是出现在常压下，而是出现在低气压下。

巴申定律
演示动画

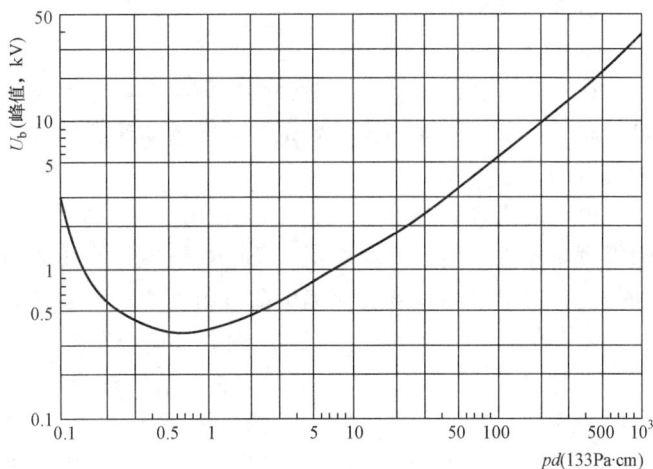

图 1-17　均匀电场中空气间隙的 $U_b = f(pd)$ 曲线

对 U 形曲线的右半支，若间隙距离 d 增加时电压不变，则间隙中场强 E 下降，游离过程减弱，击穿电压增加。另外，若空气压力 p 增加，则电子自由行程缩短，电子不易积累能量，从而游离减弱，也需要更高的电压才能击穿。

对 U 形曲线的左半支，若间隙距离 d 减小，场强随之大增，但电子在走完全程所遇到的碰撞次数已减到很小，故要求外加电压增大，间隙才能击穿。又若空气压力 p 下降，则电子平均自由行程加长，电子在两次碰撞之间积累了足够高的能量，虽然电子动能很大，但由于空气密度太低，分子数量太少，碰撞次数太少，游离过程减弱，击穿电压升高。

高气压或高真空都可提高击穿电压，工程上都已广泛使用，如压缩空气断路器和真空断路器。真空度高到一定程度，所有电子都不引起碰撞游离而直接进入阳极，击穿电压会不会无限提高？实际上这是不可能的，因为电压上升到一定程度后，阴极表面的场强就足够高，高得足以产生强场发射，而且高能电子撞击阳极也可引起阳极表面材料的气化，使高真空下的击穿电压上升到一定程度后就很难再提高了。

用汤逊理论可以很好地解释低气压、小间隙中的放电现象，但用来解释高气压、长间隙的放电现象时，发现有以下几点与实际不符。

（1）以汤逊放电理论计算出来的击穿过程所需时间，比实际测得的数值要大 10～100 倍。

（2）按汤逊理论，阴极材料在击穿过程中起重要作用（不同材料其表面游离程度不一样），然而在高气压中，间隙击穿电压与阴极材料无关。

（3）按汤逊理论，整个间隙击穿是均匀连续发展的。但在长间隙中，会出现有分支的明亮细通道。

因此，通常认为，$pd>26\text{kPa·cm}$ 时，击穿过程将发生变化，汤逊理论不再适用，但其碰撞游离的基本原理仍是普遍有效的。

三、流注理论

汤逊理论是用电子碰撞游离和阴极表面游离来说明 pd 较小时的放电现象的。pd 较大时，放电过程及现象出现了新的变化，因而在大量实验研究的基础上，提出了流注放电理论。流注理论认为电子的碰撞游离和空间光游离是形成自持放电的主要因素，空间电荷对电场的畸变作用是产生光游离的重要原因。

1. 空间电荷对电场的畸变作用

在电场作用下电子在奔向阳极的过程中不断引起碰撞游离，电子崩不断发展。由于电子的运动速度快，故电子总是位于电子崩的头部。正离子的运动速度比电子慢得多，电子崩向前发展过程中正离子可看作静止不动。

由于电子崩中空间电荷的出现，原本均匀的电场被畸变得不均匀了，如图 1-18 所示。崩头前方附近的场强得到了加强，而崩头内部正、负电荷交界处的场强则被削弱了。崩尾部分的场强虽然也是加强的，但加强的程度要比崩头前方附近的小得多。

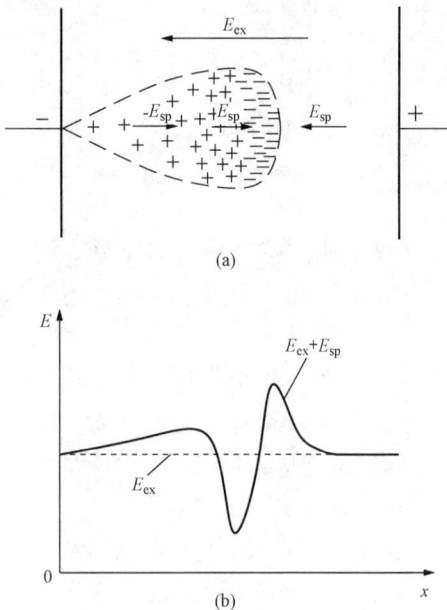

图 1-18 平板电极间电子崩空间电荷对外电场的畸变

（a）电子崩示意图；（b）外电场 E_{ex} 与空间电荷电场 E_{sp} 的合成电场

2. 流注的形成和发展

图 1-19 表示了外施电压等于击穿电压时电子崩转入流注，实现击穿的过程。由外界游离因素作用产生的起始电子从阴极附近向阳极运动，形成电子崩。如图 1-19（a）所示。

随着电子崩向前发展，其头部的游离过程越来越强烈。当电子崩走完整个间隙后，崩头电子和崩尾正离子数已非常之多，使得崩头和崩尾的场强增加，崩中部电场减弱。崩头的强烈游离过程必然会伴随着强烈的激发和反激发（因为受激状态极不稳定，存在时间极短），强烈的反激发会发射出大量光子；同时，崩中部的弱电场会使电子附着在中性质点上形成负离子，进而为正、负离子的复合提供良好的条件。强烈的复合过程也会向周围放射出大量光子，如图 1-19（b）所示。

这些光子引起了空间光游离，新形成的光电子被主电子崩头部的正空间电荷所吸引，在受到畸变而加强了的电场中，又激烈地产生了新的电子崩，称为二次电子崩，如图 1-19（c）所示。

二次电子崩向主电子崩汇合，其头部的电子进入主电子崩头部的正空间电荷区（主电子崩的电子这时已大部分进入阳极），由于这里电场强度较小，所以电子大多形成负离子。大量的正、负带电质点构成的混合通道，就是流注。如图 1-19（d）所示。

流注通道导电性良好，其头部又是由二次电子崩形成的正电荷，因此流注头部前方出现了很强的电场。同时，由于很多二次电子崩汇集的结果，流注头部游离过程蓬勃发展，向周围放射出大量光子，继续引起空间光游离。于是在流注前方出现了新的二次电子崩，它们被吸引向流注头部，从而延长了流注通道。

当流注一旦达到阴极，将间隙接通，就形成了主放电，强大的电子流通过流注迅速向阳极跑，由于互相摩擦，产生了几千摄氏度的高温，形成了热游离，主放电由阴极向阳极发展，主放电通道才是等离子体通道，相当于导体，于是热游离通道贯穿整个间隙，间隙被击穿，如图 1-19（e）所示。

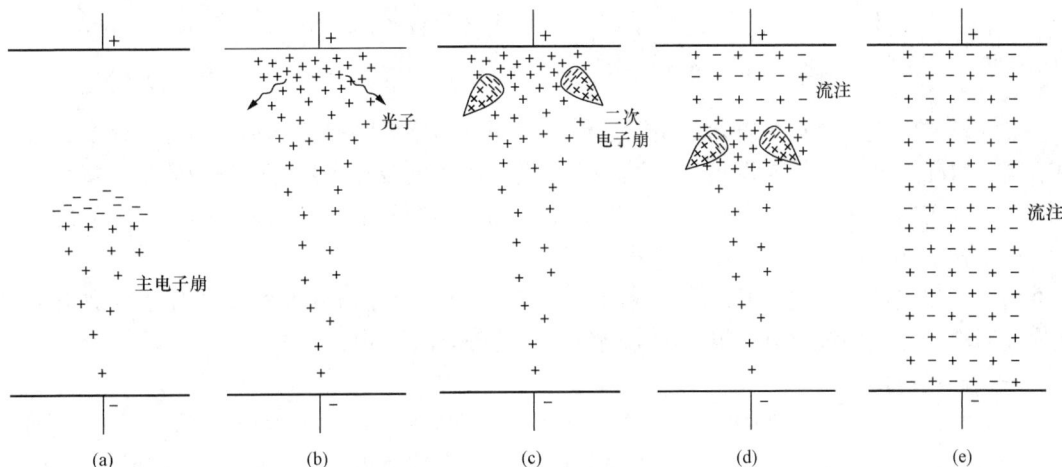

图 1-19　流注的形成和发展

（a）初始电子崩形成；（b）放射大量光子；（c）形成二次电子崩；（d）流注的发展；（e）间隙的击穿

流注的形成及发展过程框图如图 1-20 所示。

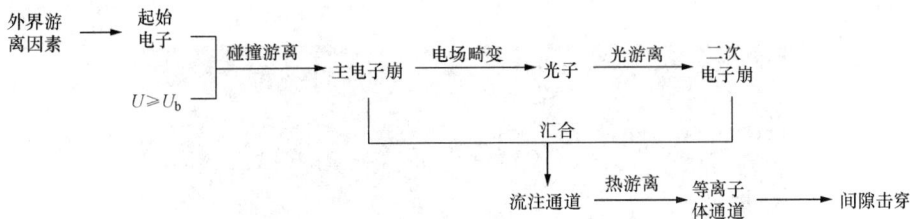

图 1-20　流注形成及发展过程框图

流注理论可以解释汤逊理论不能说明的 pd 值很大时的气隙击穿现象。

（1）放电时间。光子以光速传播，所以流注发展速度极快，这可以说明 pd 很大时放电时间特别短的现象。

（2）阴极材料。根据流注理论，维持放电自持的是空间光游离，而不是阴极表面的游离过程，这就说明为什么当 pd 较大时，击穿电压和阴极材料基本无关；而当 pd 较小时，或压力小，或距离小，电子崩发出的光子容易到达阴极，而不易被气体分子吸收，从而引起阴极表面游离，于是击穿电压和阴极材料有关。

（3）放电外形。pd 很大时，放电具有通道形式，这从流注理论中可以得到说明。流注中的电荷密度很大，电导很大，故其中电场强度很小。因此流注出现后，将减弱其周围空间的电场（但加强了其前方电场），并且这一作用伴随着流注的发展而更为强大。因此，电子崩形成流注后，当某个流注由于偶然原因发展更快时，它就将抑制其他流注的形成和发展，并且随着流注的向前推进，这种作用将越来越强烈。最后只剩下一个流注贯通整个间隙，故当 pd 很大时放电具有细通道的形式。

此外，由于二次电子崩在空间的形成和发展带有统计性，所以火花通道通常是曲折的，并带有分支。

1.2.4　不均匀电场中气体的击穿过程

【学习任务】　了解极不均匀电场中的电晕放电和极性效应，熟悉直流电压和工频电压作用下极不均匀电场中气体间隙的击穿场强。

电气设备中很少有均匀电场的情况。但对高压电器绝缘结构中的不均匀电场还要区分两种不同的情况，即稍不均匀电场和极不均匀电场，因为这两种不均匀电场中的放电特点是不同的。高压实验室中测量电压用的球间隙是典型的稍不均匀电场的例子；高压输电线之间的空气绝缘就是典型的极不均匀电场的例子。

稍不均匀电场中放电的特点与均匀电场中相似，在间隙击穿前看不到有什么放电的迹象。极不均匀电场中放电则不同，间隙击穿前会出现电晕放电。

一、电晕放电

当电场极不均匀时，随间隙上所加电压的升高，在曲率半径小的电极附近，电场强度将先达到引起游离过程的数值，间隙在这一局部区域形成自持放电，称电晕放电（如图 1-21 所示）。在黑暗中可看到该电极周围有薄薄的蓝紫色的发光层，这是游离区的放电过程造成的。游离区中的游离、复合，从激发状态恢复到正常状态等过程都可能产生大量的光辐射。电晕电极周围的游离层称为电晕层。电晕层以外的电场很弱，电晕放电发生时，还可听到咝咝的声音，嗅到臭氧的气味。此时回路中电流明显增加（但绝对值仍很小），可以测出能量损耗。

图 1-21　电晕放电

电晕放电是极不均匀电场所特有的一种自持放电形式。开始发生电晕时的电压称为电晕起始电压，而电极表面的电场强度称为电晕起始电场强度。

1. 电晕放电的影响

电晕放电会带来许多不利影响，气体放电过程中的光、声、热的效应以及化学反应等都能引起能量损耗，表 1-5 所列为超高压输电线路年平均电晕损耗；同时，放电的脉冲现象会产生高频电磁波，对无线电通信造成干扰；电晕放电还使空气发生化学反应，生成臭氧、氮氧化物等产物，臭氧、氮氧化物等产物是强氧化剂和腐蚀剂，会对气体中的固体介质及金属电极造成损伤或腐蚀。所以，在高压输电线路上应力求避免或限制电晕，特别是在超高压系统中，限制电晕引起的能量损耗和电磁波对无线电的干扰已成为必须加以解决的重要问题。

表 1-5　　　　　　　　　　　　　超高压输电线路年平均电晕损耗

线路电压（kV）	年平均电晕损耗[kW/(km·三相)]	线路电压（kV）	年平均电晕损耗[kW/(km·三相)]
330	<5	750	10～20
500	6～8		

2. 限制电晕的方法

限制电晕最有效的方法是改进电极的形状，增大电极的曲率半径，例如采用扩径导线；在某些载流量不大的场合，可采用空心薄壳的、扩大尺寸的球面或旋转椭圆面等形式的电极，如图 1-22 所示。

对于输电线路，通常采用分裂导线法来防止电晕的产生，就是将每相输电导线分裂为几根导线组成，但总的截面积不变。分裂组合后的导线，相当于增大了输电导线的半径，这样可以使导线表面的电场强度减小，从而限制电晕的形成，如图 1-23 所示。

图 1-22　母线的防晕措施

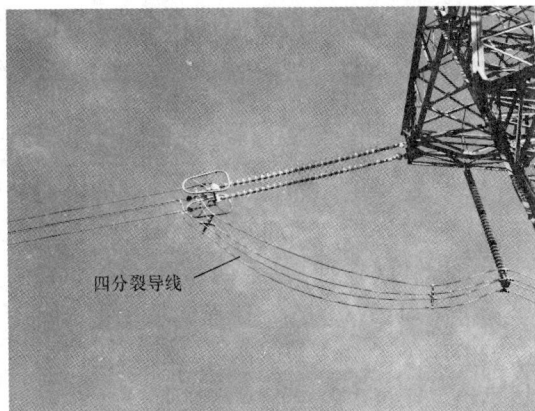

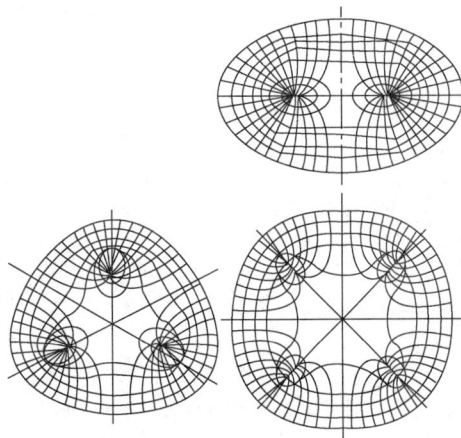

(a)　　　　　　　　　　　　　　(b)

图 1-23　线路的防晕措施

(a) 500kV 线路的四分裂导线；(b) 分裂导线数为 2、3、4 时的电场分布

3. 电晕放电的应用

在某些特殊的场合，电晕放电也有可利用的一面。例如电晕可降低输电线路上的雷电或操作冲击波的幅值和陡度，也可以使操作过电压产生衰减。

电晕放电在工业领域已获得广泛应用，例如净化工业废气的静电除尘器与净化水用的臭氧发生器，还可利用电晕放电使材料表面粗化，增强油墨与材料之间的吸附力，减少及消除了印刷、喷涂产品的油墨脱落现象，增强印刷及喷涂的耐磨性。

二、极性效应

对于电极形状不对称的极不均匀电场间隙，如棒—板间隙，棒的极性不同时，间隙的起晕电压和击穿电压各不相同，这种现象称为极性效应。极性效应是不对称的极不均匀电场所具有的特性之一。

极性效应是由于棒的极性不同时间隙中的空间电荷对外电场的畸变作用不同引起的。给棒—板间隙上加直流电压，无论棒的极性如何，间隙中的场强分布都是很不均匀的，棒极附近的场强很高，当外加电压达到一定值后，此强场区内的气体将首先发生游离。

当棒极为正时，间隙中出现的电子向棒极运动，进入强场区后引起碰撞游离，形成电子崩，如图 1-24（a）所示。电子崩发展到棒极时，其电子进入棒极中和，留在棒极附近的为正空间电荷，它们以相对缓慢的速度向阴极运动，如图 1-24（b）所示。这些正空间电荷使紧贴棒极附近的电场减弱，棒极附近难以形成流注，从而使自持放电难以实现，故其起晕电压较高。而正空间电荷在间隙深处产生的场强与外加电压产生的场强方向一致，加强了朝向板极的电场，如图 1-24（c）所示，有利于流注向间隙深处发展，故其击穿电压较低。

当棒极为负时，电子崩的发展方向与棒极为正时的相反。阴极附近的电子通过强场区形成电子崩，如图 1-25（a）所示。电子崩发展到强场区之外后，其电子不再引起碰撞游离，而以越来越慢的速度向阳极运动，并大多形成负离子。这样在棒极附近出现了比较集中的正空间电荷，间隙深处则是非常分散的负空间电荷，如图 1-25（b）所示。负空间电荷由于浓度小，对电场的影响不大，而正空间电荷却使外加电压产生的电场发生畸变，如图 1-25（c）所示。棒极附近的场强得到了加强，容易形成自持放电，所以其起晕电压较低。间隙深处的电场被削弱，使流注不易向前发展，因而其击穿电压较高。

综上所述，极性效应使负棒—正板间隙比正棒—负板间隙更容易产生电晕；正棒—负板间隙比负棒—正板间隙更容易被击穿。

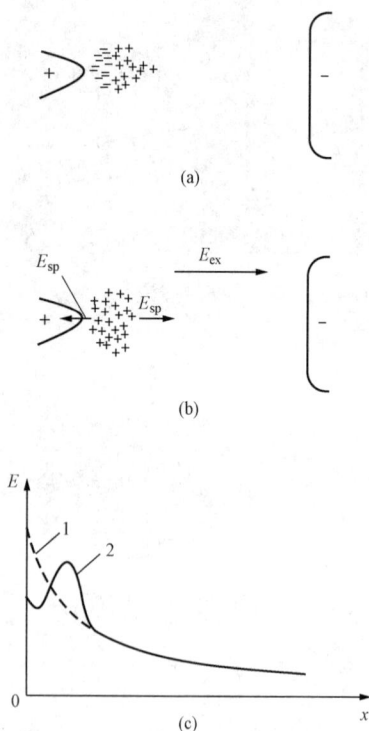

图 1-24　正棒—负板间隙中空间电荷对外电场的畸变作用

(a) 形成电子崩；(b) 棒极附近的正空间电荷；
(c) 电场分布曲线
1—外电场 E_{ex}；2—考虑空间电荷电场 E_{sp} 后的电场分布

三、极不均匀电场中的放电发展过程

间隙距离较短时，当外加电压达到了间隙的击穿电压，棒极附近的强场区内形成电子崩，并转化为流注，当流注发展到对面电极时，两极间由流注所贯通，流注

(a)

(b)

(c)

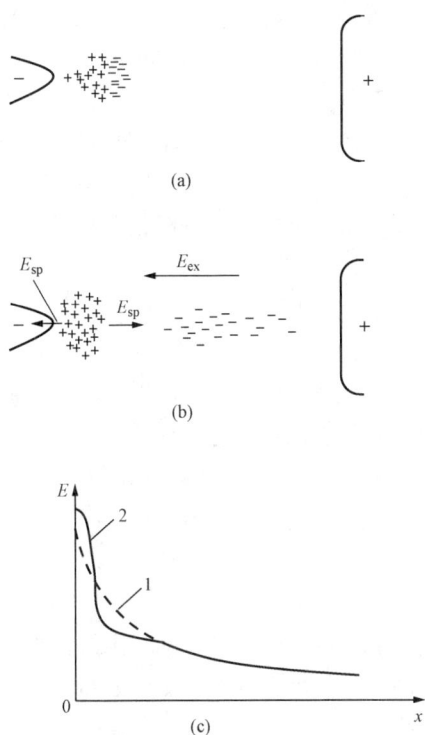

图 1-25　负棒—正板间隙中空间
电荷对外电场的畸变作用

(a) 形成电子崩；(b) 电子崩中的电子离开强电场区；
(c) 电场分布曲线

1—外电场 E_{ex}；2—考虑空间电荷电场 E_{sp} 后的电场分布

迅速转化为电弧或火花放电，间隙即被击穿。

当间隙距离较长时（如棒—板间隙距离大于 1m 时），在流注不足以贯穿两极的电压下，仍可发展成击穿。此时将出现先导放电现象，如图 1-26 所示。此时流注已发展到足够长度，有较多的电子沿流注通道流向电极，所有电子都将通过通道的根部进入电极，由于强烈的摩擦产生高温，出现热游离过程。这个具有热游离过程、不断伸长的通道称为先导。先导具有高电导，相当于电极伸

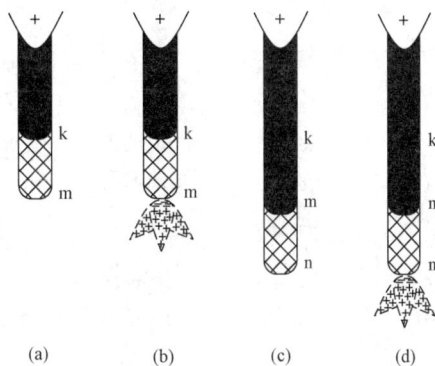

图 1-26　正棒—负板间隙中先导通道的发展

(a) 先导通道和其头部的流注 mk；

(b) 流注头部电子崩的形成；

(c) mk 由流注转变为先导和形成流注 nm；

(d) 流注头部电子崩的形成

出的导电棒，因而，先导加强了前方电场，引起新的流注，使先导通道向前逐渐伸长。当电压足够高，先导贯穿两极，导致主放电，间隙即被击穿。由于先导的出现，使长间隙的平均击穿场强远小于短间隙的平均击穿场强。长间隙放电电压的饱和现象也可由先导放电现象作出解释。

综上所述，在极不均匀电场中，短间隙的放电可分为电子崩、流注和主放电阶段，长间隙的放电则可分为电子崩、流注、先导和主放电阶段。间隙越长，先导过程就发展得越充分。

四、不均匀电场中空气间隙的击穿电压

1. 稍不均匀电场中的击穿电压

在稍不均匀电场中，击穿电压与电场均匀程度关系极大，所以具体间隙的击穿电压需要通过实验才能准确确定。从实验中可以得出这样一个规律：电场越均匀，同样间隙距离下的击穿电压就越高，其极限就是均匀电场中的击穿电压（30kV/cm）。在两球间距离与球的半径比不大的情况下，一对球径相同的球电极所组成的"球—球"间隙是典型的稍不均匀电场。

2. 极不均匀电场中的击穿电压

实验表明，在极不均匀电场中，当间隙距离很大时，不同形状电极的间隙击穿电压差别并不大，因此通常选取电场极不均匀的极端情况，棒—板和棒—棒作为典型电极结构。用它们的击穿电压数据来估算工程中不对称布置和对称布置时所需的绝缘距离。

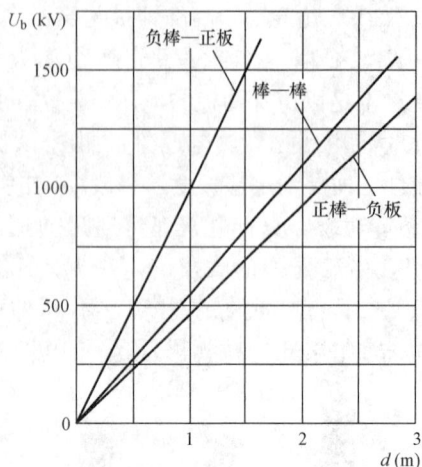

图 1-27 棒—板和棒—棒间隙的直流
击穿电压和间隙距离的关系曲线

（1）直流电压下的击穿电压。图 1-27 为棒—板和棒—棒间隙的直流击穿电压与间隙距离的关系曲线。由图 1-27 可见，极不均匀电场中直流击穿电压的极性效应非常明显。同样间隙距离下，不同极性间，击穿电压相差一倍以上。而棒—棒间隙的击穿电压介于两种极性的棒—板间隙的击穿电压之间，这是因为棒—棒间隙有一个棒极为正极性，放电容易由该棒极发展，所以其击穿电压比负棒—正板的低。又因为棒—棒间隙有两个强场区，同等间隙距离下，电场均匀程度较棒—板电极好，因此其击穿电压比正棒—负板的高。

在图 1-27 中所示距离范围内，击穿电压与间隙距离接近成正比；其平均击穿场强：正棒—负板间隙约为 4.5kV/cm；负棒—正板间隙约为 10kV/cm；棒—棒间隙约为 5.4kV/cm。

（2）工频电压下的击穿电压。图 1-28 所示为空气间隙的工频击穿电压和间隙距离的关系曲线。由于棒—板间隙的击穿总是发生在棒极为正时的半个周期峰值处，故其工频击穿电压（峰值）和直流下正棒—负板时的击穿电压相近。在距离小于 1m 的范围内，击穿电压与间隙距离的关系接近成正比；棒—棒间隙的平均击穿场强其峰值约为 6kV/cm；棒—板间隙的平均击穿场强其峰值约为 5kV/cm；棒—板间隙的击穿电压比相应的棒—棒间隙的击穿电压低得不多；但是，当间隙距离超过 2m 时，击穿电压与间隙距离的关系出现明显的饱和趋向，特别是棒—板间隙，其饱和趋向尤甚，这就使得棒—板间隙与棒—棒间隙击穿电压的差距拉大了。在设计高压装置时，这一点是值得注意的，为了使结构紧凑，应尽量避免出现棒—板型间隙。

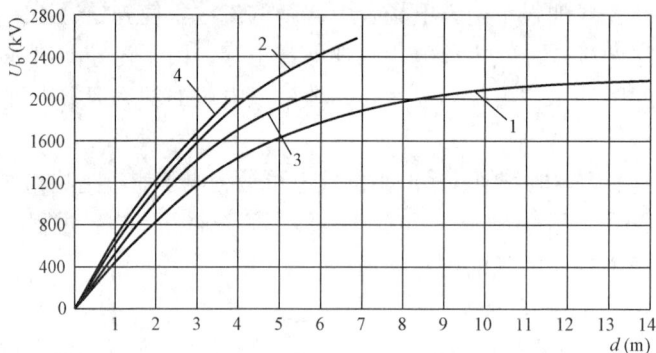

图 1-28 空气间隙的工频击穿电压和间隙距离的关系曲线
1—棒—板；2—棒—棒；3—导线—杆塔；4—导线—导线

1.2.5 冲击电压下气体的击穿过程

【学习任务】 了解标准冲击电压波形的特点，理解冲击电压作用下气体间隙击穿过程、50%冲击击穿电压概念、伏秒特性曲线的意义及其在工程中的应用。

　　电力系统中冲击电压是指作用时间短暂的电压，它包括雷电冲击电压和操作冲击电压。雷电冲击电压是由雷云放电引起的，其持续时间极短，只有约几个微秒到几十个微秒，与击穿所需的时间相当；操作冲击电压是指当电力系统在操作或发生事故时，因状态发生突然变化引起电感—电容回路的振荡产生的过电压，其作用时间介于雷电冲击电压与工频电压之间。

　　由于冲击电压的作用时间短暂，故空气间隙在冲击电压作用下的击穿具有与持续电压作用下不同的特点。

一、标准冲击电压波形

　　为了检验绝缘耐受冲击电压的能力，在实验室中可以利用冲击电压发生器（如图1-29所示）产生冲击电压，以模拟实际产生的过电压。为了使得到的结果可以互相比较，需规定标准波形，如图1-30所示。冲击电压波形由波前时间 T_1 及半峰值时间 T_2 来确定。T_1 为电压零点至电压峰值的时间，T_2 为电压零点至电压下降为峰值一半时的时间。由于实验室中一般用示波器摄取的冲击电压波形图在原点附近往往模糊不清，波峰附近波形较平，不易确定原点及峰值的位置，因此视经过 $0.3U_m$ 和 $0.9U_m$ 两点的直线与 U_m 处的水平线和时间轴交点的连线即为波前。我国国家标准规定的雷电冲击电压标准波形的参数为 $T_1 = (1.2 \pm 30\%)\mu s$，$T_2 = (50 \pm 20\%)$ μs。操作冲击电压波形的波前时间 $T_1 = (250 \pm 20\%)\mu s$，半峰值时间 $T_2 = (2500 \pm 60\%)\mu s$。

图1-29　冲击电压发生器

　　冲击电压除了 T_1 和 T_2 外，还应指出其极性（不接地电极相对于地的极性），如标准雷电冲击电压波形通常可用符号 $\pm 1.2/50\mu s$ 表示。

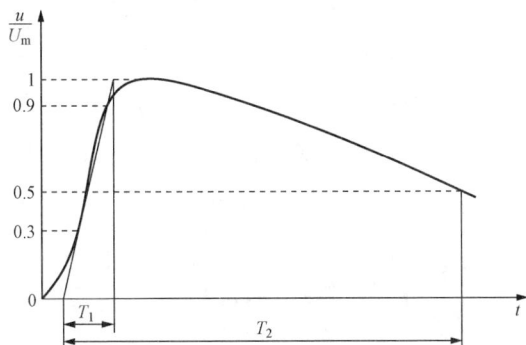

图1-30　标准冲击电压波形

二、放电时延

　　每个气体间隙都有它的静态击穿电压，即长时间作用在间隙上能使间隙击穿的最低电压。所以，欲使间隙击穿，外加电压必须不小于静态击穿电压。但对冲击电压而言这仅是必要条件，而不是充分条件。

　　如图1-31所示，当对静态击穿电压为 U_0 的间隙施加冲击电压时，经 t_0 时间，电压上升至 U_0，但间隙并不立刻击穿，而需经过 t_1 时间后才能完成击穿，即间隙的击穿不仅需要足够的电压，还需要足够的时间。

　　从开始加压的瞬时起到间隙完全击穿为止的时间称为击穿时间 t_b。它由以下三部分组成。

　　（1）升压时间 t_0：电压从零升高到静态击穿电压 U_0 所需的时间。

　　（2）统计时延 t_s：从电压升到 U_0 的时刻起到间隙中形成第一个有效电子的时间。

　　（3）放电形成时延 t_f：从形成第一个有效电子的时刻起到间隙完全被击穿的时间。

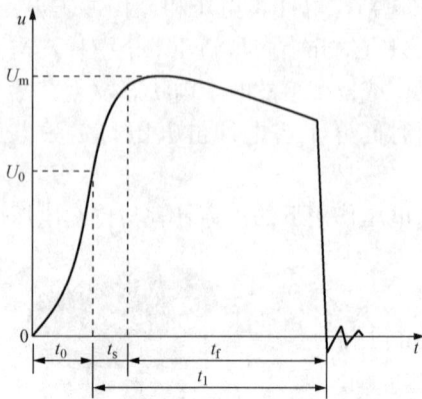

图 1-31　冲击电压下空气间隙击穿时间

这里说的第一个有效电子是指该电子能发展一系列的游离过程，最后导致间隙完全击穿的那个电子。气隙中出现的自由电子并不一定能成为有效电子，这是因为自由电子可能被中性质点俘获形成负离子，失去游离的活力；或者扩散到间隙外面，不能参加游离过程。第一个有效电子何时出现是一个随机事件，与电压的大小、间隙中光的照射强度等因素有关，故统计时延 t_s 具有分散性。

显然 $t_b = t_0 + t_s + t_f = t_0 + t_1$，其中 $t_1 = t_s + t_f$ 称为放电时延。

短间隙（1cm 以下）中，特别是电场均匀时，t_f 远小于 t_s，放电时延实际上就等于统计时延。较长的间隙中，放电时延主要决定于放电形成时延。在电场比较均匀时，放电发展速度快，放电形成时延较短；在电场极不均匀时，放电发展到弱电场区后速度较慢，放电形成时延较长。

三、50%冲击击穿电压

在持续电压作用下，当气体状态不变时，一定距离的间隙，其击穿电压具有确定的数值，当间隙上的电压升高到击穿电压时，间隙 100%击穿。

当图 1-32 所示的幅值为 U_m 的冲击电压加在静态击穿电压为 U_0 的间隙上时，若放电时延 t_1 比电压超过 U_0 所持续的时间 T 大时，间隙不击穿（因为此时尽管时间足够，游离过程已发展起来，但电压已低于静态击穿电压，游离过程随时会终止，不可能引起放电）；若放电时延 t_1 比 T 小时（意味着此时电压高于静态击穿电压），间隙击穿（放电时间和电压都满足击穿条件）。由于放电时延 t_1 具有分散性（可能比 T 大，也可能比 T 小），在间隙上多次施加同一电压，有时击穿，有时不击穿。冲击电压幅值越大，T 就越大，击穿概率也越大。工程上采用了击穿概

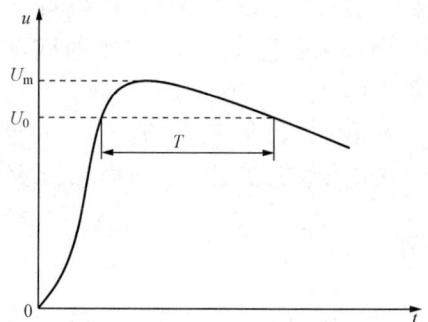

图 1-32　U_m 超过 U_0 的持续时间为 T 的冲击电压波形示意图

率为 50%的冲击电压来表示绝缘耐受冲击电压的大小，即实际中只要保持波形不变，调整冲击电压峰值至施加 10 次电压中有 4~6 次发生击穿，此电压峰值就可作为 50%冲击击穿电压，用 $U_{50\%}$ 表示。

四、伏秒特性

1. 伏秒特性的概念

由于放电时延的影响，间隙的击穿需要一定的时间才能完成，对于不是持续作用的，而是脉冲性质的电压，间隙的击穿电压就与该电压作用的时间有很大关系。同一个间隙，在峰值较低但延续时间较长的冲击电压作用下可能被击穿，而在峰值较高但延续时间较短的冲击电压作用下可能反而不被击穿。

由此可见，在冲击电压下仅用单一的击穿电压值描述间隙的绝缘特性是不全面的。一般用同一波形下，间隙上出现的电压最大值和间隙击穿时间的关系来表示间隙的冲击绝缘特性，此曲线称为间隙的伏秒特性。

2. 伏秒特性的制定

伏秒特性是用实验方法求取。对同一间隙，施加一系列标准波形的冲击电压，使间隙击穿，用示波器来求取。如图 1-33 所示，电压较低时击穿发生在波尾。在击穿前的瞬时，电压虽已从峰值下降到一定数值，但该电压峰值仍然是间隙击穿过程中的主要因素，因此以该电压峰值为纵坐标，以击穿时刻为横坐标，得点"1"、点"2"。电压再升高时，击穿可能正好发生在波峰，则该点当然是伏秒特性曲线上的一点。电压进一步升高时，间隙很可能在电压尚未升到波形的峰值时就已经被击穿，如图中的点"3"。把这些相应的点连成一条曲线，就是该间隙的伏秒特性。

由于放电时间具有分散性，所以在每级电压下可得到一系列放电时间。实际上伏秒特性是以上、下包线为界的一个带状区域，如图 1-34 所示。

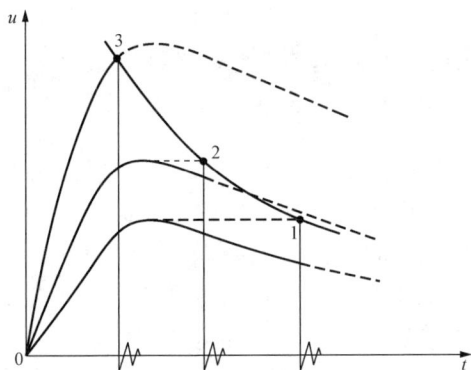

图 1-33　伏秒特性绘制方法　　　　　　　图 1-34　实际的伏秒特性

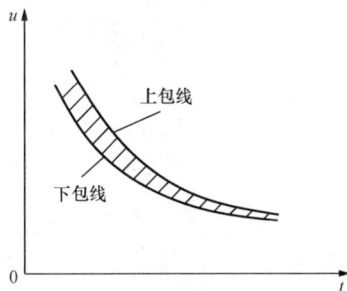

3. 伏秒特性的应用

间隙伏秒特性的形状取决于电极间电场的分布。在极不均匀电场中平均击穿场强较低，放电时延较长，其伏秒特性随放电时间的减少而明显上翘，如图 1-35 中的 S_1；在均匀和稍不均匀电场中，平均击穿场强较高，相对来说放电时间较短，所以其伏秒特性比较平坦，如图 1-35 中 S_2。

上述伏秒特性的概念也适用于沿面放电、液体介质、固体介质和组合绝缘等各种场合。

伏秒特性对于比较不同设备绝缘的冲击击穿特性有重要意义。如果一个电压同时作用在两个并联的绝缘结构上，其中一个绝缘结构先击穿，则电压被截断短接，另一个就不会再被击穿，称前者保护了后者。

以变压器用避雷器保护为例分析如下。

曲线 S_1 表示变压器的伏秒特性，曲线 S_2 表示避雷器的伏秒特性。

在图 1-35 中，变压器的伏秒特性全面位于避雷器的上方，则在同一电压下，避雷器都将先于变压器击穿，避雷器就能可靠地保护变压器不被击穿。

在图 1-36 中，变压器和避雷器的伏秒特性相交，则虽然在冲击电压峰值较低时，避雷器先于变压器击穿，能对变压器起保护作用；但在高峰值冲击电压作用下，变压器先于避雷器击穿，避雷器不起保护作用。

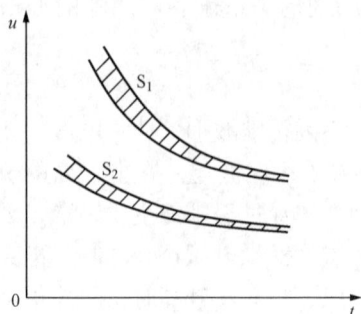

图 1-35　极不均匀电场 S_1 和
均匀电场 S_2 的伏秒特性

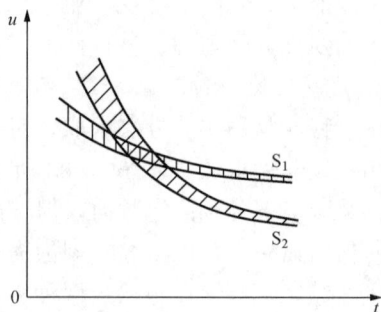

图 1-36　两个间隙的伏秒
特性相交时的情况

1.2.6　沿面放电

【学习任务】　了解气体沿面放电和闪络的现象，熟悉各类绝缘子沿面放电的特点，了解提高各类绝缘子闪络电压的方法。

在电气设备中，用来固定带电部分的固体介质如绝缘子、套管等，它们在大多数情况是处于空气中的，当导体电位超过一定值时，常常在固体介质和空气的交界面上出现放电现象，当其发展为贯穿性空气击穿时，称为沿面闪络，简称闪络。沿着固体介质表面的气体发生放电，称为沿面放电（如图 1-37 所示）。沿面放电是一种气体放电现象，由于介质表面电压分布不均，沿面放电电压比气体或固体介质单独存在时的击穿电压都低，它受表面状态、空气污秽程度、气候条件等因素影响很大。电力系统中绝缘事故，如输电线路受雷击时绝缘子闪络，大气污秽的工业区的线路或变电站在雨雾天时绝缘子闪络引起跳闸，都是沿面放电所致。生产中常见的绝缘子类型如图 1-38 所示。

图 1-37　悬式绝缘子串的沿面放电

图 1-38　生产中常见的绝缘子类型

一、均匀电场中的沿面放电

使固体介质表面的气体发生闪络时的电压称为固体介质的沿面闪络电压。

图 1-39 所示为一个放在均匀电场中的圆柱形固体介质，圆柱表面与电力线平行。虽然圆柱固体介质的存在似乎并未影响极板间的电场分布，且用固体置换气体，整个间隙的击穿电压似乎至少不应比纯空气间隙低，似乎电极间任何地方的气体发生击穿的可能性是相同的。但实际上放电总是发生在固体介质表面，而且沿固体表面的闪络电压比纯空气间隙的击穿电压要低得多。造成这种现象的主要原因如下。

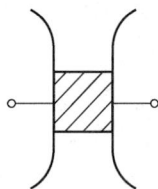

图 1-39　均匀电场中的固体介质

（1）固体介质表面会吸附气体中的水分形成水膜。水膜中的离子在电场中沿介质表面移动，电极附近逐渐积累起电荷，使介质表面电压分布不均匀，从而使沿面闪络电压低于空气间隙的击穿电压。

（2）介质表面电阻不均匀和介质表面有伤痕裂纹，也会畸变电场的分布，使闪络电压降低。

（3）固体介质与电极表面接触不良，在它们之间存在气隙，气隙处场强大，极易发生游离，产生的带电质点到达介质表面，会畸变原电场的分布，使闪络电压降低。

越易吸湿的固体，例如玻璃、陶瓷等，沿面闪络电压越低。由于表面水分中离子沿电场移动需要时间，因此均匀电场中工频电压、直流电压作用下的沿面闪络电压比冲击电压下的沿面闪络电压还要低。

均匀电场沿面放电的情况在工程实际中很难遇到，更多的是极不均匀电场情况。

二、极不均匀电场中的沿面放电

1. 套管的沿面放电（电场具有强垂直分量）

图 1-40 给出了 220kV 变压器出线套管及其简化剖面示意图。

套管沿面放电动画

套管的沿面放电过程如图 1-41 所示，随着外施电压的增高，在法兰的边缘先出现浅蓝色的电晕放电，如图 1-41（a）所示。进一步升高电压，放电形成平行向前伸展的许多细光线，称为刷形放电，如图 1-41（b）所示。刷形放电的长度随着电压的升高而增加。当电压到某临界值时，其中某些细线的长度迅速增长，并转变为较明亮的浅紫色的树枝状火花。这种放电很不稳定，迅速改变放电路径，并有爆裂声响，这种放电称为滑闪放电，如图 1-41（c）所示。滑闪放电的火花长度随外施电压的升高而迅速增长，因而出现滑闪后，电压只需要增加不多，放电火花就能延伸到另一电极，形成闪络。

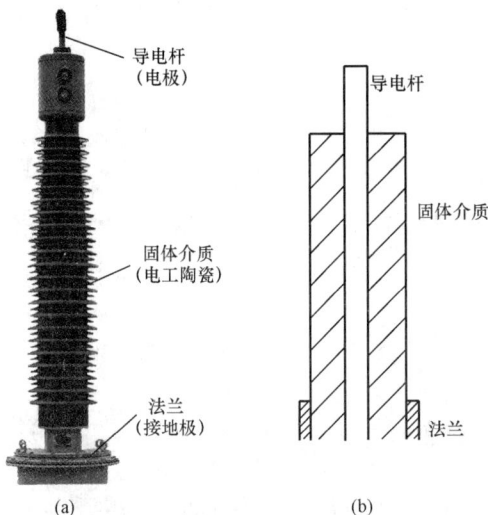

图 1-40　220kV 变压器出线套管
(a) 套管；(b) 剖面简图

套管滑闪放电现象可用图 1-42 所示的套管的电场分布及等效电路来解释。从图 1-42（a）中可以看出，电场强度垂直于介质表面的分量比平行于表面的分量大得多，因此电场具有强垂直分量。图 1-42（b）中 r_1 表示套管表面单位面积的表面电阻，r_2 表示单位面积的体积电阻，C 表示单位面积与导电杆间的电容，称其为表面电容系数（F/cm²）。由于套管表面电场具有强垂直分量，即电场主要从法兰垂直介质表面进入固体介质到达导电杆，使体积电阻 r_2 和电容 C 的分流大，流过表面电阻 r_1 的电流逐渐减小，在法兰附近沿介质表面的电流密度最大，在该处介质表面的电位梯度也最大，当此处电位梯度达到使气体游离的数值时，就出现了电晕放电。随着电压的升高，此放电进一步发展。电场的强垂直分量使带电质点撞击介质表面，引起局部温度升高，高到足以引起热游离。从而使通道中带电质点数量剧增，电阻剧降，通道头部场强增加，导致通道迅速增长，这就是滑闪放电。出现滑闪放电后，放电发展很快，会很快贯通两电极，完成闪络。

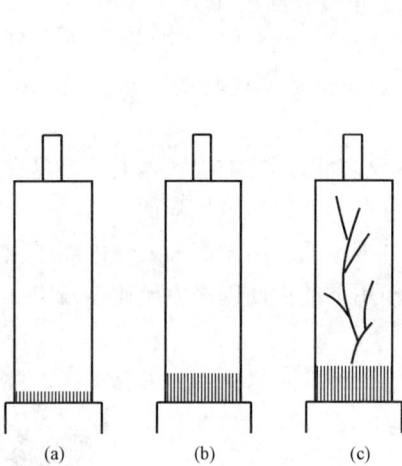

图 1-41 工频电压作用下沿面
放电发展过程示意图
(a) 电晕放电；(b) 细丝状辉光放电；(c) 滑闪放电

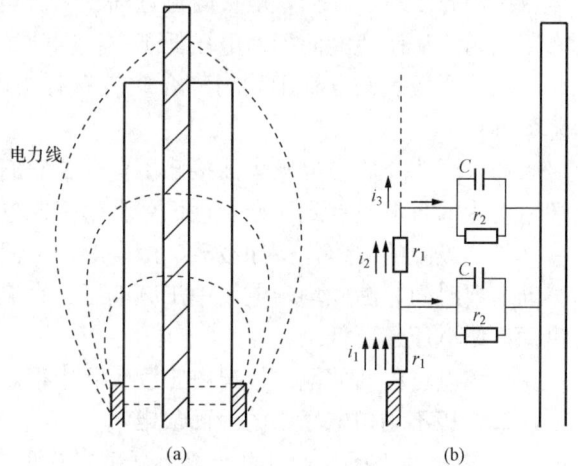

图 1-42 套管的电场分布及等效电路
(a) 电场示意图；(b) 套管等效电路

提高套管沿面闪络电压的方法如下。

（1）减小表面电容系数。如加大法兰处套管外径（由电容公式 $C = \varepsilon \dfrac{S}{d}$ 可知，极间距离增大后，电容减小，流过电容 C 的分流减小，套管表面各部位泄漏电流相差不大，使得套管表面场强分布均匀），或采用瓷—油组合绝缘结构（由于油的介电常数较陶瓷小，所以极间电容减小）。

（2）减少法兰附近瓷表面的电阻率。在此处涂半导体漆或上半导体釉，以改善电位分布。

2. 支柱绝缘子的沿面放电（电场具有弱垂直分量）

支柱绝缘子如图 1-43 所示，介质表面的电场分布极不均匀，在介质表面大部分地方，电场强度平行于表面的分量要比垂直分量大，沿固体介质表面没有较大的电容电流流过，放电过程中不会出现热游离现象，故没有明显的滑闪放电，因而垂直于放电发展方向的介质厚度对放电电压实际上没有影响。在这种情况下沿面放电电压比同电极结构下纯空气间隙放电电压降低不多。

支柱绝缘子沿面
放电动画

提高支柱绝缘子沿面闪络电压的方法如下。

（1）增高支柱绝缘子，即加大极间距离。但因支柱绝缘子表面电压分布不均匀，闪络电压并不与高度成正比增加。

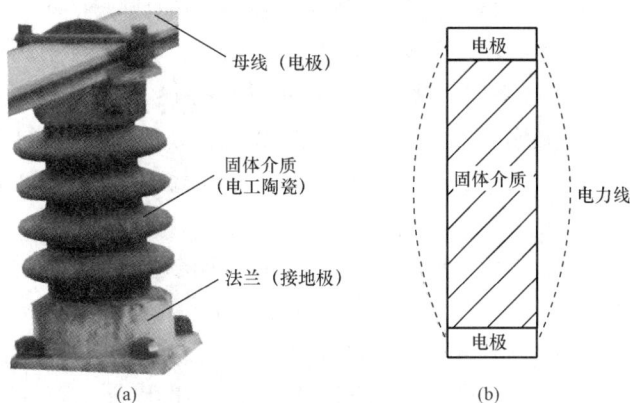

图 1-43 35kV 母线支柱绝缘子

(a) 35kV 母线支柱绝缘子；(b) 支柱绝缘子剖面简图

（2）装设均压环。补偿部分对地电容电流，改善电压分布，以提高闪络电压。

例如高 3.3m 的支柱绝缘子，干闪电压为 588kV，顶部加装直径为 1.5m 的均压环后，干闪电压提高到 834kV。

3. 悬式绝缘子串的沿面放电（电场具有弱垂直分量）

悬式绝缘子串的表面电场的垂直分量也很小（与支柱绝缘子一样），沿固体介质表面也没有较大的电容电流流过，放电过程中不会出现热游离现象，故没有明显的滑闪放电，因而垂直于放电发展方向的介质厚度对放电电压实际上没有影响。

我国 35kV 及以上的高压线路都使用由悬式绝缘子组成的绝缘子串作为线路绝缘。绝缘子串的机械强度仍与单个绝缘子相同，而其沿面闪络电压则随绝缘子片数的增多而提高。绝缘子串中，绝缘子片数目的多少决定于线路所要求的绝缘水平，例如 35kV 线路一般用 3 片，110kV 用 7 片，220kV 用 13 片，330kV 用 19 片，500kV 用 28 片。用于耐张杆塔时考虑到绝缘子老化较快，通常增加 1～2 片。在机械负荷很大的场合，可以用几串同样的绝缘子并联使用，如图 1-44 所示。

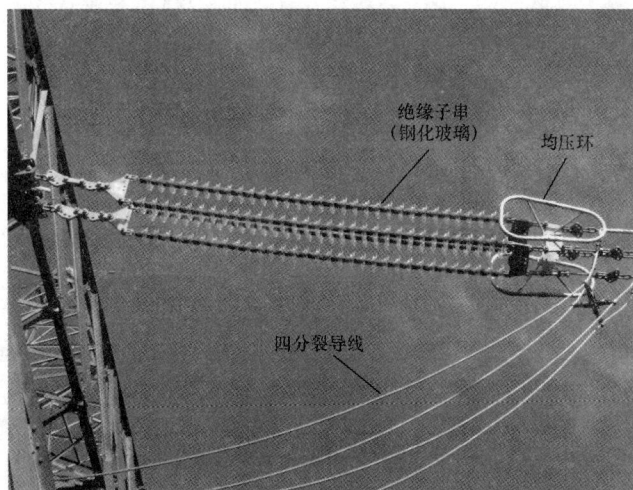

图 1-44 500kV 线路的绝缘子串

　　输电线路绝缘子串在干燥情况下的等值电路如图 1-45（a）所示。图中 C 为每片绝缘子自身电容，随绝缘子的型号各异，约为 50～75pF；C_E 为每片绝缘子的对地（铁塔）电容，约为 3～5pF；C_L 为每片绝缘子对导线的电容，单导线时 C_L 约为 0.3～1.5pF，分裂导线时 C_L 增大。长绝缘子串的电压分布很不均匀，如图 1-45（b）所示。绝缘子串两端承受的电压高，中间承受的电压低，这是由于绝缘子的金属部分与接地的铁塔和高压导线间有杂散电容引起的，分析如下。

　　假定 C_E 存在，C_L 为零，此时等值电路和沿绝缘子串的电压分布如图 1-46 所示。由于对地电容 C_E 的分流，使得流过导线侧第一片绝缘子上的电流最大，其上所承担的电压 ΔU 也最大。从导线侧第一片绝缘子开始，由于电流依次减小，各绝缘子上承担的电压依次逐渐减小。再假定 C_L 存在，C_E 为零，此时的等值电路和沿绝缘子串的电压分布如图 1-47 所示。由于 C_L 的影响，越靠近杆塔的绝缘子，其上的电流越大，所承担的电压也越大。当同时考虑 C_E 和 C_L 的存在时，绝缘子串上的电压分布则如图 1-45 所示。由于经 C_E 流向地的电流大于经 C_L 流向绝缘子的电流，故绝缘子串中靠近导线侧的第一片绝缘子上承受的电压最大。

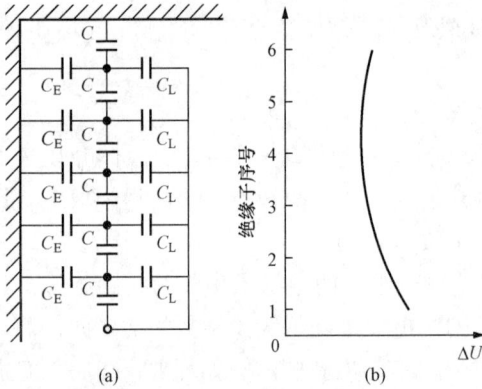

图 1-45　绝缘子串的等值电路与电压分布
（a）等值电路；（b）电压分布

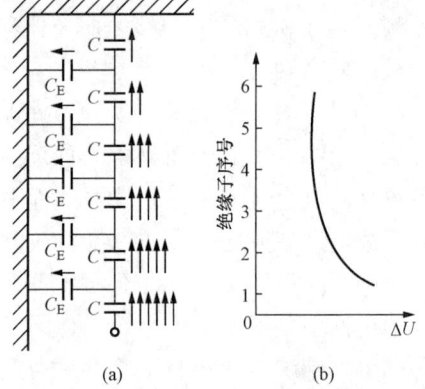

图 1-46　只考虑对地电容 C_E 时的电压分布
（a）等值电路；（b）电压分布

　　绝缘子串上电压分布的不均匀程度与绝缘子串等值电路中各电容的相对大小和绝缘子片数有关。绝缘子本身的电容越大，对地电容 C_E 及对导线电容 C_L 的影响就越小，绝缘子串的电压分布越均匀。绝缘子串中绝缘子数越多，电压分布越不均匀，所以用增加绝缘子数来减小导线处绝缘子的电压降并不是很有效。通常 330kV 及以上电压等级的线路可考虑使用均压环来改善绝缘子串的电压分布，如图 1-47 所示。

三、淋雨时绝缘子的沿面放电

　　绝缘子表面状态不同时，其闪络电压也不同。绝缘子表面处于干燥、洁净状态下的闪络电压称为干闪电压，表面洁净的绝缘子在淋雨时的闪络电压称为湿闪电压，一般湿闪电压要比干闪电压低。以单片悬式绝缘子（X-4.5C 型）为例，湿闪电压为 45kV，比其干闪电压 75kV 几乎降低一半。表面脏污的绝缘子在受潮情况下的闪络电压称为污闪电压。绝缘子表面在污秽层较厚而又潮湿的情况下，沿面放电电压将大大降低，可能降至干闪电压的 10% 左右。

　　现以图 1-48 为例说明湿闪放电的一些特性。盘上面直接被雨淋湿，形成一层较厚的水膜，电导较大；而在盘的下面，只是由于落在下面一个绝缘子上的雨滴所溅湿，受湿程度较小，故元件上电压大部分由盘的下表面承受，放电总是从电场最强处开始，即在钢脚（图 1-48 中 B 点）附近是最可能发生局部放电的地方，以后，放电即沿 B-C 发展，但除这一路径外，放电也可能在空气隙 C-A′ 及 C-C′ 发生，其放电路径的绝缘强度决定于绝缘子串的结构特点，放电总是沿放电电压最低的途径发生，再向 C-A 发展。

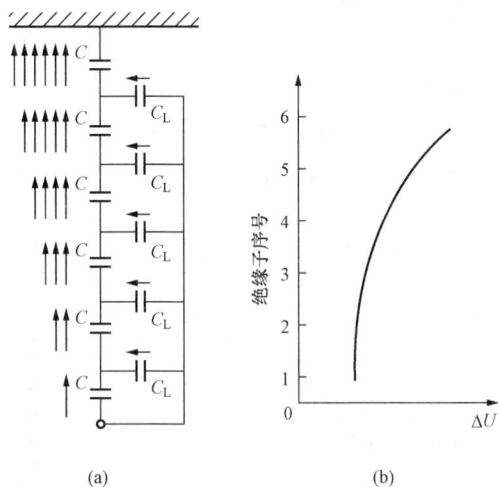

图 1-47　只考虑对导线电容 C_L 时的电压分布
(a) 等值电路；(b) 电压分布

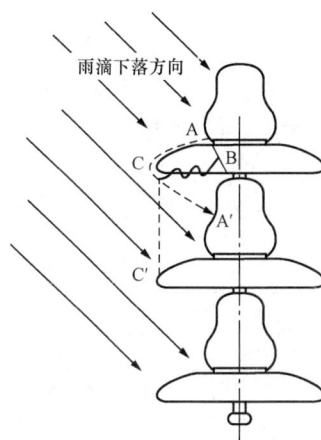

图 1-48　淋雨时悬式绝缘子可能发生闪络的途径

湿闪电压是户外绝缘子的一项重要的性能指标，也是决定户外绝缘子外形的重要因素。介质表面完全淋湿时，雨水形成连续的导电层，因此泄漏电流增大，闪络电压大大降低。要提高绝缘子的湿闪电压，必须在绝缘子外形设计时在淋雨状态下（实验室湿闪试验时取淋雨角为 45°以模拟较严重的自然降雨情况）介质表面有一部分不直接受雨淋。为此户外绝缘子都有伞裙。绝缘子伞裙突出于主干直径的宽度与伞间距离之比，通常取 1∶2。

四、污秽时绝缘子的沿面放电

1. 污秽时绝缘子的沿面放电过程

户外绝缘子常会受到工业污秽或自然界盐碱、飞尘等的污染。干燥情况下，绝缘子表面污秽层的电阻很大，对绝缘子的闪络电压几乎没有什么影响，但在大气湿度较高或在小雨、雾、露、雪等不利的大气条件下，这些污秽层被湿润时，含在污秽层中的电解质成分会溶于水中，形成导电水膜，使绝缘子表面的泄漏电流显著增大，闪络电压显著降低。

现以悬式绝缘子为例说明污秽放电的形成和发展过程。悬式绝缘子铁脚和铁帽附近表面上的污层在干燥状态下一般不带电，但在小雨、大雾等不利天气时，污层将被水分所湿润，电导大增，在工作电压下污层中电流密度较大，污层烘干较快，先出现干区。干区的电阻比其余湿层的电阻大很多（有时大几个数量级），此时电场强度足以引起表面空气碰撞电离，于是在铁脚和铁帽周围将开始电晕放电或辉光放电。由于此时泄漏电流较大，电晕或辉光放电很容易直接转变为电弧，这种电弧存在于绝缘子的局部表面（称之为局部电弧）。随后局部电弧根部附近的湿污层被很快烘干，即干区扩大，电弧伸长，若此时电压尚不足以维持电弧的燃烧，电弧即熄灭。再加上交流电流有过零时刻，更促使电弧呈现"熄灭—重燃"的交替变化。在污层湿润度不断增大的情况下，泄漏电流也随之逐渐变大，且可在一定电压下维持，使局部电弧长度不断增加。绝缘子表面上这种不断延伸发展的局部电弧现象俗称爬电。一旦爬电至某一临界长度时，弧道的进一步伸长就不再需要更高的电压，能自动延伸完成沿面闪络，相应的电压称为污闪电压。

由以上分析可知，绝缘子的污闪是一个复杂的过程，大体可分为积污、受潮、干区形成、局部电弧的出现和发展等阶段。因此污闪的三要素是绝缘子表面积污、污秽层湿润和电压作用。

事故统计表明，发生污闪事故往往是大面积范围的，因为一个区域内的绝缘子积污、受潮状况是差不多的。所以容易发生大面积多污点事故。污闪时自动重合闸成功率远低于雷击闪络时的情况，因而往往导致事故的扩大和长时间停电。污闪事故所造成的经济损失相比其他事故而言也是巨大的。

我国电力系统由污闪引发的几起大范围停电事故见表 1-6。

表 1-6　　　　　　　　我国电力系统由污闪引发的几起大范围停电事故统计表

时间	事故起因	停电区域及损失
1989 年 12 月～1990 年 2 月	持续数天大雾并叠加雨雪天气	豫北、冀南、晋南、晋中、京津唐以及辽西先后有 172 条线路、27 座变电站全部、部分或瞬时停电，电量损失超过 3100 万 kWh
1996 年底～1997 年初	持续大雾	华东和华中两电网因污闪有 14 条 500kV 线路和 46 条 220kV 线路跳闸，3 座变电站（厂）停电
2001 年 1 月～2 月	雨雪交加，大雾弥漫	污闪由河南电网，经河北电网、京津唐电网直至辽宁南部和中部，共有 238 条 66～500kV 线路、34 座变电站发生污闪，沈阳 70% 以上区域停电，造成邯钢停产，京广电气化铁路短时中断运行，仅辽宁、河北和河南三省损失电量就达 1600 万 kWh

2. 提高绝缘子污闪电压的方法

（1）增加爬电距离。爬电距离是指两极间的沿面最短距离，如图 1-49 所示的 A、B 两点间的距离。增加爬电距离，可直接加大沿面电阻，抑制电流，提高闪络电压。因此对悬式绝缘子串，常用增加片数或采用大爬电距离的绝缘子。

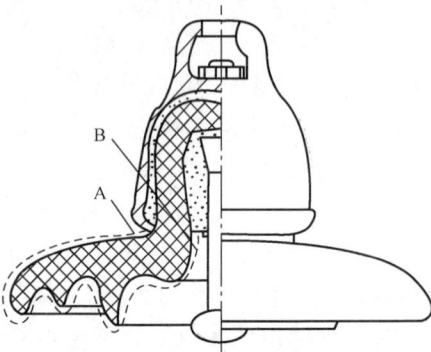

图 1-49　悬式绝缘子爬电距离示意图

（2）加强清扫。定期或不定期清扫，人工除去绝缘子表面污秽，当然可以提高闪络电压。清扫工作一般采用人工清扫、机械清扫或带电水冲洗。对我国的污秽情况与气象情况而言，清扫最有效的季节是积污严重而降雨尚未到来的冬季。带电清扫一般只适用于设备集中，交通方便的变电站，而且带电水冲洗还有冲洗不当反而闪络的危险。对输电线路则是停电人工清扫，人工上塔，用湿布去擦。对一些条件具备的地区，还可以利用直升机对线路绝缘子进行带电水冲洗作业。

（3）装设风力清扫环。有些地方受地理条件限制不能进行机械清扫或带电水冲洗。为解决这一难题，我国有些地区尝试用风力清扫环（如

图1-50所示）自动清扫输电线路绝缘子表面污垢。

风力清扫环采用轻质绝缘材料（如塑料）制成，其结构是1个绝缘环上穿有若干个、按同一方向排列的风力推动碗，组成风力清扫环。使用时，将风力清扫环套在绝缘子上，当有风吹动时，风力清扫环就会转动，风力推动碗的边沿就不断地刮去绝缘子表面上的污垢，从而保证绝缘子表面保持清洁，防止污闪事故发生。

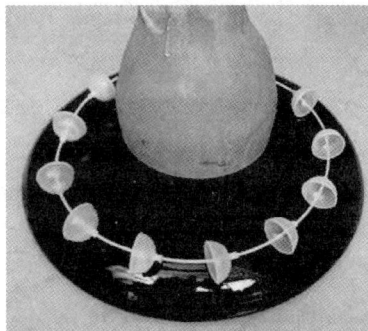

图1-50 风力清扫环

悬式绝缘子上加装风力清扫环后，其防污闪的效果是非常显著的。表1-7和表1-8为某供电公司在线路上加装风力清扫环之前和之后的对比。表1-7中直线杆发生污闪的绝缘子片数多于耐张杆，一是因为直线杆的数量较耐张杆的数量多，发生污闪的概率要更大一些；二是由于直线杆的绝缘子垂直排列，其上层绝缘子对下层绝缘子有遮蔽作用，雨水对下层绝缘子的冲洗效果不好，容易诱发污闪，而耐张杆的绝缘子近似水平布置，雨水对每一个绝缘子的冲洗效果较好，因此不易发生污闪。表1-8中，直线杆的绝缘子发生污闪的片数为0，而耐张杆仍然有绝缘子发生污闪，说明在有风的条件下，直线杆上的风力清扫环比耐张杆上的风力清扫环更容易旋转，清扫效果更好。

表1-7   加装风力清扫环前绝缘子闪络情况

年份	污闪绝缘子（片）		雷击绝缘子（片）	
	直线杆	耐张杆	直线杆	耐张杆
2000年	30	12	6	8
2001年	22	7	4	5
2002年	25	9	7	4

表1-8   加装风力清扫环后绝缘子闪络情况

年份	污闪绝缘子（片）		雷击绝缘子（片）	
	直线杆	耐张杆	直线杆	耐张杆
2003年	0	4	3	4
2004年	0	6	2	6
2005年	0	4	2	6

（4）绝缘子表面涂憎水性涂料。在绝缘子表面涂上一层憎水性涂料，使受潮的污秽层不能形成连续导电膜，抑制泄漏电流，从而提高闪络电压。硅油和地蜡涂料的寿命短，RTV涂料（室温硫化硅橡胶涂料）的寿命很长。

（5）采用人工合成绝缘子。用耐老化性能极好，憎水性很强的硅橡胶制造绝缘子，其污闪电压是瓷绝缘子的两倍以上。

硅橡胶复合绝缘子作为电力系统新一代的绝缘子，其优异的防污性能首先得益于硅橡胶材料所特有的表面憎水性的迁移性能，另外，简单平滑的伞形与较细的杆径也是复合绝缘子优异耐污性能的重要因素。

1.2.7　大气状态对气体击穿电压的影响

【学习任务】　了解大气条件对气体击穿电压的影响因素。

大气条件即空气的压力、温度、湿度会影响间隙的游离过程，从而影响空气间隙的击穿电压或绝缘子的沿面放电电压。我国国家标准规定的标准大气条件为温度 $t_0 = 20℃$，压力 $p_0 = 101.3\text{kPa}$，绝对湿度 $h_0 = 11\text{g/m}^3$（每立方米空气中含有 11g 水）。当试验时的大气条件与标准大气条件不符时，应将实际大气条件下的击穿（闪络）电压换算到标准大气条件下，以便于比较。如果进行耐压实验，则应将规定的标准大气条件下的试验电压换算到实际的大气条件下，以便于试验。

一、空气相对密度的影响

气压和温度的变化都可以反映为空气相对密度的变化，因此气压和温度的影响就可归结为空气相对密度的影响。

气压 P 增大时，空气相对密度 δ 增大，带电粒子在气体中运动的平均自由行程 λ 减小，运动中所积累的动能 $Eq\lambda$ 就较小，游离能力就较弱，因此间隙的击穿电压就高；反之则有相反的结果（正常的大气压力都在巴申曲线右半支所在范围，应当有这样的结论）。

另外，在一个标准大气压下，等质量的气体，压强不变的情况下，温度和密度呈反比（由理想气体状态方程可知，$\dfrac{PV}{T} =$ 常数，温度升高，体积增大，密度减小）。因此当温度 T 升高时，空气相对密度 δ 减小，带电粒子在气体中运动的平均自由行程 λ 增大，运动中所积累的动能 $Eq\lambda$ 就增大，游离能力也就较强，因此间隙的击穿电压就较低；反之则有相反的结果。空气相对密度 δ 与气压成正比，与温度成反比。

空气密度校正因数 K_d 取决于空气相对密度 δ，其表达式为

$$K_d = \left(\frac{P}{P_0}\right)^m \times \left(\frac{273 + t_0}{273 + t}\right)^n \tag{1-17}$$

式中 m，n 与电极形状、间隙距离、电压种类及极性有关，其值在 $0.4 \sim 1.0$ 的范围内。

此时，试验或运行条件下的击穿电压 U 和标准大气条件下的击穿电压 U_0 的关系为

$$U = K_d U_0 \tag{1-18}$$

二、湿度的影响

湿度对击穿（闪络）电压的影响比较复杂。一方面由于水分的电负性强，易吸附空气中的自由电子变为负离子，使游离过程减弱，从而使击穿（闪络）电压随湿度增加而增大；另一方面湿度太大时空气中的水蒸气易在绝缘子表面凝结成水膜，使绝缘子的闪络电压降低。因此在湿度较低时，无论是空气间隙的击穿电压还是绝缘子的闪络电压，通常都随湿度的增加而增大，在湿度较大（相对湿度超过约 80%）时，绝缘子的闪络电压可能出现随湿度增加而降低的情况。在均匀电场及稍不均匀电场中，由于电子运动的速度快，水分子不易吸附电子，所以击穿（闪络）电压受湿度的影响很小，一般不予考虑。例如，用球隙测量电压

时，只需根据大气密度校正其击穿电压值而不必考虑湿度的影响。而在极不均匀电场中，湿度的影响就较明显，需要进行湿度校正，湿度校正系数为

$$K_h = k^\omega \tag{1-19}$$

式中 k——绝对湿度和电压种类的函数；

ω——其值取决于电极形状、间隙距离、电压种类及其极性。

非标准湿度下的击穿电压和标准湿度下的击穿电压 U_0 的关系为

$$U = \frac{U_0}{K_h} \tag{1-20}$$

综合气压、温度、湿度的影响，在试验或运行条件下的间隙击穿电压和标准大气条件下的击穿电压 U_0 可以进行如下换算

$$U = \frac{K_d}{K_h}U_0 \tag{1-21}$$

三、海拔的影响

高海拔地区由于气压下降，从而空气相对密度下降，因此空气间隙的放电电压也随之下降。在海拔 1000~4000m 的范围内，海拔每升高 100m，绝缘强度约降低 1%。我国国家标准规定对拟用于海拔 1000~4000m 的外绝缘设备，在海拔 1000m 以下的非高海拔地区进行试验时，其试验电压 U 应为

$$U = K_a U_0 = \frac{U_0}{1.1 - H \times 10^{-4}} \tag{1-22}$$

式中 K_a——海拔校正因数；

H——设备使用处海拔高度，m。

子情境 1.3 液体绝缘材料及其击穿特性

液体电介质不仅具有较高的电气强度，而且它的流动性使其还具有散热和灭弧作用，特别是它和固体电介质一起使用时，可以填充固体介质的空隙，从而大大提高了绝缘的局部放电起始电压和绝缘的电气强度。在一些高压电气设备中，充作绝缘用的液体电介质主要是矿物油和合成油两大类，少数场合也有用蓖麻油的。

矿物油是从石油中提炼出来的由许多碳氢化合物（即一般所称的"烃"）组成的混合物。其中绝大部分为烷烃、环烷烃和芳香烃三种。不同地区出产的矿物绝缘油，上述三种主要烃类含量也多有不同。按不同成分和经不同精制过程后分别适用于不同电气设备的绝缘油，分别称为变压器油、电容器油、电缆油和开关油等。

合成油是通过化学合成或精炼加工的方法获得的，其工艺复杂，炼制成本高昂。常见的合成油如有机硅油、十二烷基苯（分子中平均含碳原子数为 12 的烷基苯的混合物）和聚丁烯等。有机硅油多用于绝缘子表面防污闪涂刷，十二烷基苯多用于充油电缆和浸渍电容器。而目前高压电气设备中应用最多的还是矿物油。

1.3.1 变压器油

【学习任务】 了解变压器油的基本特性和用途，熟悉变压器油的运行要求。

变压器油是一种液体绝缘材料，大多采用矿物绝缘油，是石油的一种分馏产物，其主要成分是烷烃、环烷族饱和烃、芳香族不饱和烃等化合物。变压器油用于油浸变压器及其他油浸电力设备（如油断路器、互感器等）中，具有质地纯净、绝缘性能良好、理论性能稳定、黏度较低等特点。

国产的变压器油直接用油的凝点作为标号。变压器油按凝固点分成三个牌号，即 10 号、25 号和 45 号，其代号为 DB-10、DB-25、DB-45。其中，10 号变压器油的凝固点为 $-10℃$，适于在我国的长江流域及以南的地区使用；25 号变压器油的凝固点为 $-25℃$，适用于黄河流域及华中地区；45 号变压器油的凝固点为 $-45℃$。45 号变压器油适于在西北、东北地区使用。

一、变压器油的作用

1. 绝缘作用

在电气设备中，变压器油将不同电位的带电部分隔离开来，使其不至于形成短路，因为空气的介电常数为 1.0，而变压器油的介电常数为 2.25，油的绝缘强度要比空气的大得多。变压器绕组之间充满了变压器油，增加了介电强度，绝缘就不会被击穿，并且随着油的质量的提高，设备的安全系数就越大。

2. 散热冷却作用

变压器在带电运行过程中，由于绕组有电流通过，它必然会发热。如果不将绕组内的这种热量散发出来，会使绕组和铁心内积蓄的热量越积越多而使铁心内部温度升高，从而损坏绕组外部包覆的固体绝缘，以至于烧毁绕组。若使用变压器油，绕组内部产生的这部分热量，先是被油吸收，然后通过油的循环使热量散发出来，从而保证设备的安全运行。

3. 灭弧作用

在油断路器和变压器的有载调压开关上，触头切换时会产生电弧。由于变压器油导热性能好，且在电弧的高温作用下能分解大量气体，产生较大压力，从而提高了介质的灭弧性能，使电弧很快熄灭。

4. 密封作用

变压器油充填在绝缘材料的空隙之中，将易于氧化的纤维素和其他材料所吸收的氧含量减少到最低限度。

二、变压器油的基本特性

变压器油为了能很好地发挥它在绝缘、散热以及灭弧等多方面的功能作用，其本身必须具备良好的化学、物理和电气等方面的基本特性。

（一）变压器油的物理性质

1. 色度

油的色度反映了油质的优劣程度。优良的变压器油色度应是透明、淡黄色，运行中因温度和氧化作用使其油色由浅变深，加入抗氧化剂的油色也较深。

2. 油的透明度

油盛在白色透明直径为 15mm 的玻璃试管中，环境温度在 $-5℃$ 以上时，在光亮的地方观察应是透明的，若透明度差、浑浊则表示含有机械杂质或游离碳，油中含气较多时也会降低透明度。

3. 油的荧光

将优质油盛在玻璃杯中，在两侧会呈现出乳绿或蓝紫色的反射光线作为荧光。使用过的油荧光变弱或完全没有荧光，则说明油中含有杂质或分解物。

4. 油的气味

优质的油应当没有气味或者只有一点煤油味，有焦味表示油干燥时方法不对或者是使用该油的设备有故障，严重老化的油会发出酸味，励磁调压开关的油会发出乙炔气味，盛油的容器不清或混入杂物时会发出不同的异味，若有强烈的煤油味，可能混入煤油或汽油。

5. 密度

密度是指 20℃时油的密度。规定在 20℃下的极限密度最大为 $0.895g/cm^3$。油的密度越低越好，因为密度越小，混入的杂质和水分越容易析出。

6. 黏度

黏度是衡量油在运动时其分子相互阻止力（或算内摩擦力）大小的物理量，有绝对黏度、相对黏度和运动黏度三种表示方法，依据国家标准，变压器油的运动黏度在 40℃时不大于 $12mm^2/s$。

7. 闪点

油加热时所发生的蒸气与空气所形成的混合物，在火焰接近时而闪火，此时是以温度作为闪点。规定闪点的实际意义，是为了防止在变压器正常呼吸过程中，因蒸发而使油过分耗散，油过分耗散就必须频繁地补充油，如不正确维护变压器油箱的正确油位，就会影响油对流循环的冷却作用造成事故。闪点是表征油的蒸发度，油的闪点越低，其挥发性越高，油蒸发时，其成分变坏、黏度增加，并生成有爆炸危险的瓦斯气体。挥发性越小越好或者说闪点越高越好，新油标准应不低于 135℃。

8. 凝固点

变压器油的凝固点就是油在低温时，油面开始凝结的温度，油的凝固点越低越好，否则在气温较低时无法流动妨碍散热作用，这是油浸变压器能够安全运行的最低环境温度。在不同地区变压器用的油对凝固点的要求也不同。

9. 杂质

（1）杂质的来源中由外界侵入的主要有金属屑、纤维、灰尘等，内部生成的有油泥及游离碳。

（2）清除方法可用压力式滤油机除掉。

（二）化学性能

1. 酸值（酸价）

变压器油的酸值是指油中有机酸的数值，油的中和酸度是指氧化试验以后的数值。酸度的常用计量方法是中和所需的 KOH 的质量（mg），用 mgKOH/g 表示。酸性大的油会腐蚀金属设备。当油中有水分时，腐蚀性强，酸价逐年增大，反映了油的劣化。

2. 水溶性酸和碱

水溶性酸和碱的主要来源有两方面：①精炼或再生油时，可能剩余的少量硫酸和碱；②油氧化的结果而生成的低分子酸。

水溶性酸碱对金属设备有强烈的腐蚀作用，并能加快油的劣化，侵蚀绝缘纤维材料，降低油的绝缘强度，因此在绝缘油中应完全没有能溶于水的酸和碱存在。

3. 安定度（抗氧化安定性）

油在运行过程中抵抗氧化而保持其原来物理、化学性能的能力称为安定度，它能检验油能否经受高温氧化及时间的考验。

（三）电气性能

1. 油的绝缘电阻

油的绝缘电阻体现油受潮及杂质的程度，电阻系数可以作为衡量变压器油，特别是使用过的油的电气质量的参考。油的绝缘电阻试验可在标准介质试验杯中进行，用 2500V 绝缘电阻表测量。变压器油的绝缘电阻没有统一的标准规定，根据经验，一般新油或良好的变压器油绝缘电阻值应在 10000MΩ 以上。

2. 介质损失角

新油或良好的变压器油，介质损耗角正切值常温时（20～30℃）一般在 0.1% 以下，运行中油的介质损耗角正切值一般不大于 0.5%。

3. 击穿电压

变压器油击穿电压的限值见表 1-9。

表 1-9　　　　　　　　　　变压器油击穿电压限值　　　　　　　　　　单位：kV

设备额定电压	击穿电压		设备额定电压	击穿电压	
	运行中	新油		运行中	新油
35 及以下	≥30	≥35	500	≥50	≥60
66～220	≥35	≥40	750～1000	≥60	≥70
330	≥45	≥50			

三、变压器油的运行要求

运行中的变压器需要补充变压器油时（需停电后补油），应首先查明原变压器油种类，然后注入相同牌号的变压器油，原则上不同种类的变压器油是不能随意混合的。新补入的油必须经过试验合格后才可注入，若为新旧混合物的油，即使新、旧油均试验合格，也还要在混合后再进行试验，这是因为变压器油的成分及其物理化学性质，不只限于油的牌号、产地、商标，而应该有实际的混合比，混合后还要进行试验，合格后才可使用。补油前应将重瓦斯保护由跳闸改为信号装置，这是因为在加油和滤油时难免将空气带入变压器内，不能及时排除，当变压器运行后随着油温的上升，油内部存储的空气逐渐溢出，使气体继电器动作而不必断开断路器，只需给一个报警信号，让运行值班人员作出判断。补油后要检查气体继电器，并及时放出气体，24h 无问题，再将瓦斯保护接入跳闸回路。另外，禁止从变压器下部补油，以防止变压器的底部污秽物质进入变压器线圈内部。

1.3.2　液体电介质的击穿

【学习任务】　了解液体电介质的击穿机理，了解影响液体电介质击穿电压的因素，能正确运用提高液体电介质击穿电压的方法。

一、液体电介质的击穿机理

（一）电击穿理论

对于纯净的液体电介质，在电场作用下，阴极上由于强电场发射或热发射出来的电子被加速，碰撞液体分子，使液体分子产生碰撞游离，形成电子崩，电流急剧增大而导致液体击穿。这与气体放电的汤逊理论所描述的过程相类似，可以用来解释纯净的液体电介质的放电过程。

液体电介质的密度远比气体电介质大，其中电子的自由行程很短，不易积累到足以产生碰撞游离所需的动能，因此纯净液体电介质的击穿电压总比常态下气体电介质的击穿电压高得多，前者可达 $10^6\mathrm{V/cm}$ 数量级，而后者只有 $10^4\mathrm{V/cm}$ 数量级。

（二）气泡击穿理论（小桥理论）

工程实际中使用的液体电介质不可能是纯净的，原因一是在注入过程中也难免有杂质混入；二是液体介质在与大气接触时，会从大气中吸收气体和水分，且逐渐被氧化，常有各种纤维、碎屑等从固体绝缘物脱落到液体介质中来；三是在设备运行中液体介质本身也会老化，分解出气体、水分和聚合物。这些杂质的介电常数和电导与纯净液体介质本身的相应参数不等同，这就必然会在这些杂质附近造成局部强电场，由于电场力的作用，这些杂质会在电场方向被拉长，并逐渐沿电力线排列成杂质的"小桥"。如果此"小桥"贯穿于电极之间，则由于组成此"小桥"的纤维及水分等的电导较大，使泄漏电流增大，发热增加，促使水分汽化，形成气泡。气泡的介电常数比邻近的液体介质小得多，所以，气泡中的场强比邻近液体介质中的场强大得多，而气泡的击穿电压又比邻近液体介质小得多，所以，电离过程必然首先在气泡中发展。"小桥"中气泡增多，将导致"小桥"通道被电离击穿。这一过程是与热过程紧密联系着的，属于热击穿性质，也称为杂质击穿。图 1-51 所示为杂质小桥形成示意图。

图 1-51　受潮纤维在电极间定向示意图

（a）形成"小桥"；（b）未形成"小桥"

二、影响液体电介质击穿电压的因素

液体电介质通常用标准试油杯按标准试验方法测得的工频击穿电压来衡量其品质的优劣。而不用击穿场强。因为即使是均匀电场，击穿场强也会随油间隙距离的增大而明显下降。电子式试油器及标准试油杯如图 1-52 所示。

对变压器油，其标准油杯中的击穿电压一般情况下有 U_b 大于 $25\sim40\mathrm{kV}$（与设备额定电压有关）；对电容器油及电缆油，其标准油杯中的击穿电压一般情况下有 U_b 大于 $50\sim60\mathrm{kV}$。

必须指出，在标准试油杯中测得的油的耐电强度只能作为对油的品质的衡量标准，不能用此数据直接计算在不同条件下油间隙的耐受电压。

图 1-52　电子式试油器

1—标准试油杯；2—平板电极间的 2.5mm 间隙

1. 杂质（悬浮水、纤维）

水可在油中有两种存在状态，即溶解状态或悬浮状态。水分若溶解于油中，对耐压影响不大；若呈悬浮状，则由于易形成小桥，对击穿电压影响较大。图 1-53 中，含水量仅十万分之几，就使击穿电压显著下降；若含水量继续增多，多余的水分沉淀到容器底部，击穿电压基本不再下降。

当有纤维存在时，纤维含量越多，击穿电压越低；在均匀电场中，杂质对击穿电压的影响大；在不均匀电场中，因在场强高处发生的局部放电使液体产生扰动，杂质不易形成"小桥"，因此杂质对击穿电压的影响较小。冲击击穿电压因作用时间太短，杂质来不及形成"小桥"，故含水量对击穿电压的影响也小。

2. 温度

温度主要影响水分在油中存在的状态，因而温度对油击穿电压的影响与油中所含的杂质、电场的均匀程度和电压作用时间等有关。在标准试油杯中受潮的油的工频击穿电压与温度的关系如图 1-54 所示。当温度由 0℃ 开始逐渐上升时，水在油中的溶解度逐渐增大，原来悬浮的水分逐渐转化为溶解状态，故油的击穿电压逐渐升高；当温度超过 60～80℃ 时，温度再升高，则水分开始汽化，产生气泡，易形成"小桥"，击穿电压又降低；0℃ 左右呈悬浮状态的水分最多，故此时油的击穿电压最低；温度继续下降，水已结冰，同时油本身黏度增大，"小桥"不易形成，故击穿电压又提高。

温度对干燥的油的击穿电压影响很小，如图 1-54 所示。

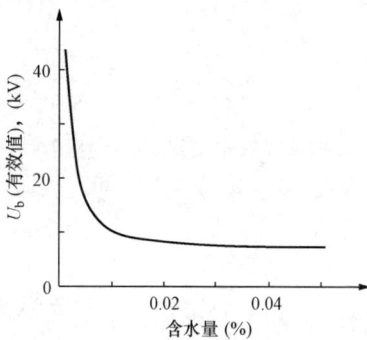

图 1-53　在标准试油杯中（间隙距离 2.5mm）
变压器油的工频击穿电压和
含水量的关系

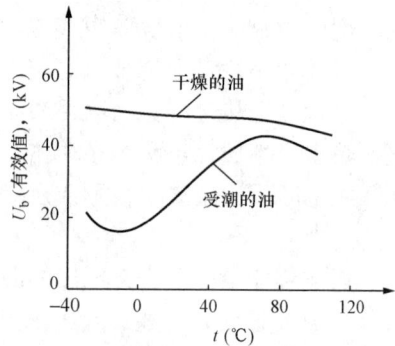

图 1-54　在标准试油杯中（间隙距离 2.5mm）
变压器油的工频击穿电压和
温度的关系

3. 电场的均匀程度

液体介质的纯净度较高时，均匀电场下液体的击穿电压要高于不均匀电场下的击穿电压。对于品质较差、含有杂质的液体介质，均匀电场及不均匀电场下液体的击穿电压都要下降，但均匀电场下击穿电压要下降得更多一些，因为此时杂质更易形成"小桥"。在受到冲击电压作用时，由于杂质小桥不易形成，则改善电场均匀程度能提高冲击击穿电压。

因此，考虑油浸式绝缘结构时，如在运行中能保持油的清洁，或绝缘结构主要承受冲击电压的作用，则尽可能使电场均匀，反之，绝缘结构如果长期承受运行电压的作用，或在运行中易劣化或老化，则可以使用不均匀电场，或采用其他措施来减小杂质的影响。

4. 电压作用时间

由于加上电压后，液体介质中的杂质聚集到电极间或介质发热等需要一定的时间，所以击穿电压随加压时间的增加而下降。当液体介质的纯净度及温度提高时，电压作用时间对击穿电压的影响减小。经过长时间工作后，液体介质的击穿电压会缓慢下降，这是由于介质劣化、杂质增多等因素造成的。

当电压作用时间较长时，油中杂质有足够的时间在间隙中形成"小桥"，击穿电压下降。对一般不太脏的油做 1min 击穿电压试验和长时间击穿电压的试验结果差不多，所以做油耐压试验时只做 1min。

5. 压力

油中含有气体时，不论电场是否均匀，其工频击穿电压都随油的压力增大而提高。这是由于压力增大时，气体在油中的溶解量增大，气泡数量减少，并且气泡的局部放电起始电压也增高的原因。电场越均匀，这种关系也越显著。但在冲击电压下，压力对油间隙的击穿电压基本无影响。

三、提高液体电介质击穿电压的方法

（一）提高以及保持油的品质

1. 过滤

将油在压力下连续通过滤油机中的滤纸层，油中的纤维等杂质被滤纸阻挡，油中大部分的水分和有机酸也被滤纸纤维吸附。若在油中加一些白土、硅胶等吸附剂，吸附油中的水分、有机酸，然后再过滤，效果会更好。对于运行中的变压器，常用此法来恢复变压器油的绝缘性能。

2. 防潮

充油的电气设备在制造、检修及运行过程中都必须注意防止水分侵入。浸油前要采用烘干、抽真空等方法去除绝缘部件中的水分，检修时尽量减少内绝缘暴露在空气中的时间。有些电气设备如变压器不可能全密封时，则可在呼吸器的空气入口处放置干燥剂，以防止潮气进入。

3. 祛气

先将油加热，在真空中喷成雾状，利用真空环境下水的沸点降低，变成气态，而油在真空中仍然为液态的特点，实现油和水的自然分离。真空滤油机如图 1-55 所示。对于电压等级较高的电气设备，常要求在真空条件下将油注入电气设备中。

（二）采用固体介质降低杂质的影响

1. 覆盖层

覆盖层是用固体绝缘材料，如电缆纸、皱纹纸及绝缘漆等做成紧贴于电极表面比较薄（约十分之几到几毫米）的绝缘层，例如导体所包绕的纸带或皱纹纸等。覆盖层基本上不改变油中电场强度。覆盖层的作用，在于消除任何情况下油中纤维杂质的积聚并形成半导体小桥而将两电极短接的现象。覆盖层虽然很薄（零点几毫米以下），但它却限制了泄漏电流，阻止杂质"小桥"的发展，因而可使工频击穿电压显著提高。因此充油电力设备中很少采用裸导体。

图 1-55　真空滤油机

2. 绝缘层

绝缘层与覆盖层不同的是其较厚（有时可达十几毫米），且承担一定比例的电压而使油中电场减小。因此，它在工频和冲击电压下都有显著的作用。在极不均匀电场中，对于电场集中的那一个电极加以绝缘层，油间隙的耐电强度就提高很多。绝缘层在变压器中应用于高压线圈首端及末端线饼的加强绝缘、静电环的绝缘以及引线绝缘等。例如变压器引线对油箱壁的情况，若油隙为 100mm，引线上加 0.5mm 的绝缘层时，击穿电压较裸电极时提高50%；3mm 时提高 100%；6mm 时提高 150%；10mm 时提高 200% 等。

3. 屏障

屏障的厚度一般为 2～6mm，它是位于电极间油间隙中的固体绝缘材料，例如变压器线圈间的绝缘纸筒或胶纸筒（中小型变压器）、线圈端部的角环等。

屏障在均匀电场与不均匀电场中，对于提高耐电强度所起的作用是不同的。在不均匀电场中，由于油中的杂质不能迅速形成"小桥"，因此屏障的作用和空气一样，即油中的自由电荷积聚于屏障上形成一附加电场，这种电场改变了原电场分布，使其变得均匀一些，且电场的均匀性随屏障数增加而增加，因而提高了油间隙击穿电压。实验结果表明，在 1min 工频电压作用下，屏障距最大场强的电极处为全部油间隙距离的 15%～35% 时，击穿电压可达到无屏障时击穿电压的 200%～250%，距离越大，屏障的效果越小。

当屏障放在平板电极附近时，击穿电压提高很小。而当屏障过分靠近针尖电极时，虽然全部击穿电压可提高，但降低了针与屏障间的局部击穿电压，易于产生局部放电，因而能逐渐破坏屏障。只有在短时过电压下才允许局部放电，而在长期工作电压下是不允许局部放电的。

在稍不均匀电场中屏障的作用和覆盖相似，即起阻止纤维杂质在油间隙中形成半导体的"小桥"作用。屏障在油中最有利的位置和不均匀电场中一样，是在距离最大电场强度的电极表面 25% 处。

变压器内部降低杂质影响的措施如图 1-56 所示。

图 1-56　变压器内部降低杂质影响的措施

子情境 1.4　固体绝缘材料及其击穿特性

1.4.1　云母

【学习任务】　了解云母绝缘材料的电气特性，熟悉云母绝缘材料的分类和云母制品。

云母是钾、铝、镁、铁、锂等层状结构铝硅酸盐的总称，它具有很高的电绝缘强度、耐电晕、耐热以及良好的力学性能，被广泛用作电子、电力工业上的绝缘材料。例如一片厚度为 0.025mm 的云母片，其电击穿强度达 4kV（空气间隙的击穿电压只有 30kV/cm）；它的抗电晕和电火花的能力，高于所有的有机绝缘材料；在 500℃以下的温度范围内，它能长期保持透明状态，没有弹性损失和碳化现象。

云母的颜色特征通常可用来判断其绝缘性能，工业云母一般以浅色为好。白云母和金云母具有良好的电绝缘性和不导热、抗酸、抗碱及耐压性能，而黑云母的绝缘性能非常差（铁元素含量很高）。

早期的云母产品主要是以天然树脂——虫胶、沥青和合成树脂——醇酸树脂为黏合剂，并以纸、绸为补强材料制备的片云母。随着工艺材料的技术水平的不断提高，云母制品的性能越来越高，逐渐出现了以环氧树脂、有机硅树脂、聚酯、聚酯亚胺、聚酰亚胺等为黏结剂，无碱玻璃布、薄膜等为补强材料的片云母和粉云母绝缘材料。

一、云母绝缘材料的分类

云母绝缘材料可按不同的特征进行分类，按其组成可分为片云母、粉云母绝缘材料、有或无补强材料的云母绝缘材料。按其形状和工艺特性可分为云母板、云母带和云母箔。云母板又可以分为柔软云母板、塑型云母板、换向器云母板、衬垫云母板和耐热云母板。云母带又根据成型方式不同分为模压型多胶云母带和整体浸渍型少胶云母带。

二、制备云母绝缘材料的原材料

云母绝缘材料主要由介电材料、补强材料和黏结剂三部分组成。

1. 介电材料

作为绝缘材料用的云母必须具备含铁量低、表面平滑、无波纹皱痕、不含有包裹体等条件，因此用于电气绝缘的主要为白云母（如图 1-57 所示）、金云母（如图 1-58 所示）和合成云母。

图 1-57　白云母

图 1-58　金云母

白云母的化学成分是 $6SiO_2 \cdot 3Al_2O_3 \cdot K_2O \cdot 2H_2O$，无色透明或兼玻璃光泽，在 600℃以上将失去结晶水，丧失透明度和机械性能。

金云母因产地不同其化学成分也不同，一般为 $6SiO_2 \cdot Al_2O_3 \cdot 6MgO \cdot K_2O \cdot 2H_2O$ 或 $7SiO_2 \cdot Al_2O_3 \cdot 7MgO \cdot K_2O \cdot 3H_2O$，外观呈浅绿、浅褐、浅黄或橙黄色，具有玻璃光泽或半金属光泽，浅色金云母耐热温度高，可在 1000℃ 以下用作绝缘材料。

合成云母类似于金云母，但具有更高的结晶稳定性，最高使用温度可达 1100℃，但由于工业化生产困难和价格方面原因，在电工行业的生产应用还比较少。

在工业生产中，作为原料的首先是薄片云母，但随着云母用量的增加，开始逐渐被整体性好、电气强度高的粉云母纸所替代。

2. 补强材料

云母补强材料的选择决定了它的机械强度，其主要有无碱玻璃纤维布与聚酯薄膜两种。无碱玻璃纤维是玻璃纤维的一种，其碱含量较少（氧化钠 0%～2%，属铝硼硅酸盐玻璃）。它的化学稳定性、电绝缘性能、强度都很好，主要用作电绝缘材料、玻璃钢的补强材料。聚酯薄膜具有机械强度高、韧性强，电绝缘性能优良，耐磨、耐折叠和抗撕裂等特点。聚酯薄膜云母带用于高压电机的主绝缘时，不仅减薄了绝缘厚度，使得电机体积缩小，而且聚酯薄膜价格低于玻璃云母带，使得电机的制造成本大大降低，提高了电机经济技术指标。

3. 黏结剂

黏结剂在云母制品中起着将片云母或粉云母纸粘附于补强材料，使之成为一体的作用。黏结剂除了决定云母制品的电气力学性能之外，还决定云母制品的耐热性能。不同的云母制品，对黏结剂有着不同的要求。云母带、柔软云母板用的黏结剂应具有良好的柔软性和热弹性，如醇酸云母胶、环氧云母胶、1153 有机硅胶。换向器云母板或衬垫云母板用的黏结剂，固化后要有一定的硬度和耐磨性，如聚氨酰亚氨胶。而塑型云母板或云母箔的黏结剂，需要一定的热塑性，如 1450 有机硅胶。耐热云母制品用黏结剂必须具有相应的耐热等级，如桐马酸酐环氧云母胶。

三、云母制品

1. 云母带

云母带（如图 1-59 所示）是由黏结剂将云母片粘贴于纸（或绸、布、玻璃绸）上而成。云母带具有良好的电气和力学性能，在室温下具有柔软性，可以连续包绕电机线圈，经浸渍或模压成型为电机线圈主绝缘。

2. 云母板

云母板（如图 1-60 所示）包括柔软云母板、塑型云母板、换向器（如图 1-61 所示）和衬垫云母板等，主要采用黏结剂粘合薄片云母或粉云母纸，经烘焙制成的板状绝缘材料。柔软云母板在常态时可任意弯曲而不破裂。塑型云母板在常温下是硬质板状材料，加热加压时变软，可以塑制成不同形状的绝缘构件。

图 1-59　云母带

图 1-60　云母板

3. 云母箔

云母箔（如图 1-62 所示）与塑型云母板相似，在常温下属于硬制板状材料，在热态下具有可塑性，冷后又能保证成型后的固定形状。云母箔一般在电机、电器中用作卷烘式绝缘以及转子铜排绝缘。

图 1-61　换向器云母板　　　　　　　图 1-62　云母箔

铜片
云母绝缘

1.4.2　玻璃

【学习任务】　了解玻璃绝缘材料的电气特性，熟悉玻璃绝缘材料的应用。

玻璃绝缘材料是以 SiO_2、CaO、Na_2O、B_2O_3 等为主要原料，经高温熔融而形成的组成均匀致密无气孔的非晶态固体，通常呈透明或半透明状态。以绝缘为主要用途的玻璃又称为电工玻璃，不仅要求其绝缘性能好，还要具有良好的机械强度、耐热性和化学稳定性等。

一、玻璃绝缘材料的性质

玻璃的性质主要由玻璃中各种氧化物（有时也可能是氟化物或氮化物）的性质和它在玻璃结构中的作用来决定。目前广泛应用的玻璃绝缘材料仍然以硅酸盐和硼酸盐玻璃为主。

（1）玻璃的电气性能。纯净的石英玻璃介电常数约为 3.5，普通硅酸盐玻璃在电场作用下极化显著，介电常数可达 16.0。玻璃的体积电阻率随碱金属含量的增加而降低，而介损和介电常数则增大。玻璃的耐电压强度与其成分关系不大，主要与玻璃的气孔率有关。玻璃结构紧密时，耐压强度很高，一般在 300kV/cm 以上。有气泡存在时，将使电场分布不均匀，绝缘强度大幅下降。在高频情况下，玻璃的介损急剧增大，可能导致热击穿。常温下电介质玻璃有极好的绝缘性能，温度升高，其绝缘电阻明显下降，介损增大。熔化时的绝缘电阻率仅为 $0.1\Omega \cdot m$。

（2）玻璃的化学稳定性。绝缘用玻璃对水的稳定性显得最为重要。水分子对玻璃常具有浸蚀作用，这是因为玻璃中通常含有碱金属氧化物，当表面吸附有水分时，水分子可能与这些化合物发生水解作用。空气中的 CO_2 也能伴随水解作用而影响玻璃的稳定性，这是因为它能与碱性氧化物作用，生成碱式碳酸盐。由此可见，玻璃的化学稳定性主要决定于其中能溶解于水的组分和其含量。

（3）玻璃的机械性能。玻璃的抗压强度远高于抗拉强度，抗弯强度一般为 30~50MPa。

玻璃除纤维制品外，都具有硬脆易裂的特点，工作中应尽量使其受压应力而不受拉应力，避免振动和撞击。在机械强度要求较高的条件下，如高压线路用玻璃绝缘子，则需进行钢化处理，使玻璃表面预先产生压应力以提高机械强度。同时，在玻璃绝缘子的结构设计上，也应尽量避免玻璃承受拉应力作用。

二、玻璃绝缘材料的应用

目前，玻璃绝缘材料除了用于制造各种电真空器件、电容器外，应用最多的是各种发光器件和显示器件的外壳，以及输电线路中高压电线与铁塔间的绝缘。玻璃纤维因具有耐高温、抗腐蚀、强度高、比重轻、吸湿低、延伸小及绝缘好等一系列优异特性，也广泛应用于电工、电子绝缘领域。

（1）钢化玻璃绝缘子（如图1-63所示）。钢化玻璃其实是一种预应力玻璃，为提高玻璃的强度，通常使用化学或物理的方法，在玻璃表面形成压应力，玻璃承受外力时首先抵消表层应力，从而提高了承载能力，增强玻璃自身抗风压性、寒暑性、冲击性等。钢化玻璃绝缘子强度是瓷质绝缘子的2倍左右，耐电击穿性能是瓷质绝缘子的3～4倍。此外，钢化玻璃绝缘子的耐振动疲劳、耐电弧烧伤和耐冷热冲击性能也都优于瓷质绝缘子。玻璃绝缘子串极间电容C_1约100pF（瓷绝缘子串极间电容C_1约50pF），因此，玻璃绝缘子串的分布电压也比瓷质绝缘子串均匀，这有利于降低导线侧、横担侧的绝缘子电压，减少无线电干扰，降低电晕损耗，延长绝缘子的使用寿命，提高玻璃绝缘子串的闪络电压值。

（2）热膨胀性玻璃毡（如图1-64所示）。热膨胀性玻璃毡是一种性能独特、用途甚广的新型间隔填充紧固材料，广泛用于电机制造。比如用来制作中型直流电机补偿绕组端线铜排之间的隔离及紧固绝缘垫片；制作大型直流电机换向器竖板根部紧固及加强绝缘；制作交直流电机磁极线圈上下层绝缘垫圈、磁极线圈；制作铁心之间的衬垫绝缘、定子和电枢上下层线圈间槽内垫条；制作绕组端部之间的间隔垫片或垫块等。

图1-63　钢化玻璃绝缘子　　　　　　　图1-64　热膨胀性玻璃毡

（3）玻璃纤维绝缘材料（如图1-65所示）。由于玻璃纤维比任何天然纤维及其他人造纤维具有更好的耐热性及不燃性，所以用玻璃纤维作绝缘材料的电机能够经受超负荷而引起的过热，可以在高温环境下长期使用，大大延长了电机的使用寿命。其次，玻璃纤维抗拉强度高，伸长率小，可用来制作机械强度高而绝缘厚度薄的电绝缘材料（发电机里用玻璃丝带绑扎定子绕组）。此外，玻璃纤维吸湿性或吸水率很小，水分不能进入玻璃纤维单丝内部，与其他纤维相比，具有较高的绝缘电阻，特别是湿态性能好。所以，用玻璃纤维作绝缘材料的电气设备在长期停用吸湿时，能很容易干燥而恢复绝缘。

图 1 - 65　玻璃纤维绝缘材料

1.4.3　陶瓷

【学习任务】　了解陶瓷绝缘材料的电气特性，熟悉陶瓷绝缘材料的分类和应用。

陶瓷作为绝缘材料有着悠久的历史，与其他绝缘材料比，瓷绝缘材料不仅价格低廉、机械强度高、变形小，而且还具有优异的耐冷、耐热和耐腐蚀性，因而应用广泛。但随着各种复合绝缘材料的兴起，瓷绝缘材料也面临着新的挑战。

一、瓷绝缘材料的分类

瓷绝缘材料可分为普通瓷绝缘材料和特种瓷绝缘材料两大类。电力系统广泛应用的瓷绝缘子通常为普通瓷绝缘材料，它主要以黏土、长石、铝矾土等为原料制备而成。特种瓷绝缘材料是为适应航天航空、电子信息等新技术领域或高温、高频等特殊环境的需求而发展起来的一类具有耐高温、高强度、高导热等性能的新型陶瓷，如氧化铝瓷、氧化铍瓷、氮化铝瓷等，是目前研究发展的重点。瓷绝缘材料通常还按应用领域和材料特点来分类。如按应用领域可分为电工陶瓷、电子陶瓷、高频介质瓷等；按材料组成特点可分为氧化铝瓷、滑石瓷、氮化铝瓷等。

二、瓷绝缘材料的性能

1. 物理性能

（1）机械性质。瓷绝缘材料为脆性物质，弹性模量大，断裂韧性差，能承受的压缩应力大，但拉伸应力小，抗冲击能力差。在组成上，随着结晶量的增加，强度也增加。在结构设计上，应让瓷绝缘材料尽量承受压缩应力。

（2）抗热震性。抗热震性指材料在承受急剧温度变化时，评价其抗破损能力的重要指标。材料的抗热震性取决于其热膨胀系数和导热系数。因此，热膨胀低或导热系数高的材料具有好的抗热震性。如堇青石瓷、氮化铝瓷、石英玻璃等都具有良好的抗热震性。

2. 电气性能

（1）体积电阻率。瓷的体积电阻率受瓷的组成特别是含碱成分的影响很大，Na_2O 的存在会显著降低瓷材料的直流绝缘性能，碱性成分还会增加高频下的介电损耗。瓷的体积电阻率随温度的升高而降低，在高温下的绝缘性能往往会显著下降。

（2）介电常数。介电常数依组成的不同而变化，长石质瓷为5～8，氧化铝瓷为8～10。

（3）介质损耗。介质损耗角正切随着瓷组成中碱成分的增加和温度的升高而急剧增加。介质损耗大的瓷在高频或高温场所会发热，不能保持其绝缘性能，或会产生机械破坏。

（4）绝缘强度。瓷的绝缘强度依材料的形状、尺寸和测定条件的不同而异，瓷绝缘材料在室温下的绝缘强度在300kV/cm以上。

1.4.4　合成树脂

【学习任务】　了解交联聚乙烯、酚醛树脂、环氧树脂等合成树脂的电气特性，熟悉合成树脂绝缘材料的应用。

合成树脂是由人工合成的一类高分子聚合物，为黏稠液体或加热可软化的固体，受热时通常有熔融或软化的温度范围，在外力作用下可呈塑性流动状态，某些性质与天然树脂相似。合成树脂最重要的应用是制造塑料。实际应用中，常按其热行为分为热塑性树脂和热固性树脂。

在电力工程中常用的为热固性树脂。

热固性树脂在热压成型后成为不可熔的固化物，再加热也不软化，也就是只能塑制一次。如酚醛树脂、环氧树脂、交联聚乙烯等。

一、交联聚乙烯

聚乙烯是一种优质的化工原料，通过交联反应，使聚乙烯分子从二维结构变为三维网状结构，这种材料简称XLPE，即交联聚乙烯。经过交联改性的聚乙烯可使其性能得到大幅度的改善，不仅显著提高了聚乙烯的力学性能、耐环境应力开裂性能、耐化学药品腐蚀性能、抗蠕变性和电性能等综合性能，而且非常明显地提高了耐温等级，可使聚乙烯的耐热温度从70℃提高到100℃以上，从而大大拓宽了聚乙烯的应用范围。目前，交联聚乙烯已经被广泛应用于管材、薄膜、电缆料以及泡沫制品等方面。

电力电缆的生产中，交联聚乙烯绝缘已逐渐取代聚氯乙烯绝缘。交联聚乙烯绝缘电缆显著改善了聚氯乙烯绝缘电缆的性能。聚氯乙烯绝缘电缆长期工作温度只有70℃左右，而交联聚乙烯绝缘电缆的长期允许工作温度可达90℃。在130℃温度下可以保持弹性状态，相对同等截面的聚氯乙烯绝缘电缆，它的载流量可提高约25％。因此，在实际应用中，可用截面低一档的交联聚乙烯绝缘电缆来取代聚氯乙烯绝缘电缆。交联聚乙烯一旦发生电缆燃烧产生的是二氧化碳和水，而聚氯乙烯电缆燃烧时产生的是氯化氢有害气体；交联聚乙烯的密度比聚氯乙烯小40％左右，可以明显减轻架空线路的质量。由于XLPE绝缘综合性能比聚氯乙烯绝缘强，按国家标准GB/T 12706—2002《聚氯乙烯绝缘和护套电力电缆》允许交联聚乙烯绝缘的厚度要比聚氯乙烯绝缘的厚度薄，因此，交联聚乙烯绝缘电缆比聚氯乙烯制成的绝缘电缆质量轻，直径小，耐热好，负载能力强，机械强度高，安装敷设方便，附件接头简单。故交联聚乙烯绝缘电缆得到广泛使用。

二、酚醛树脂

酚醛树脂也叫电木，又称电木粉，耐弱酸和弱碱，遇强酸发生分解，遇强碱发生腐蚀；不溶于水，溶于丙酮、酒精等有机溶剂。酚醛树脂最重要的特征就是耐高温性，即使在非常高的温度下，也能保持其结构的整体性和尺寸的稳定性。正因为这个原因，酚醛树脂才被应用于一些高温领域，例如耐火材料、摩擦材料、黏结剂和铸造行业。

酚醛树脂在电力行业重要的应用就是作为黏结剂。在电工中，酚醛树脂除用来制造各种塑料粉、层压卷制品、瓷漆和浸渍漆等以外，还可与环氧树脂、有机硅树脂配制耐高温的绝缘漆和耐高温的热弹性胶。

三、环氧树脂

环氧树脂是泛指分子中含有两个或两个以上环氧基团的有机高分子化合物，除个别外，它们的相对分子质量都不高。使用环氧树脂时，必须在树脂中加入固化剂，并且根据需要还应加入稀释剂、增韧剂、填料、偶联剂、阻燃剂及颜料等，才能制成具有使用价值的环氧塑料、环氧涂料、胶黏剂及其他环氧材料。

环氧材料具有突出的粘接性能、力学性能和耐腐蚀性能，其固化成型收缩率低，尺寸稳定性好，同时具有较好的介电性能。因此广泛应用于建筑业（生产玻璃钢）、汽车制造业、化工防腐、航空航天等多个领域。

环氧材料的电气绝缘性能尤其突出，不加填料时，固化物的击穿电压高于 1.6×10^7 V/m，电阻率高于 10^{11} Ω·m，工频下 $\tan\delta$ 约为 0.002，因此，20% 环氧树脂都用于电气电子绝缘。例如环氧浸渍漆作为 B 级绝缘漆，浸渍中小型电机定子绕组；环氧无溶剂漆用于大电机定子绕组的真空浸渍；层压制品（板、管、棒）用作电机的槽楔和垫块、高压开关操作杆；黏结剂用于高压电瓷套管的粘接；浇注料用于 SF_6 全封闭组合电器（GIS）中的盘形隔离绝缘子以及互感器和高压陶瓷电容器等中的部件。

目前，在小容量电气设备领域，环氧树脂浇注法生产的电气设备大有取代油浸式设备的趋势，如干式变压器、干式互感器等。与油浸式设备比较，环氧浇注式设备的特点如下。

（1）绝缘强度高。浇注用环氧树脂具有 18～22kV/mm 的绝缘击穿场强，且与电压等级相同的油浸变压器具有大致相同的雷电冲击强度。

（2）抗短路能力强。由于树脂的材料特性，加之绕组是整体浇注，经加热固化成型后成为一个刚体，所以机械强度很高，经突发短路试验证明，浇注式变压器因短路而损坏的极少。

（3）防灾性能突出。环氧树脂难燃、阻燃并能自行熄灭，不致引发爆炸等二次灾害。

（4）环境性能优越。环氧树脂是化学上极其稳定的一种材料，防潮、防尘，即使在大气污秽等恶劣环境下也能可靠运行，甚至在 100% 湿度下也能正常运行，停运后无需干燥预热即可再次投运。

（5）维护工作量很小。由于有了完善的温控、温显系统，目前环氧浇注式干变的日常运行维护工作量很小，从而大大减轻运行人员负担，并降低运行费用。

（6）运行损耗低、运行效率高。

（7）噪声低。

（8）体积小、质量轻、安装调试方便。

（9）不需单独的变压器室，不需吊装检修，节约占地面积，相应节省土地投资。

1.4.5 固体电介质的击穿

【学习任务】 了解固体电介质的击穿机理，了解影响固体电介质击穿电压的因素，能正确运用提高固体电介质击穿电压的方法。

图 1-66　变压器绕组绝缘击穿

电力系统中的一些电气设备常用固体电介质作为绝缘和支撑材料。固体电介质击穿后，出现烧焦或熔化的通道、裂缝等，即使去掉外施电压，也不像气体、液体介质那样能自己恢复绝缘性能，如图 1-66 所示。

一、固体电介质的击穿机理

固体电介质的击穿有电击穿、热击穿和电化学击穿三种形式，每种形式的击穿过程具有不同的物理本质。

1. 电击穿

固体电介质的击穿与气体电介质的击穿类似，是以碰撞游离为基础的，认为在强电场作用下，固体电介质中存在的少量自由电子积聚足够的动能后，与中性原子发生碰撞并使其游离，产生电子崩，从而引起击穿。

电击穿是由强电场引起的，其特点是击穿电压高，击穿时间短；击穿前介质发热不显著；击穿电压与电场的均匀程度有关，而与周围环境温度无关。

2. 热击穿

当固体电介质受到电压作用时，由于介质中发生损耗引起发热。当单位时间内介质发出的热量大于散发的热量时，介质的温度升高。而介质的电导具有负的温度系数，即温度越高，电导越大，这就使泄漏电流进一步增大，损耗发热也随之增大，最后温升过高，导致绝缘性能完全丧失，即介质被击穿。这种与热过程相关的击穿称为热击穿。当绝缘原来存在局部缺陷时，则该处损耗增大，温升增高，击穿就容易发生在这种绝缘局部弱点处。

热击穿的特点是击穿电压相对较低，击穿时间也相对较长；击穿前介质发热显著，温度较高；击穿电压与介质温度有很大关系，即与电压作用时间、周围环境温度、散热条件等关系密切。

3. 电化学击穿

在运行了很长时间后（数十小时甚至数年），电气设备的绝缘受到电、热、化学、机械力作用，性能逐渐劣化，这种现象称为老化。由于绝缘的老化而最终导致的电击穿或热击穿称为电化学击穿。

二、影响固体电介质击穿电压的主要因素

1. 电压作用时间

外施电压作用时间对击穿电压的影响很大。以常用的电工纸板为例，击穿电压与外施电压作用时间的关系如图 1-67 所示。在电击穿区域中，较大范围内击穿电压与电压作用时间无关，只在时间小于微秒级时击穿电压才升高，这与气体放电的伏秒特性相似。在热击穿区域中，电压作用时间越长，击穿电压越低。如果电压作用时间更长，所发生的击穿则为电化学击穿。

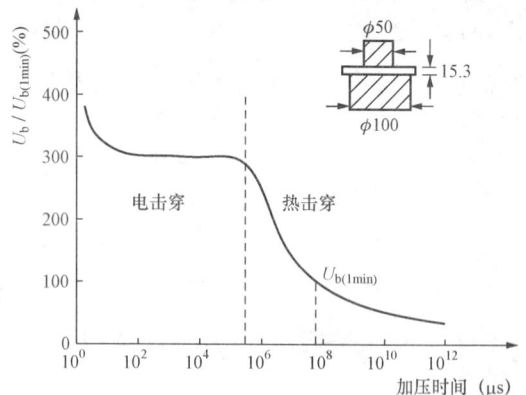

图 1-67　油浸电工纸板击穿电压与电压作用时间的关系（25℃）

2. 温度

如图 1-68 所示，当环境温度 t 低于 t_0 时，击穿电压很高，且与环境温度 t 无关，属电击穿范围；在环境温度 t 高于 t_0 时，环境温度越高，散热条件越差，热击穿电压越低。不同材料的转折温度 t_0 不同，即使同一介质，厚度越大，散热越困难，t_0 就越低。因此，应改善绝缘的工作条件，加强散热。

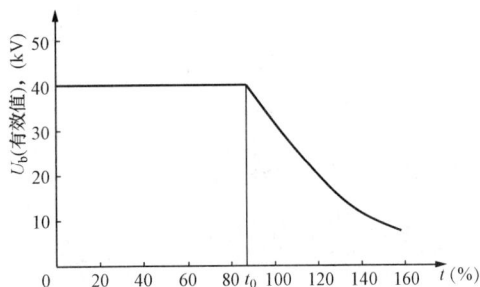

图 1-68　工频下电瓷的击穿电压与温度的关系

3. 电场均匀程度

在均匀电场中，击穿电压随介质厚度的增加而线性增加；在不均匀电场中，介质厚度越大，电场越不均匀，击穿电压不再直线上升。当介质厚度增加到散热困难出现热击穿时，继续增加介质厚度就没有意义了。

4. 电压种类

由于冲击电压作用时间短，冲击击穿电压比工频峰值击穿电压高。直流电压下固体电介质损耗小，直流击穿电压也比工频峰值击穿电压高。

5. 累积效应

固体介质在冲击电压作用下，有时虽未形成贯穿的击穿通道，但已在介质中形成局部放电或不完全击穿。由于固体绝缘的损伤是不可恢复性损伤，在多次冲击或工频试验电压下，一系列的不完全击穿得以逐步发展，从而导致击穿电压下降的现象，称为固体介质的"累积效应"。随着施加冲击或工频试验电压次数的增加，固体介质的击穿电压将下降。所以在确定电气设备试验电压和试验次数时应注意累积效应。

6. 受潮

固体介质受潮后，其电导率和介质损耗均迅速增大，击穿电压也大幅降低。对不易吸潮的介质，如聚乙烯、聚四氟乙烯等，受潮后击穿电压可下降一半左右；对容易吸潮的介质，如棉纱、纸等，吸潮后的击穿电压可能仅为干燥时的百分之几或更低。所以高压电气设备在制造过程中要注意除去绝缘中的水分，运行过程中要注意防潮，并定期检查介质的受潮程度。

7. 机械负荷

固体电介质在使用时可能受到机械负荷的作用，使介质发生裂缝，其击穿电压显著下降。

三、提高固体电介质击穿电压的方法

1. 改进制造工艺

尽可能地清除固体电介质中残留的杂质、气泡、水分等，使介质尽可能均匀致密。这可通过精选材料、改善工艺、真空干燥、浸绝缘油或漆等方法达到。

2. 改进绝缘设计

采用合理的绝缘结构，使各部分的绝缘强度与其所承担的场强有适当的配合，改善电极形状及表面光洁度，尽可能使电场分布均匀，改善电极与电介质的接触状态，消除接触处的气隙或使接触处的气隙不承受电位差。

3. 改善绝缘的运行条件

防止潮气侵入，防止尘污和各种有害气体的侵蚀，加强散热冷却，防止臭氧及有害气体与绝缘材料的接触。

1.4.6 电介质的老化

【学习任务】 了解电介质电老化和热老化的特点，熟悉电介质耐热等级的分类。

作为电气设备绝缘用的固体及液体电介质，在长期运行中不可避免地会产生各种物理和化学变化，从而使其性能随时间的增长而逐渐劣化，其电气及机械强度降低、介质损耗及电导增大等，这一现象称为电介质的老化。引起电介质老化的因素很多，主要有热的作用、电的作用、机械力的作用以及水分、氧气等的作用。各种不同的因素除了本身能对绝缘产生作用以外，还常常互相影响，互相促进，从而加速了老化过程。

一、电老化

电介质老化的主要原因往往是绝缘内部的局部放电造成。因为在高压电气设备绝缘内部不可避免地存在着缺陷，例如固体绝缘内部存在的气泡或电极和绝缘接触处存在有气隙，加上电场分布的不均匀性，这些气泡、气隙或局部固体电介质表面的场强可能足够大，当达到或超过某一定值时，就会发生局部放电。这种局部放电可能长期存在而不立即形成贯穿性通道。但在局部放电过程中形成的氧化氮、臭氧等对绝缘将产生氧化和腐蚀作用，使固体电介质的绝缘劣化；同时，游离产生的带电质点对绝缘介质的撞击也将对绝缘产生破坏作用，这种作用对有机绝缘（如纸、布、漆、油等）特别严重，110kV变压器电容式套管电容芯子上形成的近似树枝状的绝缘劣化痕迹，即"水树枝"，如图1-69所示；另外，局部放电产生时，介质局部温度上升，使介质加速氧化，并使局部电导和介质损耗增加，严重时，甚至出现局部烧焦现象。所有这些情况都将导致绝缘的劣化、击穿场强下降，以致在长时期电压作用下发生热击穿，或者在短时过电压作用下发生电击穿。

图 1-69 110kV 变压器电容式套管电容芯子上的绝缘劣化

二、热老化

电介质在热的长期作用下发生化学反应，从而使其电气性能和其他性能逐渐变差，这一现象称为热老化。提高电介质的工作温度对提高电气设备的容量，减小体积，减轻质量，降低成本都有非常重要的意义。

1. 耐热性

电介质的工作温度是由电介质的耐热性决定的。电介质的耐热性是指保证其运行安全可靠时能承受的最高允许温度。耐热性分以下两种。

（1）短时耐热性。电介质在高温作用下，短时就能发生明显损坏，如软化、硬化、气化、炭化、氧化、开裂等的温度。

（2）热劣化与长期耐热性。电介质在稍高的温度下，长时间后，会发生绝缘性能的不可逆变化，即热劣化。在一定温度下，电介质不产生热损坏的时间称为寿命。在确定寿命的条件下，电介质不产生热损坏的最高允许温度，即长期耐热性能。

2. 电介质的耐热等级

电介质老化的程度主要决定于温度及介质经受热作用的时间。为了使绝缘材料能有一个经济合理的使用寿命，要规定一个最高持续工作温度。国家标准中将各种电工绝缘材料按其耐热程度划分等级，以确定各级绝缘材料的最高持续工作温度，见表 1-10。

表 1-10　　　　　　　　　　　　　电介质的耐热等级

耐热等级	最高持续工作温度（℃）	电 介 质 种 类
Y	90	未浸渍过的木材、棉纱、天然丝和纸等材料或其组合物；聚乙烯、聚氯乙烯、天然橡胶
A	105	矿物油及浸入其中的 Y 级材料；油性漆、油性树脂漆及其漆包线
E	120	酚醛树脂塑料；胶纸板；胶布板；聚酯薄膜及聚酯纤维；聚乙烯醇缩甲醛漆
B	130	沥青油漆制成的云母带、玻璃漆布、玻璃胶布板；聚酯漆；环氧树脂
F	155	用耐热有机树脂或漆黏合或浸渍的无机物（云母、石棉、玻璃纤维及其制品）
H	180	硅有机树脂、硅有机漆，或用它们黏合或浸渍过的无机材料，硅橡胶
C	>180	不采用任何有机黏合剂或浸渍剂的无机物，如云母，石英、石板、陶瓷、玻璃或玻璃纤维、石棉水泥制品、玻璃云母模压品等，聚四氟乙烯塑料

一般来讲，油浸式变压器的绝缘材料通常选用 A 级绝缘材料，小型电动机的绝缘等级是 B 级，大型发电机的绝缘等级是 F 级，环氧树脂浇注式变压器的绝缘等级也可达 F 级以上。

材料的使用温度若超过规定温度，则劣化加速。使用温度越高，寿命越短。对 A 级绝缘材料，使用温度若超过规定温度 8℃，则其寿命大约缩短一半，称 8℃ 规则；对 B 级绝缘材料，此温度约为 10℃；对 H 级绝缘材料，此温度约为 12℃。

对于绝缘寿命主要由老化决定的设备，设备的寿命和负荷情况有极密切的关系。同一设备，如果允许负荷大，则运行期间投资效益高，但该设备必然温升较高，绝缘热老化快，寿命短；反之欲使设备寿命长，应将使用温度规定较低，允许负荷较小，这样运行期间投资效益就会降低。综合考虑上述因素，为能获得最佳综合经济效益，应规定电气设备经济合理的正常使用期限，对大多数电力设备（如发电机、变压器、电动机等），认为使用期限定为 20～25 年较合适。根据这个预期寿命，就可以定出该设备的标准使用温度。

【实例分析】 常见的介质老化实例。

发电机定子绕组的出槽口，在热的作用下，由于铜、硅钢片、云母绝缘的热膨胀系数不同，引起云母绝缘的裂散，严重的可以使绕组的铜线达到裸露的程度。

变压器绕组的绝缘纸及纸板，在热、电、氧等因素的长期作用下，会发生脆化，丧失弹性，容易碎裂，纸色变成焦黄或黑褐色，老化严重的线圈绝缘会变成粉末状，用手触试，即行脱落。

电气设备中所用的绝缘油，在运行过程中，经常处于较高的温度下，同时，不可避免地与空气中的氧接触，发生氧化反应。此外，当水分浸入油中，经与空气接触，造成酸化，会促使绝缘油老化的加速。老化后的绝缘油，性能逐渐变坏，油色变深，由淡黄色变为棕褐色，而且浑浊、黏稠的程度等都要增加，并出现酸味，有时会有烧焦的气味，同时在油中还产生沉淀物。

套管绝缘长期处在电场作用下，当其内部存在气隙时，将发生游离。游离时产生臭氧、硝酸等化学物，腐蚀绝缘材料，加之绝缘结构受外部应力或内部应力的影响，迫使介质损伤。套管绝缘老化的结果，可能使套管发生龟裂。

三、受潮老化

电介质受潮将导致其电导和损耗增大，使绝缘材料进一步发热，导致热老化速度加快。其次，水分的存在使化学反应更加活跃，产生气体，形成气泡，引起局部放电。此外，水分的存在可使局部放电产生的氧化氮变成硝酸、亚硝酸等，腐蚀金属，使纤维及其他绝缘变脆。总之，受潮将加速电老化及热老化过程，缩短绝缘的寿命。

为了防止或限制绝缘在运行中受潮，要采取一定的措施。对纤维材料要用浸渍剂浸渍，使气隙封闭。但一般浸渍剂难以进入微气孔，故浸渍只能限制而不能完全防止受潮，因此，在电气设备运行过程中必须定期检查绝缘的受潮情况。

四、机械力的影响

机械应力对绝缘老化的速度有很大的影响。例如机械应力过大会使固体介质内产生裂痕或气隙导致局部放电。固体绝缘材料按其机械性能有脆性、塑性和弹性三种，彼此间性能相差很大，使用时应分别考虑。

【工程小知识1】

油浸式变压器绝缘
结构讲解视频

油浸式变压器绝缘结构

一、变压器绝缘作用

（1）使导电体与其他部分相互绝缘。

（2）能分隔不同的带电部分。

（3）经合理绝缘布置，可改善电场分布的均匀性。

（4）使电气器件获得一定的电容量。

（5）起到机械支撑，固定和导油循环散热作用等。

二、变压器的绝缘分类和要求

1. 变压器的绝缘的划分

变压器的绝缘可分为内绝缘和外绝缘，内绝缘是指油箱内的各部分绝缘，外绝缘是指套管上部对地和彼此之间的绝缘。内绝缘又可分为主绝缘和纵绝缘两部分。主绝缘是绕组与接地部分之间以及绕组之间的绝缘。在油浸式变压器中，主绝缘以油纸屏障绝缘结构最为常用。主绝缘又可分为分级绝缘和全绝缘。分级绝缘就是指变压器的绕组靠近中性点的主绝缘水平比绕组端部的绝缘水平低。相反，若变压器首端与尾端绝缘水平一样就称为全绝缘。纵绝缘是同一绕组各部分之间的绝缘，如不同线匝间、匝间和匝间的绝缘等。图1-70所示为油浸式变压器绝缘分类。

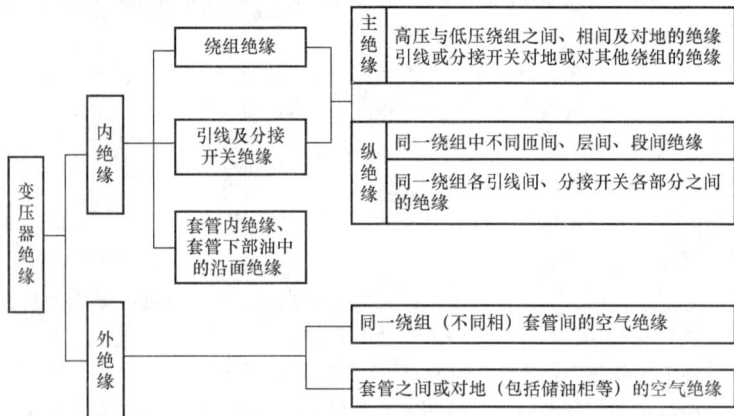

图1-70　油浸式变压器绝缘分类

2. 变压器绝缘的要求

对变压器绝缘的要求是在运行年限内不因绝缘损害而影响变压器正常运行。其主要要求如下。

（1）能够承受运行中的过电压和正常工作电压。

（2）能够承受运行中的短路电流、过电流和正常工作电流。

（3）受潮、老化程度不影响变压器正常运行。

3. 变压器绝缘材料

变压器内部主要绝缘材料有变压器油、绝缘纸板、电缆纸、电话纸、皱纹纸。

（1）变压器油。相关知识可看子情境 1.3。

（2）绝缘纸板。绝缘纸板主要用未经漂白的硫酸盐纤维压制而成，在纤维之间有大量孔隙，因而具有很强的透气性、吸油性、吸水性等。若用耐热性能较高的聚酸胺纤维纸等，其寿命大大提高，可制作绝缘纸筒、撑条、垫块、隔板、角环等。

（3）电缆纸。电缆纸作为绝缘纸的一种，由硫酸盐纸浆制成，在变压器中采用型号为 DLZ-08 和 DLZ-12 的电缆纸，其厚度为 0.08mm 和 0.12mm，主要用作导线外表面包裹的绝缘和线圈层间绝缘，引线包扎绝缘等。它是油浸式变压器主要绝缘材料之一。

（4）电话纸。由硫酸盐纸浆制成。在变压器中采用型号为 DH-50 的电话纸。其厚度为（0.5±5%）mm，卷成宽度为（500±10）mm 纸卷。主要用作线圈导线绝缘和线圈的端绝缘等。

（5）皱纹纸。它也是作为绝缘纸的一种，由硫酸盐纸浆制成的电缆纸再加工而成，在油中的电气性能很好，表现为平均击穿电压高，介质损失角的正切值很小。皱纹纸主要作为变压器出线等处包扎用。

应该注意到，绝缘纸和纸板介电系数 ε_{paper} 为 4～5，比变压器油的介电系数 $\varepsilon_{oil}=2.2$ 高一倍以上。在电场作用下，复合绝缘中分担的场强与材料的介电系数成反比。油浸纸或纸板（介电系数 ε_{paper}）与变压器油（介电系数 ε_{oil}）在交流电压下纸和油的电场（E_{paper} 及 E_{oil}）关系为 $E_{paper}/E_{oil}=\varepsilon_{oil}/\varepsilon_{paper}$。由此可见，油隙中的场强比纸板的场强大得多，于是油隙就成了油纸绝缘的薄弱环节。当它们之间的介电系数接近时，变压器的绝缘结构尺寸就可能缩小，因此低介电系数的新型纸板是目前研制开发的方向。

三、变压器的绝缘结构介绍

（一）主绝缘结构

变压器的主绝缘的部位很多，如图 1-71 所示，现分述如下。

1. 绕组与铁心之间

铁心包括芯柱与铁轭，它们在运行中是处于接地状态的，靠近芯柱的绕组与芯柱之间，为绕组对地的主绝缘，图 1-71 中 15 为绝缘纸筒，围着圆柱形的铁心。纸筒的外径与绕组的内径之间，用撑条垫开，如图 1-71 中 18 所示，以形成一定厚度的油隙绝缘。电压较高时可以用纸筒—撑条—纸筒—撑条重复使用的方法来构成，如图 1-71 中 14、16 所示。

在每相绕组的上、下两端，绕组与上部的钢压板、下部的铁轭之间，存在着绕组端部的主绝缘，称铁轭绝缘，如图 1-71 中 2、8 所示。铁轭绝缘的结构

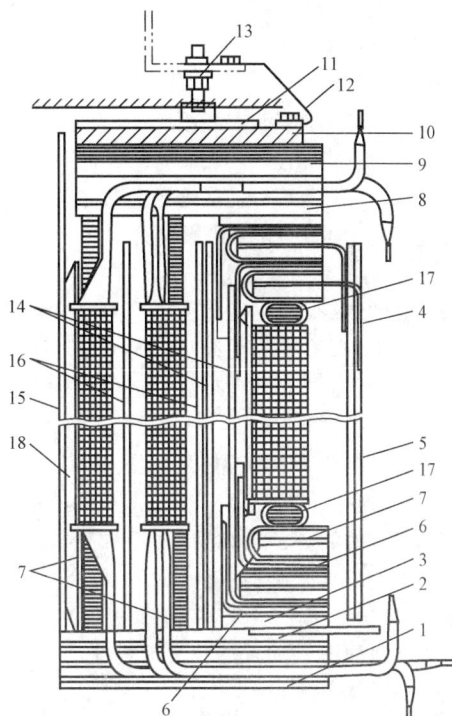

图 1-71　三绕组变压器的绝缘结构

1—铁轭绝缘垫块；2—下铁轭绝缘；3、9—绝缘纸圈；4、6—角环；5—围屏；7—端圈；8—上铁轭绝缘；10—钢压板；11—压板绝缘；12—接地钢片；13—压钉；14—油隙撑条；15、16—绝缘纸筒；17—静电屏；18—撑条

如图 1-72 所示，厚度可根据需要，电压较高时，可用纸圈—垫块—纸圈—垫块交叉地放置数层。绕组和铁轭绝缘之间，还放置端圈，也起着端部绝缘作用。

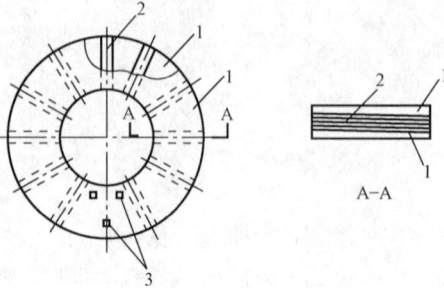

图 1-72 铁轭绝缘的结构
1—纸圈；2—纸板垫块；3—引线孔

绕组端部电场的分布是极不均匀的，为改善其分布，在 110kV 及以上的端部都放置静电屏。静电屏除能改善端部电场分布，使之均匀外，在冲击电压作用下，还能改善起始电压分布。另外，端部还放置一定数量的正、反角环，把油隙分成几段，也起着均匀电场分布的作用。

2. 绕组与绕组之间

同一相中不同电压等级的绕组之间，或不同相的各电压绕组之间的主绝缘，已广泛采用纸筒油隙绝缘。在大容量超高压变压器中，多采用薄纸筒小油隙结构。

3. 绕组与箱壳之间

最外层的绕组与油箱之间，构成绕组对箱壳的主绝缘，电压在 110kV 及以下时依靠绝缘油的厚度为主绝缘；电压在 220kV 及以上时，增加纸板围屏来加强对地之间的主绝缘。

4. 引出线的绝缘

电压等级不同，绕组端头包裹皱纹纸的厚度也不同，电压等级越高，皱纹纸越厚。在绕组端头附近包以适当厚度的皱纹纸，离绕组稍远些，即用裸电缆线或金属硬母线，再焊接一段多层软铜皮线直接与瓷套管相连接。

5. 分接开关的绝缘

分接开关的操动杆，也成为高、中压绕组对地之间的主绝缘，因为操动杆的一端连接着高、中压导电部分，但另一端则是安装在箱壳上，而箱壳是接地的。操动杆的材料大多数用酚醛绝缘纸管做成，也有用经过干燥处理的木料做成，表面涂以保护漆。分接开关安装在绝缘支架上，导电部分通过绝缘支架与地之间构成了主绝缘。主绝缘是由木材或酚醛纸板构成。

6. 变压器的外部主绝缘

变压器的绝缘套管，是将变压器内部的高、低压引线引到油箱的外部，不但作为引线对地的绝缘，而且担负着固定引线的作用。因此，必须具有制造标准中规定的电气强度和机械强度。

变压器绝缘套管中的导体是载流元件之一，在变压器运行中长期通过负载电流，短路时通过短路电流，因此瓷套管必须具有良好的热稳定性。绝缘套管的主要结构取决于电压等级。下面介绍几种目前广泛使用的绝缘套管。

（1）10kV 瓷套管。10kV 以下的引出套管为单体瓷质绝缘套管结构，如图 1-73 所示。瓷套内穿过一根导电的铜杆，该铜杆与空气和瓷套绝缘。

（2）35kV 的瓷套管。35kV 采用瓷质充油式绝缘套管结构，如图 1-74 所示。该套管的导电杆与瓷套间充油绝缘，故套管与变压器箱体相通。因为油枕中的油面高于套管顶部，因此套管顶部以及套管与箱盖的接合处皆以橡胶密封垫圈，以防止渗漏油。套管的顶端有放气孔，变压器安装或大修后必须将该螺孔打开，待油溢出后，将套管内空气排净，再拧紧堵塞螺

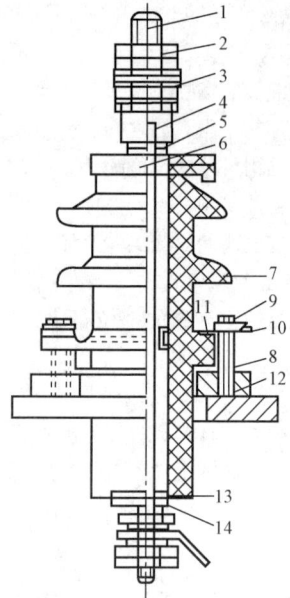

图 1-73 10kV 单体瓷套管结构
1—导电杆；2、9—螺帽；3—垫圈；4—铜杆；5—衬垫；6—瓷盖；7—瓷伞；8—螺杆；10—夹持法兰；11—压钉；12—钢板；13—绝缘垫圈；14—铜垫圈

钉，以防套管内存有空气而在强电场作用下击穿。

（3）电容式套管。110kV 全密封油浸纸质电容式套管结构，如图 1-75 所示。这种套管的铜制芯管上包有铝箔和绝缘纸，其分层缠成线垂形。套管内注变压器油或电缆油，形成自身的密封体，不与变压器箱体相通。套管内部装有供测量和保护用的电流互感器，110kV 及以上的出线均采用这种类型的套管，其优点是体积小、质量轻。

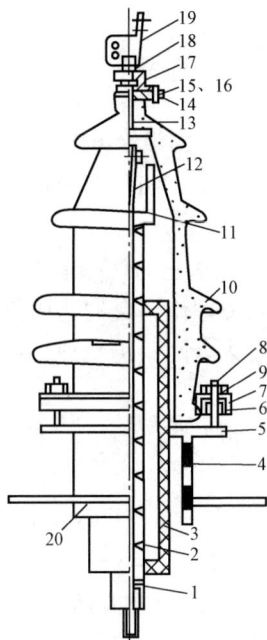

图 1-74   35kV 瓷质充油式瓷套管结构

1—均压球；2—导电杆绝缘；3、11—绝缘筒；4—升压座；
5—密封垫圈；6、7—压圈；8—螺杆；9、18—螺帽；
10—瓷伞；12—引线接头；13—导电杆；14—密
封垫圈；15、16—塞子；17—封环；
19—接线端子；20—均压环

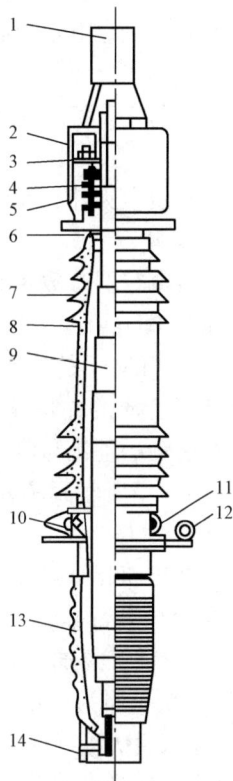

图 1-75   电容式套管结构

1—接线端子；2—均压罩；3—压圈；4—螺杆及弹簧；
5—储油器；6—密封垫圈；7—上瓷套；8—绝缘油；
9—电容芯子；10—接地套管；11—取油样塞子；
12—中间法兰；13—下瓷套；14—均压球

（二）纵向绝缘

纵向绝缘是指同一绕组的匝间、层间以及与静电屏之间的绝缘。在同一个线饼内，绕有数匝绕组，这时匝与匝之间需要有匝间绝缘。匝间绝缘是由包在导线上的电缆纸构成，电压等级越高，其匝间绝缘的厚度也越大。层间绝缘是指一个线饼与另一个相邻线饼之间的绝缘，也就是油道的宽度。

思 考 题

1-1   在电介质的四种极化形式中，哪些存在能量损耗？哪些不存在能量损耗？

1-2   某些电容量较大的设备，如电容器、长电缆、大容量电机等，经高电压试验后，其接地放电时间要求长达 5～10min，这是为什么？

1-3　下列双层介质串联后在交流电压下工作时，哪一种介质承受的场强较大？哪一种介质比较容易击穿？

（1）固体介质和薄层空气串联；

（2）纸和油层串联。

1-4　测量电气设备的绝缘电阻时，为什么要加直流电压？绝缘电阻与温度有关吗？

1-5　水的相对介电常数高达81，但即使经过高度净化，水仍然不能用作电容器的绝缘材料，这是为什么？

1-6　交流电气设备的介质损耗与哪些因素有关？为什么介质损耗的大小用 $\tan\delta$ 的大小来反映？

1-7　电介质中为什么有能量损耗？直流电压下和交流电压下电介质中的能量损耗是否相同？为什么？

1-8　一台电容器参数为 $C=2000\text{pF}$，$\tan\delta=0.01$，直流下的绝缘电阻为 $2000\text{M}\Omega$。

（1）试求工频100kV（有效值）下的功率损耗。

（2）直流100kV下的功率损耗，与交流下的损耗相比，哪个大？

（3）交流下介质的并联等值电路中的等值电阻是多少？试求它与绝缘电阻的比值。

1-9　简述汤逊理论与流注理论的异同点，并说明这两种理论各自的适用范围。

1-10　请运用所学到的知识解释为什么在某些北欧国家电网中仍然使用压缩空气断路器，而不用 SF_6 断路器？

1-11　试对极间距离相同的"正棒—负板""负棒—正板""板—板""棒—棒"4种间隙的直流放电电压进行排序，并说明原因。

1-12　750kV工频试验变压器高压出线端对墙的距离（安全系数可取1.8）至少应为多大？（注：试验变压器为单相升压变压器，其额定电压为有效值）

1-13　什么叫伏秒特性？其形状与电场形式有何关系？伏秒特性有何用途？

1-14　为提高绝缘子的污闪电压，可采取哪些措施？

1-15　某110kV电气设备如在平原地区使用，外绝缘的工频试验电压（有效值）为265kV，如准备用在海拔3500m地区，问其在平原地区的试验电压应增加到多少？

1-16　试描述工程实际中变压器油击穿过程。

1-17　提高液体电介质击穿电压的方法有哪些？

1-18　一充油的均匀电场间隙距离为30mm，极间施加工频电压为300kV，若在极间设置一个屏障，其厚度分别为3mm和10mm，求油中的电场强度各比没有屏障时提高多少倍？（设油的相对介电常数为2，屏障的相对介电常数为4）。

1-19　请根据所学知识，比较空气、SF_6 气体、纯净变压器油、云母、陶瓷等材料击穿场强的大小。

1-20　绝缘材料在冲击电压作用下是电击穿还是热击穿？为什么？

1-21　固体电介质热击穿有什么主要特点？高压电气设备绝缘受潮后，为什么容易造成热击穿？

1-22　影响固体电介质击穿电压的因素有哪些？

1-23　为什么对各种绝缘要规定最高允许工作温度？

1-24　油浸式变压器的主绝缘和纵绝缘分别是什么？

学习情境 2 电气设备绝缘试验

电气设备在制造、运输、安装、检修和运行中，会产生绝缘缺陷，这些缺陷可能是集中性的，也有可能是分布性的。绝缘缺陷必然导致绝缘性能的变化。电气设备绝缘预防性试验的主要目的，就是通过各种试验手段，测量表征其绝缘性能的有关数据参数，查出绝缘缺陷并及时处理，使事故防患于未然，并应正确掌握和理解各种绝缘预防性试验的试验原理、试验接线、试验步骤及试验结果分析方法。

子情境 2.1 绝缘预防性试验

【学习任务】 了解电气设备绝缘试验与性能试验的区别；熟悉电气设备绝缘缺陷的类型及其特点；掌握绝缘预防性试验的概念、类型及作用；了解重要电气设备绝缘预防性试验的主要项目。

一、电气设备试验概述

为保证电气设备能可靠和有效地运行，从设计、制造、安装调试，到运行的各个阶段，都要对电气设备进行各种测试和试验，它们分别称为型式试验、出厂试验、安装交接验收试验和预防性试验。电气设备试验，根据其作用和要求，可分成两大类，即性能试验和绝缘试验。

绝缘预防性
试验视频

性能试验主要测试电气设备的电气性能参数（如变压器的变比、空载损耗、负载损耗等）和其他特性（如变压器的温升、断路器的动作特性等），以保证电气设备在运行中能起到应有的作用；绝缘试验则按照规定的试验方法对绝缘的性能进行测试或试验，以掌握电气设备绝缘的状况。绝缘试验通常采用电气的方法进行，即加上规定的试验电压后进行测试，试验电压一般都是高压，所以绝缘试验习惯上又称为高压试验。近年来发展的溶解气体色谱分析、油中水和糠醛含量的分析、超声波探测法等则采用非电气的试验方法来对绝缘的状况进行诊断。

二、绝缘预防性试验

电气设备的绝缘会产生缺陷，这些缺陷会导致绝缘的电气强度降低，是电气设备运行过程中的事故隐患。绝缘缺陷一般可分为两类：一类是集中性缺陷，如绝缘子的瓷质开裂、发电机绝缘局部磨损和挤压破裂、电缆绝缘层内存在的气泡等；另一类是分布性缺陷，如介质整体受潮、老化、变质等。绝缘缺陷有些固然是在设计、制造、运输、安装调试过程中潜伏下来的（没有被出厂试验和交接验收试验发现），但大多数是运行过程中在电压（工作电压和过电压）、机械应力、热、化学等方面的因素作用下产生的。

绝缘预防性试验是指在型式试验、出厂试验、安装交接验收试验的基础上，为了发现运行中设备的隐患，预防发生事故或设备损坏，对设备定期进行的检查、试验或监测，包括取油样或气样进行的试验。

绝缘预防性试验可分为两类。

（1）绝缘特性试验，是指在较低电压下或者是用其他不损伤绝缘的方法来测量绝缘的各种特性，从而判断绝缘的内部情况，如绝缘电阻试验、泄漏电流试验、局部放电试验、介质损失角正切值 tanδ 试验、油中各种气体含量试验等。

（2）绝缘的耐压试验，是模仿电气设备绝缘在运行中，可能受到的各种电压（包括电压波形、幅值、持续时间等）对绝缘施加与之等价的电压，从而考验绝缘耐受这类电压的能力，如直流耐压试验、交流耐压试验、雷击和操作过电压冲击耐压试验等。它能够揭露那些危险性较大的集中性缺陷，保证绝缘具有一定的耐压水平。

绝缘特性试验因所加的电压较低，不会对绝缘造成损伤，故也称非破坏性试验；而耐压试验因所加的电压较高，可能对绝缘造成损伤，甚至击穿有严重缺陷的绝缘，故也称破坏性试验。

绝缘特性试验和耐压试验各有优缺点。绝缘特性试验能检查出缺陷的性质及其发展程度，但不能推断绝缘的耐压水平。耐压试验能直接反映绝缘的耐压水平，但不揭示绝缘缺陷的性质，因此两类试验互相补充，而不能互相代替。通常，在绝缘特性试验合格后方能进行耐压试验，以免不必要的损坏。

表 2-1 为重要电气设备绝缘预防性试验的主要项目。

表 2-1　　　　　　　　　重要电气设备绝缘预防性试验的主要项目

试验项目	发电机	电力变压器	电力电缆	高压套管	SF₆ 断路器	充油断路器
绝缘电阻的测量	☆	☆	☆	☆	☆	☆
直流泄漏电流的测量	☆	☆	☆	×	☆	☆
介质损失角正切值的测量	△	☆	☆	☆	△	☆
绝缘油试验	☆	☆	☆	○	×	☆
微量水分测定	×	☆	×	○	☆	×
油中溶解气体色谱分析	×	☆	×	○	×	×
局部放电试验	×	×	×	○	×	×
直流耐压试验	☆	☆	☆	×	×	☆
交流耐压试验	△	△	×	△	△	☆

注　"☆"表示正常试验项目；"×"表示不进行该项试验；"△"表示大修后进行；"○"表示必要时进行。

子情境 2.2　绝缘电阻、吸收比和极化指数的测量

【学习任务】　理解绝缘电阻、吸收比和极化指数的含义。了解绝缘电阻表的工作原理，掌握用绝缘电阻表测量绝缘电阻的接线方法和测试方法，掌握绝缘电阻测试结果的分析判断方法。

一、绝缘电阻、吸收比和极化指数

绝缘电阻 R 是在绝缘结构的两个电极之间施加的直流电压值 U 与流经该对电极的泄漏

电流值 I 之比。由于泄漏电流 I 要经过一个过渡过程才达到稳定，因而绝缘电阻 R 也要经过一个过渡过程才达到稳定。按照规程规定，若无说明，绝缘电阻均指稳定加压 60s（即 1min）时的测得值 R_{60s}。绝缘电阻与温度有关，为便于在相同条件下比较，应进行温度换算。如对于变压器绕组，设 R_1、R_2 分别为温度 t_1、t_2 下测得的绝缘电阻，则有如下换算关系

绝缘电阻
测量讲解视频

$$R_2 = R_1 \times 1.5^{\frac{t_1 - t_2}{10}} \qquad (2-1)$$

吸收比 K_1 是指在同一次试验中，60s 时的绝缘电阻值 R_{60s} 与 15s 时的绝缘电阻值 R_{15s} 之比，即

$$K_1 = \frac{R_{60s}}{R_{15s}} \qquad (2-2)$$

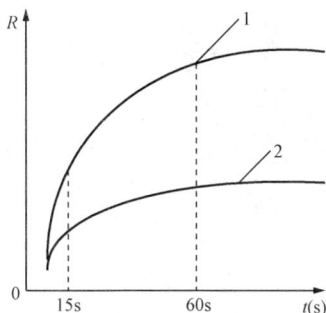

吸收比能灵敏地反映绝缘受潮的情况。若绝缘良好，绝缘电阻的稳态值高且到达稳态值的时间也长，吸收比 K_1 较大，对于变压器，K_1 应大于 1.3；反之，如若绝缘受潮或存在某些缺陷，则绝缘电阻的稳态值低且到达稳态值的时间很短，吸收比 K_1 较小，接近于 1。绝缘良好和受潮时绝缘电阻随时间的变化关系如图 2-1 所示。

极化指数 K_2 是指在同一次试验中，10min 时的绝缘电阻值 R_{10min} 与 1min 时的绝缘电阻值 R_{60s} 之比，即

图 2-1　绝缘干燥和受潮时绝缘
电阻随时间的变化曲线
1—绝缘干燥；2—绝缘受潮

$$K_2 = \frac{R_{10min}}{R_{60s}} \qquad (2-3)$$

通常应用吸收比 K_1 和绝缘电阻 R_{60s} 作为判断绝缘状况的共同标准。对于大容量设备，如变压器、发电机、电缆等，其绝缘的极化和吸收过程很长，吸收比 K_1 不足以充分反映绝缘介质吸收电流的全过程，可能会出现绝缘电阻 R_{60s} 很高而吸收比 K_1 不合格的情况，这时就要改用极化指数 K_2 和绝缘电阻 R_{60s} 作为判断绝缘状况的共同标准，对于变压器 K_2 一般要求大于 1.5，绝缘较好时可达 3～4。当绝缘电阻特别大时，可不考核吸收比和极化指数。

注意，对于绝缘良好的设备，温度升高时吸收比略有升高，而极化指数几乎不变，所以，工程上，吸收比 K_1 和极化指数 K_2 不用温度校正。

二、常用绝缘电阻表工作原理与试验接线

现场常用绝缘电阻表测量绝缘电阻值、吸收比和极化指数。

1. 手摇式绝缘电阻表

手摇式绝缘电阻表俗称摇表，其外形和原理如图 2-2 和图 2-3 所示。图中 L_V、L_A 为处于永久磁场中的两个线圈，分别称为电压线圈和电流线圈，R_V、R_A 分别为与 L_V、L_A 相串联的固定电阻。绝缘电阻表外部有线路端子 L、接地端子 E 和屏蔽端子 G 三个端子，被试品绝缘接在 L 和 E 之间。

电力电缆测试
过程动画

驱动发电机的转轴，发出的电压 U 经整流后加至两个并联的线圈电路上，设试品绝缘电阻为 R_X，则电压线圈 L_V 和电流线圈 L_A 中产生的电流 I_V 和 I_A 分别为

$$I_V = \frac{U}{R_V} \qquad (2-4)$$

$$I_A = \frac{U}{R_A + R_X} \qquad (2\text{-}5)$$

处于永久磁场中的电压线圈 L_V 和电流线圈 L_A 将受到磁场力的作用。由于两个线圈绕向不同，故产生相反方向的转动力矩。在力矩差的作用下，线圈带动指针旋转，直到两个转矩相互平衡为止。因为转轴上没有弹簧游丝，所以线圈中没有电流时，指针可停留在任一偏转角 α 的位置。指针的偏转角 α 与流过 L_V 和 L_A 中电流的比值有关，即

$$\alpha = F\left(\frac{I_V}{I_A}\right) \qquad (2\text{-}6)$$

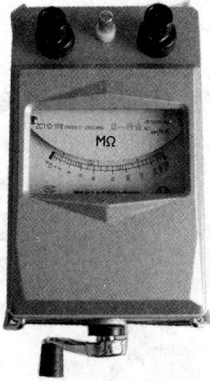

图 2-2　手摇式绝缘电阻表外形

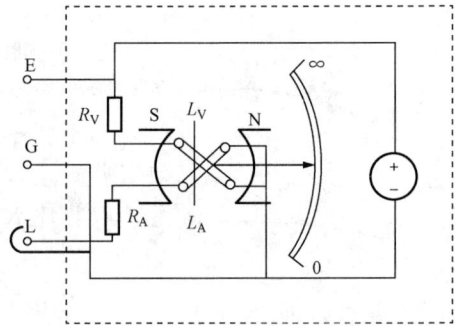

图 2-3　手摇式绝缘电阻表原理接线图

由式（2-4）和式（2-5）可知，电流的比值又与被测绝缘电阻的大小有关，故指针的偏转角 α 可反映被测绝缘电阻的大小。

特别是，当"L""E"两端开路时，电流线圈 L_A 中没有电流，即 $I_A=0$，只有电压线圈 L_V 有电流 I_V 流过，仅产生单方向转动力矩，使指针逆时针偏转到最大位置，指向"∞"，也即说明"L""E"两端开路相当于试品绝缘电阻为无穷大。当"L""E"两端短路时，电流线圈 L_A 和电压线圈 L_V 均有电流流过，但由于电流线圈 L_A 中电流 I_A 最大，其转动力矩远远大于电压线圈 L_V 中电流 I_V 产生的反抗转矩，使指针顺时针偏转到最大位置，指向"0"，也即说明"L""E"两端短路相当于试品绝缘电阻为零。

屏蔽端子 G 有重要的作用。如果没有屏蔽端子 G，沿介质表面泄漏电流也将流过线圈 L_A，此时，绝缘电阻表的指示是绝缘体的总电阻（包括内部体积绝缘电阻和表面绝缘电阻）。表面绝缘电阻易受环境的影响（如潮气、尘埃、积污等）而变化，不能代表绝缘的内部质量，为了消除表面绝缘电阻的影响，可在靠近 L 端的绝缘表面加一金属屏蔽环，屏蔽环可用保险丝或软铜线紧缠几圈而成，如图 2-4 所示，并将其与绝缘电阻表的 G 端子相连，此时表面电流将不通过电流线圈，而直接通过 G 端子流入绝缘电阻表电源的负极，故测得的绝缘电阻为绝缘的体积电阻，屏蔽原理如图 2-3 所示。

2. 电子指针式绝缘电阻表和数字式绝缘电阻表

电子式绝缘电阻表包括指针式、数字式和双显示三类。

电子指针式绝缘电阻表将直流电源（蓄电池或干电池）采用高频开关脉冲宽度调制（PWM），经内部倍压整流输出直流高压，具有节能、电压线性度好、稳定、纹波系数小等特点。数字式绝缘电阻表的基本原理同电子指针式绝缘电阻表，区别在于示值方式改为数码

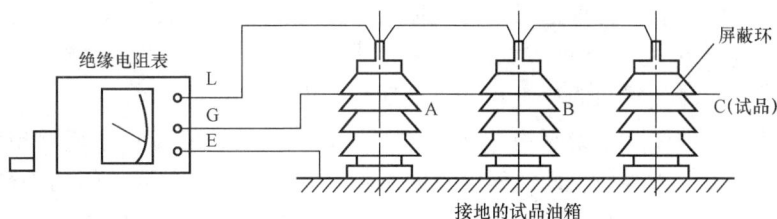

图 2-4 变压器套管对末屏的绝缘电阻试验接线

显示。电子式绝缘电阻表外形如图 2-5 所示。

另外，较好的数字式绝缘电阻表为双显指示系统，可同时数码显示和指针指示。

绝缘电阻表的外形
及面板介绍动画

3. 智能绝缘电阻测试仪

智能绝缘电阻测试仪充电电流大，克服了普通型绝缘电阻表充电电流小，测试不准确、易受干扰等缺点，其外形如图 2-6 所示。通过菜单选择，它不仅可以测试绝缘电阻，还可以直接测试吸收比和极化指数，并可保存多组测试数据。智能绝缘电阻测试仪内附蓄电池，交直流两用，采用单片机控制流程，可人机界面对话，并设有各种保护。

绝缘电阻表的
接线动画

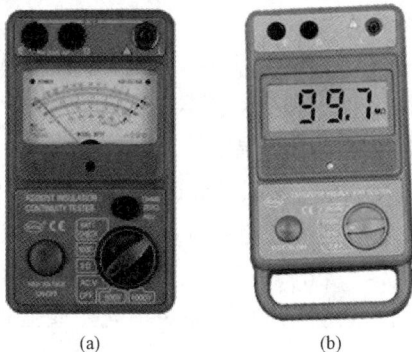

图 2-5 电子式绝缘电阻表外形
(a) 指针式；(b) 数字式

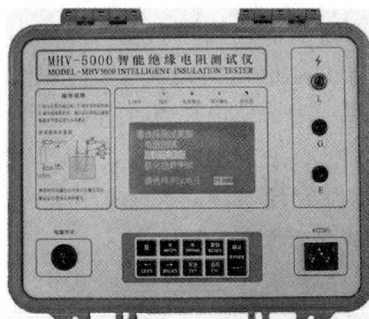

图 2-6 智能绝缘电阻测试仪外形

各种类型绝缘电阻表（绝缘电阻测试仪）接线要求与手摇式绝缘电阻表一样。

三、测量方法与注意事项

下面主要以手摇式绝缘电阻表为例介绍绝缘电阻表的使用方法。

（1）测量前应选用合适电压等级的绝缘电阻表。常用的绝缘电阻表额定电压有 500、1000、2500、5000V。对额定电压为 1000V 及以下的设备，选用 1000V 的绝缘电阻表；对额定电压为 1000V 以上的设备用 2500V 或 5000V 的绝缘电阻表。对于数字式、智能式绝缘电阻表，应按照上述要求选择相应电压等级。

（2）测量前要断开试品的电源及试品与其他设备的一切连线，测量前后都要用绝缘棒或绝缘钳将其对地充分地放电。

（3）用干燥清洁柔软的布擦去试品表面的污垢，必要时用汽油或其他适当的去垢剂洗净套管表面的污垢。

（4）检查绝缘电阻表。将手摇式绝缘电阻表放置平稳，驱动绝缘电阻表达 120r/min 的额定转速，此时绝缘电阻表指针应指"∞"；再用导线短接绝缘电阻表的"L"端和"E"端，指针应指零（此时应瞬间低速旋转以免损坏绝缘电阻表）。

（5）将试品的接地端接于绝缘电阻表的"E"端，试品的线端接于绝缘电阻表的"L"端。对于大容量设备，为避免表面泄漏电流的影响，在试品芯和外壳之间的绝缘层表面应采用屏蔽，屏蔽环应靠近"L"端，屏蔽线一端接屏蔽环，另一端应接于绝缘电阻表的"G"端；同时高压测试连线应架空。测量电机及变压器绕组绝缘电阻时，被测绕组应短路，其余各非被测绕组应短路接地，如图 2-7 所示；测量三芯电缆绝缘电阻时，应将电缆芯接于绝缘电阻表的"L"柱上，非被测芯线应与电缆铅皮一同接地并接在绝缘电阻表的"E"柱上。

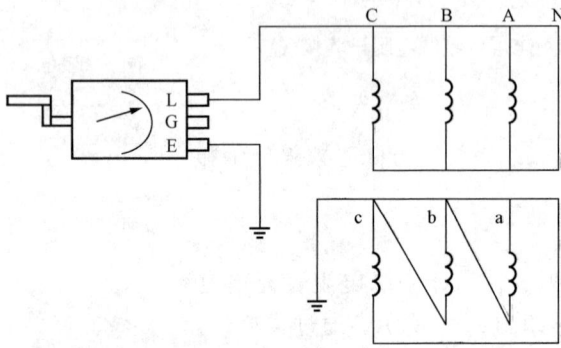

图 2-7　变压器绕组绝缘电阻的测试接线

（6）暂时断开试品上的"L"端，摇动摇柄驱动绝缘电阻表达 120r/min 额定转速，用绝缘工具将"L"端的测量线迅速接至试品，同时记录时间，分别读取 15、60s，10min 时的绝缘电阻值。

对于数字式绝缘电阻表，应先将试品测量端接上"L"端，然后开启测试开关，读取 15、60s，10min 时绝缘电阻的数值或直接读取吸收比和极化指数。

试验时，应记录当时的温度和湿度，便于绝缘电阻的温度换算。

（7）读取绝缘电阻后，应先用绝缘工具断开"L"端试品侧的接线，然后再将绝缘电阻表停转或关闭数字式绝缘电阻表的测试开关，以免试品的电容在测量时所充的电荷经绝缘电阻表放电而损坏绝缘电阻表。

（8）在拆除试品上的接线时，应先用绝缘棒或绝缘钳将试品对地充分放电，以保证工作人员的安全。

（9）若测得的绝缘电阻过低或三相严重不平衡，应进行解体试验，以查明原因。

四、影响绝缘电阻的因素、测试效果和分析判断

（一）影响绝缘电阻的因素

1. 温度的影响

温度对绝缘电阻的影响较大，一般绝缘电阻随温度的上升而减少（与金属电阻相反）。原因在于温度升高时，绝缘介质极化加剧、电导增加，致使绝缘电阻下降。因此，测量时必须记录温度，并换算到同一温度进行比较。

2. 湿度的影响

湿度对表面泄漏电流影响较大，绝缘表面吸附潮气，瓷套表面形成水膜，常使绝缘电阻显著降低。此外，某些绝缘材料有毛细管作用，当空气中相对湿度较大时，会吸收较多水分，增加了电导，也使绝缘电阻值降低。

3. 放电时间的影响

每测完一次绝缘电阻后，应将试品对地充分放电，放电时间应大于充电时间，以利将剩余电荷放尽。否则，由于剩余电荷的影响，在重复测量时，其充电电流和吸收电流将比第一次测量时小，因而造成吸收比减小、绝缘电阻值较大的虚假现象。通常，试品在测试前应接地放电 1～2min，对电容量较大的设备（如发电机、电缆、大中型变压器和电容器等）应充分放电 5min。

（二）测试效果

测量绝缘电阻和吸收比（或极化指数）能发现绝缘中的贯穿性导电通道、整体受潮和表面污垢（比较接入 G 端和不接入 G 端两种情况）等缺陷。但不能发现绝缘中的局部损伤、裂缝、分层脱开、老化、内部含有气隙等局部缺陷，这是因为绝缘电阻表的输出电压较低，在低电压下此类缺陷对测量结果影响很小。

（三）分析判断

（1）所测的绝缘电阻应等于或大于规程规定的一般容许的数值。

（2）将所测得的绝缘电阻换算至同一温度，进行"三比较"，即与出厂、交接、历年、大修前后和耐压试验前后的数值进行比较，与同型设备进行比较，与同一设备相间比较，比较结果均不应有明显的降低或较大的差异。否则应引起注意，对重要设备必须查明原因。

（3）对电容量比较大的高压电气设备，比如电缆、变压器、发电机、电容等的绝缘状况，主要以吸收比和极化指数的大小为判断依据。如果吸收比和极化指数有明显的下降，说明绝缘严重受潮或油质严重劣化。

子情境 2.3　直流泄漏电流试验和直流耐压试验

【学习任务】　理解直流高压试验的目的和特点，了解各种直流高压产生的基本原理，掌握直流高压试验的接线方法和测试方法，掌握直流高压测试结果的分析判断方法。

直流泄漏电流试验和直流耐压试验的接线和原理相同。对于发电机、电缆和电容器，一般同时进行直流泄漏电流试验和直流耐压试验，它们统称为直流高压试验。

一、直流高压试验的目的和特点

1. 直流泄漏电流试验的目的和特点

直流泄漏电流试验能发现一些用绝缘电阻表测量绝缘电阻不能发现的缺陷，如尚未贯通两极的集中性缺陷，并能判断缺陷的性质。

泄漏电流测量与直流耐压试验视频

直流泄漏电流测量与绝缘电阻测量的原理是相同的，都是加上直流电压，检测对象都是流过绝缘的泄漏电流，不同之处在于泄漏电流试验是直接测泄漏电流，而绝缘电阻测量时是通过测量机构将泄漏电流换算成绝缘电阻值指示出来。由于两种试验所加电压高低的不同以及测量仪器的不同，测直流泄漏电流较测绝缘电阻有以下优点。

（1）发现缺陷有效性高。这是因为测泄漏电流时所加的直流电压一般要比绝缘电阻表电压高，并可任意调节。图 2-8 表示发电机绝缘处于 4 种不同状态时的泄漏电流随电压升高的变化曲线。曲线 3 说明绝缘中存在上述的集中性缺陷，可以看到，当作用电压不高时，泄漏电流随电压线性增加，不能反映出这种缺陷，而当电压升至一定值后泄漏电流激增，而且集中性缺陷越严重（如曲线 4），出现泄漏电流激增点的电压将越低。

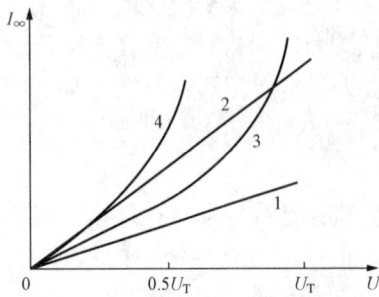

图 2-8　发电机绝缘的泄漏电流
1—绝缘良好；2—绝缘受潮；3—绝缘有集
中性缺陷；4—绝缘有危险的集中性缺陷；
U_T—直流耐压试验电压

（2）易判断缺陷性质。在泄漏试验时，记下不同电压下的泄漏电流值并画成曲线。根据曲线的形状可判断缺陷的性质。例如图 2-8 中曲线 1 表示绝缘处于良好状态，而曲线 2 表示绝缘有整体性的受潮缺陷。

（3）发现缺陷的灵敏度高。泄漏电流试验时采用灵敏度很高的微安表测量，其刻度均匀，读数精确，而指针式绝缘电阻表刻度不均匀，尤其是在高阻区的读数误差相当大。

2. 直流耐压试验的目的和特点

直流耐压试验与直流泄漏电流试验虽然方法一致，但其作用不同。前者是考验绝缘的耐电强度，其试验电压往往高出它的额定工作电压，并持续加压一定时间；后者是用于检查绝缘状况，试验电压相对较低。因此，直流耐压试验对于发现某些局部缺陷（如电机端部的绝缘缺陷）更有特殊意义。

直流耐压试验相较于另一考验绝缘耐电强度的交流耐压试验有试验设备轻小、对绝缘损伤较小、可以同时测量泄漏电流以及便于发现电机端部的绝缘缺陷等优点。但是，由于交、直流下绝缘内部的电压分布不同，和交流耐压试验相比，直流耐压试验对绝缘的考验不如交流耐压那样接近设备绝缘运行的实际。

直流耐压试验的试验电压是参考绝缘的工频交流耐压试验电压和交、直流下击穿场强之比，并主要根据运行经验来制定。对于发电机定子绕组，取 $2\sim2.5$ 倍额定电压；对于 3、6、10kV 的电缆，取 $5\sim6$ 倍额定电压，20、35kV 电缆取 $4\sim5$ 倍额定电压，35kV 以上的电缆取 3 倍额定电压。直流耐压试验的时间可以比交流耐压试验长一些，所以发电机是以每级 0.5 倍额定电压分阶段升高，每阶段停留 1min，以观察并记录泄漏电流值。电缆试验时，在试验电压下持续 5min，以观察并记录泄漏电流值。

二、试验接线及直流高电压的获得

（一）试验接线

直流泄漏电流和直流耐压试验装置主要由可调直流电源、保护电阻、滤波电容、电流电压测量装置和试品构成，其中测量泄漏电流的仪器是微安表。根据试品是否接地，其试验接线有两种：微安表接在高压端和微安表接在低压端。

微安表动画

1. 微安表接在高压侧

微安表接在高压端的试验接线原理如图 2-9（a）所示。DC 为可调直流电源；保护电阻器 R 的作用是限制试品万一被击穿时的短路电流，以保护可调电源系统的相关设备，其值可按 $10\Omega/\mathrm{V}$ 来确定；C 为滤波电容器，用来减小直流电压的脉动，电容值一般不小于 $0.1\mu\mathrm{F}$。对于大容量试品，如发电机、电缆等可以不加滤波电容；高值电阻器 R_V 和微安表 PA1 构成电压测量系统（高压直流电压的测量方法有多种）；微安表 PA2 用来测量泄漏电流，C_X 为试品。

直流耐压试验
接线动画

这种接线适合试品的一极接地，即与地不能分开的情况。该接线不受高压对地杂散电容电流的影响，测量的泄漏电流较为准确，但仍需将微安表以及微安表到试品的高压引线屏蔽

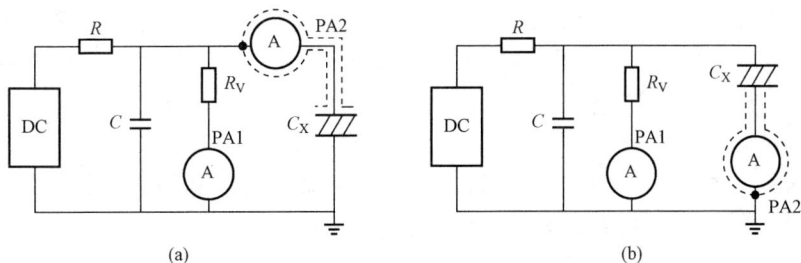

图 2-9　高压直流接线的组成

（a）试品接地；（b）试品不接地

DC—可调直流电源；PA1—串联微安表；R—保护电阻器；PA2—微安表；

C—滤波电容器；C_X—试品；R_V—高值电阻器

起来，并将其与微安表到高压硅堆的引线相连，以便微安表到试品的连线上产生的电晕电流及沿微安表绝缘支柱表面的泄漏电流不流过微安表，提高测量精度。但读数时，必须保持足够的安全距离，调整微安表的量程时也必须使用绝缘棒。

2. 微安表接在低压侧

微安表接在低压侧的试验接线原理如图 2-9（b）所示，要求试品的两极都不能接地，仅适合于那些接地端可与地分开的电气设备。这种接线也不受高压对地杂散电容电流的影响，测量的泄漏电流较为准确，但仍需将微安表以及微安表到试品的低压引线屏蔽起来，并将其与微安表到高压硅堆的引线相连，以便高压引线耦合到低压引线的泄漏电流不流过微安表，提高测量精度。此时微安表处于低电位，具有读数安全、切换量程方便的优点。

（二）直流高压电源的获得

直流高电压一般由试验变压器将交流电压升压后进行整流而获得。现场试验主要方法有简单半波整流。若要获取更高的直流电压，可采取倍压整流或串级整流电路。

1. 简单半波整流直流电源

简单半波整流直流电源接线原理如图 2-10 所示。图中 TR 为自耦调压器，TT 为升压变压器，VD 为整流硅堆。其基本原理是将低压工频电压经自耦调压器调节电压后输入至试验变压器的一次侧（低压）绕组，在二次侧（高压）绕组感应出工频高压。此工频高压经高压硅堆整流及电容滤波后可获得直流高压，其幅值是工频高压有效值的 1.4 倍，即试验变压器的峰值电压。

目前，基于这一工作原理的工程设备是交直流试验变压器，其试验接线原理如图 2-11 所示，该系统由电源控制台和交直流试验变压器两个部分组成。图中试验变压器的 a、x 为低压输入端，A、X 为高压输出端，E、F 为仪表测量端。

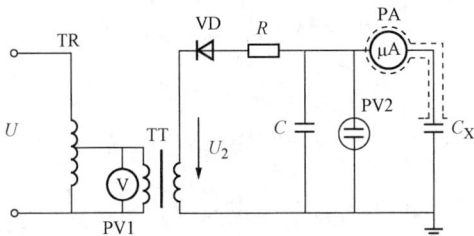

图 2-10　简单半波整流直流电源接线原理

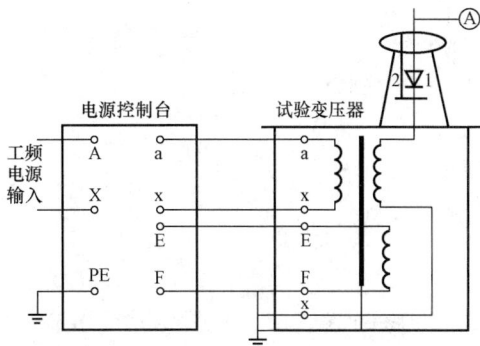

图 2-11　交直流试验变压器接线原理

试验变压器高压套管内装有整流硅堆 1，串接在高压回路中作高压整流，以获得直流高电压。当用一短路杆 2 将高压硅堆短接时，可获得交流高电压，其状态为交流输出；反之在抽出短路杆时，其状态为直流输出。

2. 倍压整流直流电源

前述的简单整流电路中，最大直流输出只能接近试验变压器的峰值电压 U_m，欲获得更高的直流电压，可用倍压整流电路，如图 2-12 所示。

放电杆介绍动画

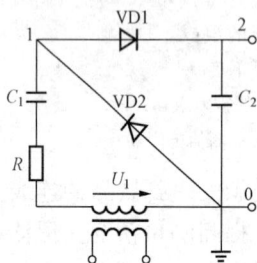

图 2-12　倍压整流电路

当电源电压为负半波时（即试验变压器绕组接地端为正），电源变压器经二极管 VD2、电阻 R 对 C_1 充电到 U_m；正半波时（即变压器绕组接地端为负）变压器电压与电容器 C_1 上的电压叠加，经二极管 VD1 和电阻 R 对电容 C_2 充电到 $2U_m$。所以，当空载时，直流输出电压（即点 2-0 间的电压）为恒定的 $2U_m$，C_1 两端的电压为恒定的 U_m，而点 1-0 间的电压在 $0\sim 2U_m$ 之间脉动。

当接入负载后，在 VD1 截止过程中，C_2 通过负载放电，输出电压随之降低；VD1 导通时，C_2 又被充电，输出的电压又随之升高。所以此时输出的电压为含脉动成分的直流电。

图 2-12 中 R 的作用是限制试品万一发生击穿时的短路电流不超过高压硅堆和试验变压器的允许值。

工程常用的 ZGF 高频直流高压发生器就采用了倍压整流电路。该装置主要由控制箱和 ZGF 高压发生器两部分组成，测试接线如图 2-13 所示。其中 ZGF 高压发生器就是一倍压整流装置，该装置可直接测量直流高压的电压值和泄漏电流值。

高压单元
介绍动画

直流高压发生器
控制箱的外形及
面板介绍动画

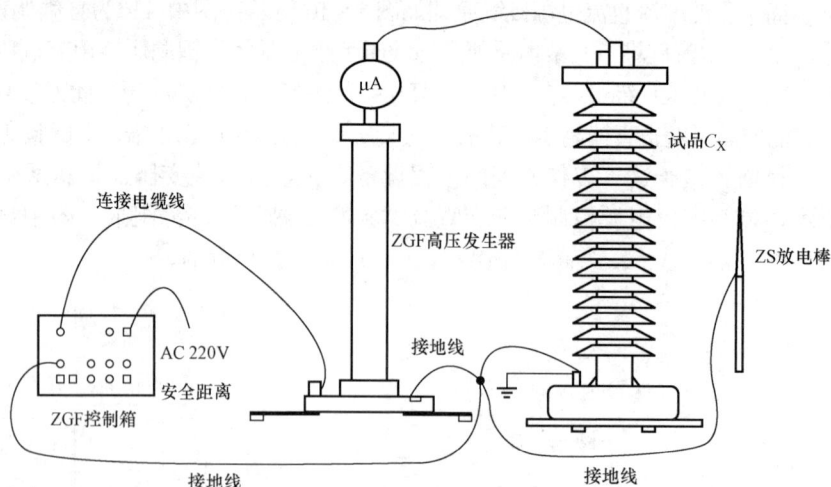

图 2-13　ZGF 高频直流高压发生器直流高压试验接线示意图

如果将两节 ZGF 高压发生器或多节对接串联，可获得 $4U_m$ 或更高的直流高压，这就是下面要讲的多级串接整流直流电源中的一种小型串接装置。

3. 多级串接整流直流电源

倍压整流电路只能获得 $2U_m$ 的电压。如果需要更高的电压，可采用图 2-14 所示的串接整流电路。其工作原理与倍压整流电路类似，电源为负半波依次给左柱的电容充电，而电源为正半波依次给右柱电容器充电。空载时，n 级串接的整流电路可输出 $2nU_m$ 的直流电压。但随着串接级数的增多，接入负载时脉动系数和压降迅速增大。

为了减小试品击穿时左、右柱电容器向试品放电的电流，避免缺陷扩大，同时也为了保护高压硅堆，应在试品前串联足够大的电阻 R_f。

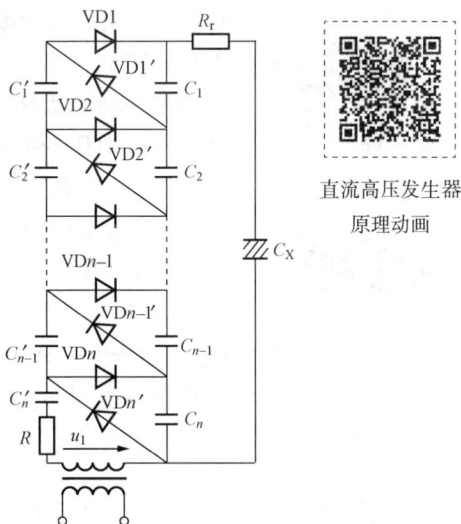

直流高压发生器
原理动画

图 2-14　串接整流电路

三、泄漏电流和直流电压的测量

（一）泄漏电流的测量

泄漏电流用直流微安表测量，试品放电或击穿可能使微安表烧毁，因此需要对微安表加以保护，同时还应消除杂散电流的影响，以提高测量的可靠性。

1. 微安表的保护

常用的保护电路如图 2-15 所示。图中并联在微安表两端的开关 S 用来短接微安表，只在读数时打开；并联电容 C 的作用除了可滤掉泄漏电流中的高频分量使微安表的读数稳定外，更重要的是在被试品被击穿时，使作用在放电管 F 上的冲击电压上升陡度降低，使放电管 F 来得及动作，达到分流试品击穿时短路电流的目的；R 为串联增压电阻，使微安表达到满量程时放电管击穿，R 的阻值取为放电管的击穿电压与微安表的满刻度之比，电感 L 可限制冲击电流并加速 F 的动作。

图 2-15　微安表保护装置的接线

2. 消除杂散电流的影响

测量泄漏电流的微安表应与试品串联。当试品外壳接地时，微安表只能接在高压端，此时，高压引线和微安表表面的电晕电流和整流元件、限流电阻及其绝缘支架表面的泄漏电流以及试验变压器本身的表面泄漏电流都将流过微安表，使微安表的读数虚假偏大。为此，需将高压引线（从微安表至试品的引线）和微安表进行高电位屏蔽（屏蔽层接高电位），以使上述泄漏电流从屏蔽层流过而不再流过此微安表。当试品不接地时，微安表可以接在低压端，上述电晕电流和表面泄漏电流不再流过微安表，此时微安表及低压引线可以不再屏蔽（工程上通常还是屏蔽的）。

（二）直流高电压的测量

1. 用静电电压表测量

静电电压表可用于测量直流高压和工频高电压的有效值，图 2-16 所示为工程用 Q4-V 型静电电压表，其最高可测量 100kV 的电压。其工作原理如下：当在静电电压表固定电极与可动电极间施加电压时，静电电压表两电极间将产生静电力，静电力会使可动电极发生位

图 2-16 Q4-V 型静电电压表

移运动，此时用某种方法施加一定的外力于可动电极，使其与静电力平衡；在这种平衡状态下，静电力的大小与电极上的电荷多少有关，即与施加在电极间电压的大小有关，因此测定了相应的平衡力就可得知电极间电压的大小。

2. 用电阻分压器配合低压仪表测量

测直流高压用电阻分压器的原理接线，如图 2-17 所示。由高压臂电阻 R_1 与低压臂电阻 R_2 串联组成的分压器，被测电压 U_1 经电阻分压，将其转换为低压 U_2 后，由同轴电缆送入高阻抗的低压仪表（静电电压表、示波器、峰值电压表等）测出 U_2 后再根据分压比即可求得被测电压 U_1。电阻器的分压比为

$$K = \frac{U_1}{U_2} = \frac{R_1 + R_2}{R_2} \tag{2-7}$$

应当注意，后面介绍的交流耐压试验的交流高电压，常采用电容分压器测量，其分压比决定于高、低压臂电容的值。对于直流电压，不能用电容分压器来测量，因为直流下电容分压器的分压比不决定于高、低压臂电容的值，而是决定于高、低压臂电容器的绝缘电阻。

图 2-18 所示为工程上常用的 FRC 型交直流两用分压器，通过测量电缆将经过分压（电容分压或电阻分压）后的低压测量信号送到专用数字表中，可以直读交流或直流高电压。当数字表置于直流电压挡时，采用电阻分压，用于直流高电压的测量；当数字表置于交流电压挡时，采用电容分压，用于交流高电压的测量。

3. 用高值电阻与直流微安表串联

此种测量的原理接线如图 2-19 所示，在现场应用最多。高压电阻 R 阻值很大，被测电压几乎全部降于它的上面，通过微安表的电流平均值与高压电阻阻值的乘积近似等于被测电压的平均值。因此，此方法只能测其电压平均值。

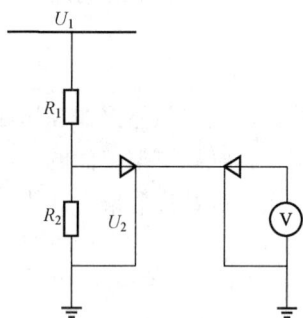
图 2-17 电阻分压器测量电路

图 2-18 FRC 型交直流两用分压器

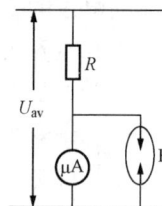
图 2-19 高值电阻与微安表串联测量电路

为了防止高压电阻发生沿面闪络而损坏微安表，可在微安表两端并联适当放电电压的放电管。

4. 用球隙测量

球隙测量高压的原理是在一定大气条件下，不同球隙距离下具有确定的击穿电压，因此可以用球隙来直接测量交流高压、冲击高压和直流高压的峰值。

用球隙测量高压时，当球隙放电时，根据放电球的直径和球隙的大小从球隙放电标准表中即可查得对应的放电电压。但由于每次放电必须跳闸，放电时可能产生振荡，可能引起过电压，所以球隙测量电压不大方便。

5. 在试验变压器低压侧测量

当试验电源为正弦波时，可根据试验变压器的变比，将低压侧电压的有效值折算到高压侧的有效值，再乘以 $\sqrt{2}$ 后即为被测的直流高压值 U_{max}（峰值），当直流电压的脉动值很小时，该值近似等于其平均值 U_{av-}，即 $U_{max}=U_{av-}$。

这种方法只有当试品的试验电流很小，在保护电阻上产生的压降可以忽略不计时才比较精确。

四、试验中的注意事项

（1）高压回路限流电阻应将短路电流限制在允许的范围内，又不致造成过大的压降，并能保证过电流保护装置可靠动作。通常按每 100kV 选 0.5～1MΩ 的电阻。

（2）微安表在高压侧时，绝缘支柱应牢固可靠，防止摇摆倾倒。

（3）试验设备的布置要紧凑、连接线要短，宜用屏蔽导线；对地要有足够的距离，接地线要牢固可靠。

（4）应将试品表面擦拭干净，并加屏蔽，以消除试品表面脏污带来的测量误差。

（5）对绕组类，能分相试验的试品应分相试验，非试验相应短路接地。

（6）试验容量小的试品应加稳压电容。

（7）对绝缘做直流耐压试验时，为避免在电源合闸的过渡过程中产生过电压，应从零开始升压。在 75% 试验电压值以下时，应均匀缓慢地升高电压，以保证试验人员能从仪表上精确读数。超过 75% 试验电压之后，应以每秒 2% 试验电压的速度升到 100% 试验电压值，在此值保持规定的时间后切除交流电源，并通过适当的电阻使试品和滤波电容放电。

（8）在确定直流耐压试验的时间时，考虑到直流电压下绝缘的介质损耗及直流电压对绝缘的损伤比工频耐压试验下小得多，一般加压时间在 5～10min 范围内，随设备的类型和容量大小而定。

（9）试验结束后，应对试品进行充分放电。

当直流耐压试验完毕后，首先切断高压电源，一般需待试品上的电压降至 1/2 试验电压以下后，将试品经电阻接地放电，最后直接接地放电。否则，如果直接对地放电，可能产生频率极高的振荡过电压，对试品的绝缘有危害。对于大电容量试品，如长电缆、电容器、大电机等，需放电 5min 以上，以使试品上的充电电荷放尽。

工程上常用 R 系列放电棒进行放电，其结构如图 2-20 所示。

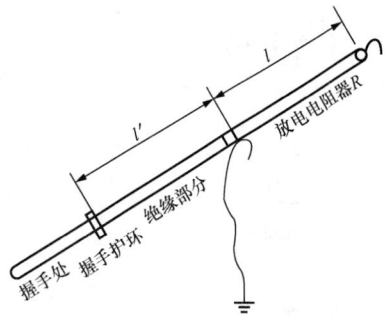

图 2-20　R 系列放电棒结构

五、影响因素和试验结果判断

（一）影响因素

1. 高压连接导线对地泄漏电流的影响

当与试品连接的导线不加屏蔽时，试品加压端以及连接导线周围空气的游离，会产生对地的泄漏电流，影响测量结果的准确性。解决的办法是增加连接导线的直径、减少尖端或加防晕罩、缩短导线、增加对地距离、采用屏蔽导线等。

2. 空气湿度对表面泄漏电流的影响

当空气湿度大时，由于试品表面脏污易于吸潮，表面泄漏电流远大于体积泄漏电流。解决的办法是，擦净试品表面，并应用屏蔽电极。

3. 温度的影响

温度对高压直流试验结构的影响极为显著，因此，对所测得的电流值均需换算至相同温度，才能进行分析比较。如对发电机定子绕组直流高压试验时，设 I_1 是温度为 t_1 时的泄漏电流，设 I_2 是温度为 t_2 时的泄漏电流，则换算的公式为

$$I_2 = I_1 \times 1.6^{\frac{t_2-t_1}{10}} \tag{2-8}$$

最好在温度为 30～80℃时做试验，因为在此温度范围内泄漏电流变化较明显，而低温时变化较小。

4. 残余电荷的影响

试品绝缘中的残余电荷是否放尽，直接影响泄漏电流的数值，因此，试验前对试品必须进行充分放电。

(二) 直流泄漏电流试验结果判断

将测量的泄漏电流值换算到同一温度下与历次试验进行比较，以及同一设备的相间比较、同类设备的互相比较。

对于重要设备（如主变压器、发电机等），可作出电流随时间变化的关系曲线 $I=f(t)$ 和电流随电压变化的关系曲线 $I=f(U)$ 进行分析。

现行标准中对泄漏电流有规定的设备，应按是否符合规定值来判断。对标准中无明确规定的设备，可以进行同一设备各相互相比较、与历年试验结果比较、同型号的设备互相比较、视其变化来分析判断。

子情境 2.4　介质损失角正切的测量

【学习任务】　理解介质损失角正切试验的目的和特点，熟悉测试仪器的测试原理，掌握测试接线，熟悉介质损失角正切试验抗干扰措施，掌握测试结果分析方法。

介质损失角正切 $\tan\delta$ 是反映绝缘介质在交流电压作用下，介质中有功电流分量和无功电流分量的比值，是衡量交流有功损耗大小的特征参数，其值越小，意味着绝缘的介质损耗越小。通过测量 $\tan\delta$ 可发现：①受潮；②穿透性导电通道；③绝缘内含气泡的游离，绝缘分层、脱壳；④绝缘有脏污、劣化老化；⑤小等值电容试品存在严重局部缺陷等。但是对非穿透的局部损坏则不易发现，并且试品绝缘体积越大，反映局部缺陷越发不容易。下面加以简单分析。

1. 集中性缺陷部分的绝缘与良好部分绝缘为并联关系

当存在集中性缺陷部分的绝缘与良好部分绝缘为并联关系（大型变压器绕组对铁心的绝缘与套管绝缘就是并联关系），且良好绝缘的体积很大，而有缺陷绝缘的体积很小（如套管绝缘体积相对于绕组绝缘体积而言很小），如图 2-21 所示，设总电容 $C=C_1+C_2$，且 $C_1 \gg C_2$，$\tan\delta_1 < \tan\delta_2$。

可以证明整体 $\tan\delta$ 为

$$\tan\delta = \frac{C_1}{C_1+C_2}\tan\delta_1 + \frac{C_2}{C_1+C_2}\tan\delta_2$$

由于 $C_1 \gg C_2$，则

$$\tan\delta \approx \tan\delta_1 \qquad (2-9)$$

可见，整体测量时 $\tan\delta$ 的值主要由电容量大的绝缘的 $\tan\delta_1$ 决定，很难发现电容量很小的绝缘的缺陷。所以，对于其中的小部分部件，如有可能应解体后单独测试。

图 2-21　介质两部分并联的等值电路
(a) 电路原理；(b) 等值电路

2. 集中性缺陷部分的绝缘与良好部分绝缘为串联关系

当存在集中性缺陷部分的绝缘与良好部分绝缘为串联关系时，经上述类似分析可知，总体 $\tan\delta$ 主要由电容量小的绝缘部分的 $\tan\delta$ 来决定。例如变压器绕组绝缘与变压器油的组合就是这种情况，绕组的电容量比变压器油的电容量小，所以整体 $\tan\delta$ 主要反映绕组绝缘损耗的大小，而不能反映变压器油的绝缘状况，故应对变压器油单独采集油样进行试验。

一、测试仪器与接线要求

介质损失角正切 $\tan\delta$ 的测量仪器，常见的有西林电桥、不平衡电桥和数字式介质损耗测试仪，不平衡电桥由于精度稍差，较少使用，下面仅介绍西林电桥和数字式电桥的测试原理与接线。

介质损失测量
接线动画

（一）西林电桥测试原理与测试接线

1. 西林电桥测试原理

高压西林电桥的原理如图 2-22 所示，其中试品以并联等值电路表示，其等值电容和电阻分别为 C_X 和 R_X，C_N 为标准电容器，R_3 为可调电阻，C_4 为可调电容；R_4 为固定电阻，G 为交流检流计。

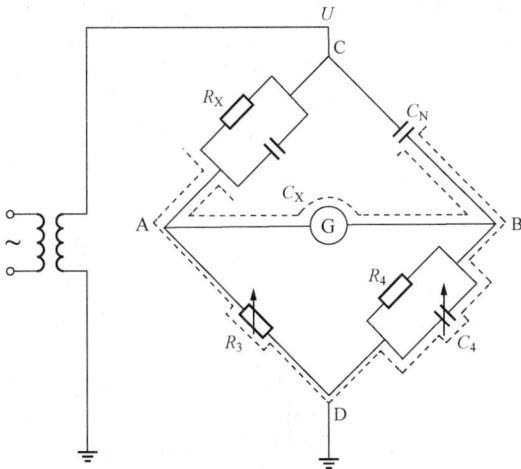

图 2-22　高压西林电桥的原理接线图

在交流电压的作用下，调节 R_3 和 C_4，使电桥达到平衡，即通过检流计 G 的电流为零，说明此时 A、B 两点无电位差，因而 $\dot{U}_{CA} = \dot{U}_{CB}$，$\dot{U}_{AD} = \dot{U}_{BD}$，故

$$\frac{\dot{U}_{CA}}{\dot{U}_{AD}} = \frac{\dot{U}_{CB}}{\dot{U}_{BD}} \qquad (2-10)$$

桥臂 CA 和 AD 中流过的电流相同，均为 $\dot{I}_1$，桥臂 CB 和 BD 中流过的电流也相同，均为 $\dot{I}_2$。所以各桥臂电压之比即桥臂阻抗之比，故由式（2-10）可得出

$$\frac{Z_1}{Z_2} = \frac{Z_3}{Z_4} \ 或 \ Z_1 Z_4 = Z_2 Z_3 \quad (2-11)$$

将 $Z_1 = \dfrac{1}{\dfrac{1}{R_X}+j\omega C_X}$，$Z_2 = \dfrac{1}{j\omega C_N}$，$Z_3 = R_3$，$Z_4 = \dfrac{1}{\dfrac{1}{R_4}+j\omega C_4}$ 代入式（2-11），并令等式两边的实部和虚部分别相等，即可求得

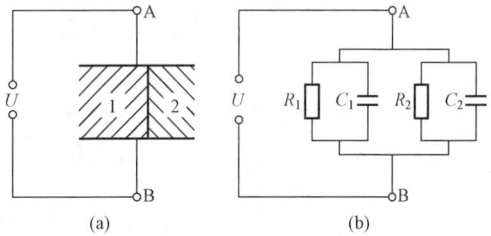

$$\tan\delta = \frac{1}{\omega R_X C_X} = \omega R_4 C_4 \qquad (2-12)$$

$$C_X = \frac{C_N R_4}{R_3} \frac{1}{1+\tan^2\delta} \qquad (2-13)$$

因 $\tan\delta$ 一般很小，故 $\tan\delta\approx0$，式（2-13）可简化为

$$C_X = \frac{C_N R_4}{R_3} \qquad (2-14)$$

通常取 $R_4=\dfrac{10\,000}{\pi}=3184\Omega$，电源为工频 50Hz 时 $\omega=100\pi$，代入式（2-12）可得

$$\tan\delta = 100\pi\frac{10^4}{\pi}C_4 = 10^6 C_4(C_4\text{ 以 F 计}) = C_4(C_4\text{ 以 }\mu F\text{ 计}) \qquad (2-15)$$

所以电桥平衡时，C_4 的微法数即为试品的 $\tan\delta$ 值，但应注意 $\tan\delta$ 无单位。在电桥面板的分度盘上，C_4 的数值直接以 $\tan\delta$（％）来读数。

由以上过程可见，利用西林电桥还可测得试品的电容 C_X。C_X 的值对判断绝缘的状况有时也是有用的，如电容型套管的 C_X 明显增大时，常表示其内部电容层间有短路现象或是有水分侵入。

2. QS1 型西林电桥测试接线

QS1 型西林电桥测 $\tan\delta$ 时，常用的接线方式有两种，即正接线和反接线。

图 2-23（a）所示为西林电桥正接线原理，图 2-23（b）所示为 QS1 型西林电桥正接线实际示意图。这种接线，交流高电压由试品 Z_X 的一端加入，电桥处于低压端，操作比较安全方便，而且电桥内部不受强电场干扰，所以准确度较高。但是，对于这种接线，试品对地必须绝缘（如电容式套管、耦合电容器），而现场的高压电气设备绝缘的一端通常是接地的，所以正接线往往不适应现场试验的要求，因而多用于实验室。在现场若可以设法将试品对地绝缘起来，应尽量使用正接线，以保证测量的准确度。为了确保人身安全，在低压臂上并联有启动电压为 300V 的放电管（A、B 两点对地），以防止在 R_3 和 C_4 等调节元件上出现高电压。

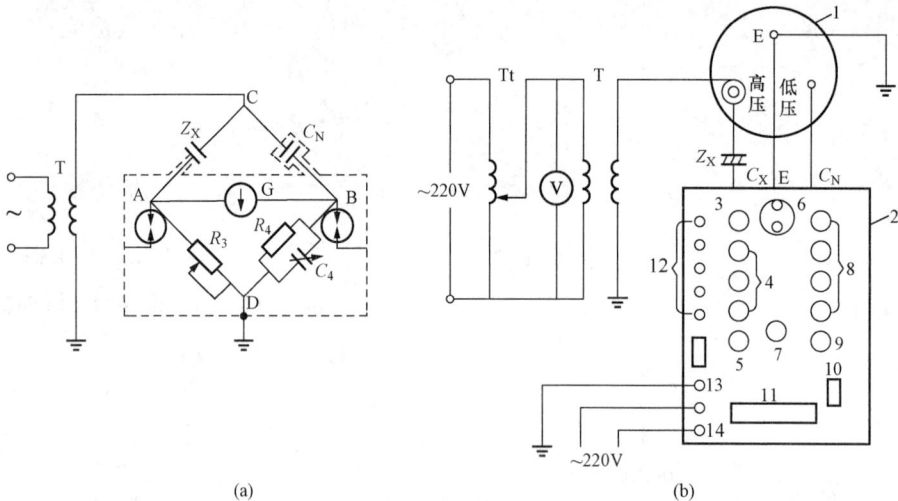

(a)   (b)

图 2-23 QS1 型西林电桥正接线

（a）原理图；（b）QS1 型正接线示意图

1—无损电容器；2—电桥面板；3—分流器；4—tanδ（％）调节旋钮；5—极性开关；6—检流计频率调节；
7—滑线电阻；8—R_3 调节旋钮；9—检流计灵敏度调节；10—指示灯开关；11—检流计；
12—低压法测量接线柱；13—接地端钮；14—电源插座

　　图 2-24（a）所示为西林电桥反接线原理图；图 2-24（b）所示为 QS1 型西林电桥反接线实际示意图。与正接线相反，反接线时，交流高电压从电桥操作部分加入，试品 Z_X 一端接地。如前所述，由于现场高压电气设备绝缘的一端通常是接地的，所以反接线适用于现场的试验要求。但是反接线时，电桥内 R_3、C_4 均处于高压下。所以，为了保证操作的安全，必须采取相应的安全措施，例如操作者和电桥都应在对地具有良好绝缘的绝缘板上，使操作者和 R_3、C_4 都处于等电位；或者操作者通过绝缘连杆进行调节，QS1 型西林电桥就是当电压在 10kV 及以下时，通过电桥面板下装设的绝缘连杆来进行调节的。

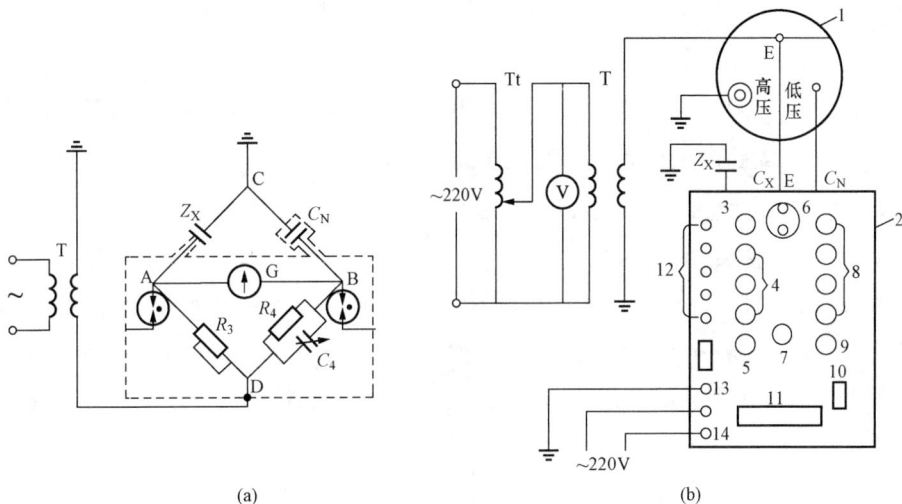

图 2-24　QS1 型西林电桥反接线

（a）原理图；（b）QS1 型反接线示意图

注：符号含义同图 2-23。

（二）数字式介质损耗测试仪测试原理及测试接线

　　数字式介质损耗测试仪或智能介质损耗测试仪，使用方便，测量数据人为影响小，测试精确度及可靠性比 QS1 型电桥高。现以 QJS-D 型为例介绍此类设备的测试原理。

　　图 2-25 所示为 QJS-D 型全自动介质损耗测试仪测量原理图。

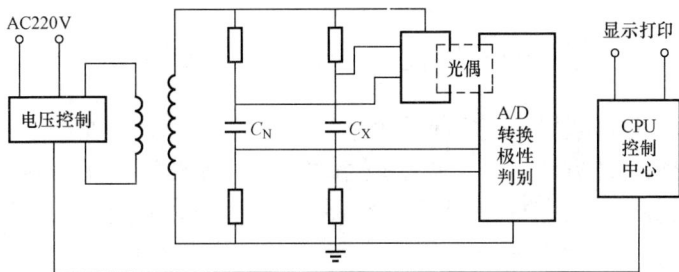

图 2-25　QJS-D 型全自动介质损耗测试仪测试原理图

　　C_N 所在的标准回路由内置高稳定度标准电容器与测量线路组成，C_X 所在的被试回路由试品和测量线路组成。测量线路由取样电阻与前置放大器和 A/D 转换器组成。通过测量电路分别测得标准回路电流与被试回路电流幅值及其相位等，再由单片机运用数字化实时采集方法，通过相量运算便可得出试品的电容值和介质损耗角正切值。

数字式介质损耗角测试仪测试接线仍然有正接法和反接法两种。

二、测量 tanδ 过程中的常见干扰因素及消除措施

在现场实验时，往往由于电场、磁场及试品表面电导等干扰作用，不能测得真实的 tanδ，这给判断绝缘状况带来很大影响。因此，必须注意消除各种干扰，下面简要介绍常见的抗干扰的基本措施。

（一）抗电场干扰的措施

以 QS1 型西林电桥测试为例，外界电源与试品高压电极间存在电容耦合引起的电场干扰如图 2-26 所示。由于杂散电容 C' 很小，故干扰电流 i' 可看作是由恒流源发出。在电桥调到平衡后，检流计支路可看作开路。干扰电流 i' 通过 C' 后分成两路，一路经 R_3 和试验变压器的漏抗入地，电流为 i'_1，因为 C_N 支路的阻抗远大于变压器的漏抗，故经 C_N 支路入地电流忽略不计；另一路经试品 C_X 入地，电流为 i'_2。试品的阻抗要比 R_3 和变压器的漏抗大得多，故 i'_2 可以忽略，干扰电流 i' 实际上基本都流过 R_3。除干扰电流外，流过 R_3 的电流还有试验电压作用下流过试品的电流 i_X，所以此时流过 R_3 的电流 i'_X 为 i_X 和 $-i'_1$ 的相量和，如图 2-27 所示。可见，i_X 与 i_N 间的夹角 δ 为没有干扰时的介质损失角，i'_X 与 i_N 间的夹角 $δ'$ 为有干扰时的介质损失角，二者是有一定差异的，因而对应的介质损失角正切值 tanδ 与 tanδ' 也不相同。

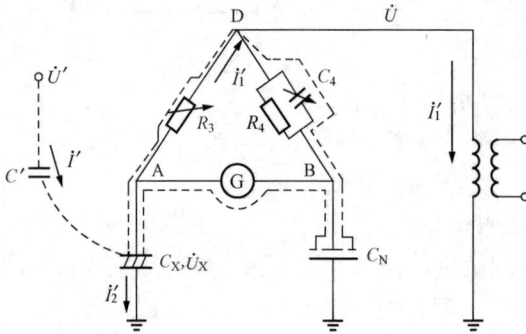

图 2-26　外界电源引起的电场干扰　　　图 2-27　有电场干扰时的电流相量图

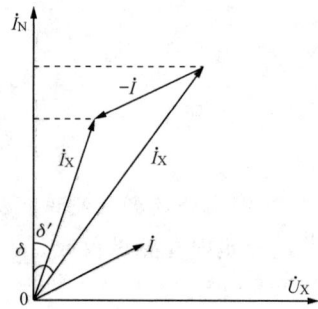

为了消除干扰，可采用下列措施。

1. 屏蔽法

在试品高压部分加屏蔽罩（金属网或薄片），使干扰电流只经屏蔽，不经测量元件，以消除杂散电容的影响。此方法适用于体积较小的设备，如套管、互感器等，如图 2-28 所示。图 2-28（a）、（b）是反接线的情况，图 2-28（a）为屏蔽接高压，图 2-28（b）为屏蔽接地；图 2-28（c）为正接法。

2. 倒相法

轮流由 A、B、C 三相选取试验电源，且每相电源正、反两次倒相测试得到 tanδ₁ 和 tanδ₂。三相中选取 tanδ₁ 和 tanδ₂ 差值最小的一相，取平均值就得到试品的 tanδ 的近似值，即

$$tanδ \approx \frac{tanδ_1 + tanδ_2}{2} \tag{2-16}$$

该方法在外界干扰很弱的情况下有一定的效果。

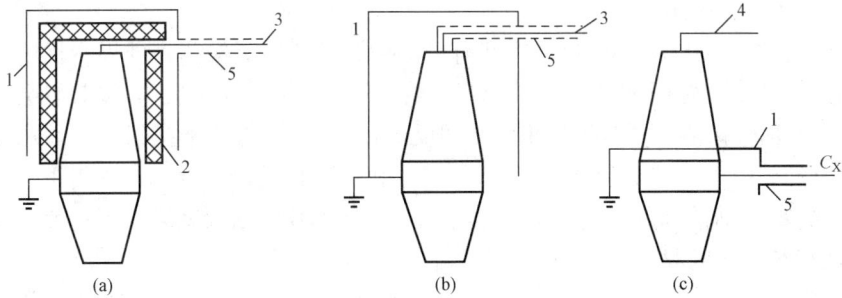

图 2-28 用屏蔽法消除干扰

(a)、(b) 反接线；(c) 正接线

1—屏蔽罩；2—绝缘层；3—至电桥的 C_X 端；4—电桥高压端；5—至电桥的屏蔽端

3. 移相法

由图 2-27 所示的相量关系可知，如果能采用措施使得 i' 与 i_X 同相或反相，则流过 R_3 的电流 i'_X 与 i_X 的夹角为零，此时测得的 $\tan\delta'$ 与真实值一致。

由于干扰电源一定时，干扰电流 i' 的相位也是固定的，要达到上述要求只要采用一台普通移相器改变试验电源的相位即可，其接线如图 2-29 所示。移相法的操作步骤如下。

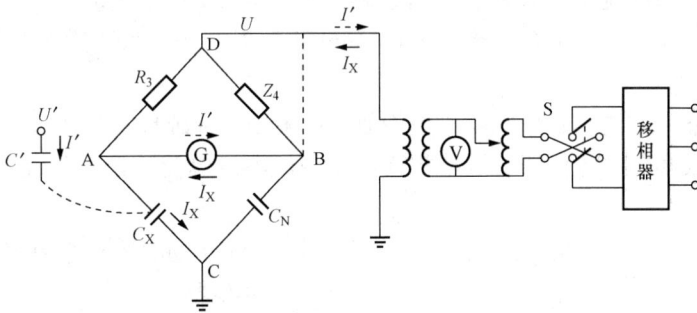

图 2-29 用移相电源消除干扰的接线图

(1) 测量干扰的大小和确定试验电压的相位。试验前先将 Z_4 短接，并将 R_3 调至最大，使干扰电流 i' 尽量通过检流计；其次接通电源，使得通过试品的电流 i_X 也流过检流计，调节移相电源的相角和电压幅值，使检流计指示最小，这时的试验电压的大小和相位，刚好使 i' 与 i_X 大小相等夹角为零。

(2) 测量 $\tan\delta$。保持相位不变，在取下 Z_4 短接线后，升压测量，正反相各测一次取平均值，即为 $\tan\delta$。

这种方法可以减弱同频率的干扰，但在干扰强烈的情况下，该方法偏差仍然较大。

4. 异频法

这是近几年来发展起来的一种方法，其基本原理是工作电源的频率与工频不同，不是 50Hz，而是 45、55Hz 或 60Hz。这样采样信号为两个不同频率信号（测试电流为异频，干扰电流为工频）的叠加，通过模拟滤波器和数字滤波器对信号滤波，衰减工频信号，以达到抗干扰的目的。实践表明，该方法的抗干扰能力优于"倒相法"和"移相法"，但在一些特定场合下，由于干扰影响数据仍有偏差，甚至出现负值。

5. 全自动反干扰源法

所谓"全自动反干扰源"，即仪器内部有一套检测装置，能检测到外界干扰信号的幅值和相位，将相关信息传送给 CPU，CPU 输出指令给"反干扰源控制装置"，该装置会在仪器内部产生一个和干扰信号幅值相同但相位相反的"反干扰信号"，与"干扰信号"叠加抵消，以达到抗干扰的目的。由于在整个测试过程中，"反干扰源"自动产生，用户无需干预，因此称为"全自动反干扰源"。如前面介绍的 QJS-D 型全自动介质损耗测试仪就采取了这种方法。

（二）抗磁场干扰的措施

干扰磁场大多数是由大电流母线、电抗器、阻波器以及其他漏磁较大的设备产生的，当 QS1 型西林电桥靠近它们时，磁场作用于电桥检流计的线圈，产生感应电动势，或直接作用于永久磁铁上而引起误差。为了检查是否存在磁场干扰，可将检流计转换开关放在中间断开位置，如果光带较宽就表明有磁场干扰存在。通常是在测量后变换一下检流计极性再测，如果发生变化，就说明磁场干扰存在。

为了消除磁场干扰，可移动电桥位置使之远离干扰源，或桥体就地转动改变 δ 角度，找到干扰最小的方位，再将检流计极性开关分别置于正、反两种位置（接通"Ⅰ"和接通"Ⅱ"）进行两次测量，两次测量的 $\tan\delta$ 的平均值可近似作为试品真实的 $\tan\delta$ 值。

（三）试品表面泄漏电流的影响

试品的表面泄漏电流不仅对绝缘电阻的影响大，对 $\tan\delta$ 的测量也同样如此，对电容量小的试品（套管、互感器、耦合电容器）的 $\tan\delta$ 测量影响尤其大。大容量试品所受影响较小，可不予考虑。

消除表面泄漏的方法与测量绝缘电阻相似，可采用加屏蔽环的方法，即用软裸线紧贴在试品表面绕成屏蔽环，并与仪器的屏蔽相连，使表面泄漏电流不经测量元件直接引回电源，如图 2-30 所示。

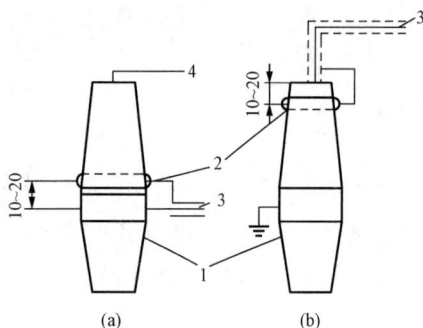

图 2-30　用屏蔽消除表面泄漏的影响
（a）正接线；（b）反接线
1—被试套管；2—屏蔽环；3—至电桥的 C_X 端；4—至电桥高压端

三、影响 tanδ 的因素和结果分析

（一）影响因素

$\tan\delta$ 与介质的温度、湿度、内部有无气泡、缺陷部分体积大小等有关。

1. 温度的影响

温度对 $\tan\delta$ 有直接影响，影响的程度随材料、结构的不同而异。一般情况下，$\tan\delta$ 随着温度上升而增加（少数极性材料例外）。现场试验时，为便于比较，应将不同温度下测得的 $\tan\delta$ 换算至 20℃（各种设备换算方法见相关规范）。

但是对各种试品，很难通过通用的换算来获得准确的换算结果，故应尽量争取在差不多的温度条件下测量 $\tan\delta$，一般要求在 10～30℃ 范围内进行测量。

2. 试验电压的影响

新的、良好的绝缘，在其额定电压范围内，绝缘的 $\tan\delta$ 值不随电压的升高而明显增加，并且不会出现回环。若内部有缺陷时，则其 $\tan\delta$ 值随电压的升高而明显增加，并且有可能出现回环（曲线 2、3）或开口环（曲线 4）的现象，如图 2-31 所示，图中表明了绝缘在良好、老化、存在气隙、受潮四种情况下 $\tan\delta$ 随试验电压变化的情况。

测量 $\tan\delta$ 的试验电压，最好接近于试品的正常工作电压。但实际上，常受到电桥额定电压的限制，它不能超过电桥的额定电压。

3. 试品电容的影响

前已述及，对电容量小的设备（套管、互感器、耦合电容），测 $\tan\delta$ 能有效地发现局部集中性的和整体分布性的缺陷。但对电容量较大的设备（如大、中型变压器、电力电缆、电力电容器、发电机等），测 $\tan\delta$ 只能发现整体分布性的缺陷，因为局部集中性的缺陷所引起的损耗增加只占总损耗的极小部分而被掩盖。试品的电容量与其体积有关，所以缺陷部分体积的大小会对 $\tan\delta$ 产生影响。

图 2-31　$\tan\delta$ 与电压的关系曲线
1—绝缘良好的情况；2—绝缘老化的情况；
3—绝缘中存在气隙的情况；
4—绝缘受潮的情况

另外，在测试绕组的 $\tan\delta$ 和电容时，必须将被测绕组短路，非被测绕组短接并接地。如果不将绕组短接，绕组的容性电流流过绕组时将产生较大的磁通，绕组电感和励磁铁损耗就会造成测量误差。如果将绕组的两端短接后，绝缘的容性电流将从绕组的两端进入，因为电流方向相反，产生的磁通就会互相抵消，电感和励磁铁损耗带来的误差都将大大减小。

（二）分析判断

对 $\tan\delta$ 值进行判断的基本方法，除了与试验规程规定值比较外，还要与历年值进行比较，观察其发展趋势。如果测试值低于规定值，但增长过快，也要引起充分注意。此外，还可以与同类型设备相比较，看是否有明显差异。必要时，可以作出 $\tan\delta$ 与电压的关系曲线，以便分析绝缘中是否夹杂较多的气隙。

在比较时，除 $\tan\delta$ 值以外，还应注意 C_X 的变化情况。如有明显的变化，可配合其他试验方法进行综合判断。

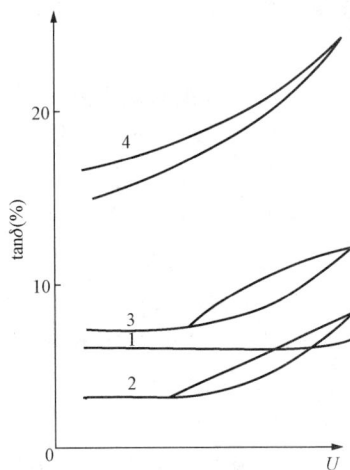

子情境 2.5　局 部 放 电 试 验

局部放电测量仪的
外形介绍动画

【学习任务】　了解局部放电试验的目的和意义，理解局部放电量的概念，掌握试验接线及其适用条件，掌握测量局部放电时的干扰因素及消除措施，掌握试验结果分析判断方法。

局部放电是指发生在电极之间但未贯穿电极的放电，它是由设备绝缘内部存在的弱点或生产过程中造成的缺陷，在高电场强度作用下发生重复击穿和熄灭的现象。这种放电可能出现在固体绝缘的空隙中，也有可能在液体绝缘的气泡中，或不同介电特性的绝缘层间，或金属表面的边缘尖角部位。

局部放电的能量很小，短时间内不会影响到电气设备的绝缘强度，但在长期运行电压下将产生物理和化学效应的累积，局部缺陷会扩大并使绝缘电性能逐渐劣化，最后导致整个绝缘击穿。用传统的绝缘试验方法很难发现局部放电缺陷，并且耐压试验还会损伤绝缘，影响设备今后的运行性能，所以局部放电试验也是绝缘试验的一项重要内容。

局部放电会表现出两类外部现象：①电现象，如产生电流脉冲、电磁波辐射、导致介质损耗突然增大等；②非电现象，如光、热、噪声、气压变化、化学变化等。相应地，局部放电检测方法也可分为电检测和非电检测两大类。电测法中脉冲电流法最为有效。脉冲电流法的主要原理是，由于局部放电产生的电荷交换，产生高频电流脉冲，通过与试品连接的检测回路产生电压脉冲，将此电压脉冲经过合适的放大器放大后由仪器测量或显示出来。下面以绝缘材料内部放电为例，介绍这种检测方法。

一、局部放电量及测量接线

（一）局部放电量

工程上，局部放电试验主要是通过测量局部放电量来判断绝缘状况的，局部放电量有真实放电量 q_s 和视在放电量 q 两种，下面首先介绍它们的含义。

（1）真实放电量 q_s。它是指局部放电时，在局部放电区（如气泡）因局部击穿引起的电荷释放量。

（2）视在放电量 q。它是指局部放电时，用试品绝缘两电极间电压下降量和试品电容量人为确定的一个放电电荷量，其值同局部放电时电源向试品注入的电荷量相等。

由于真实放电量无法直接测量，但视在放电量与真实放电量成正比，可以反映真实放电量，同时它又是一个可测定量，所以工程上通常是测量视在放电量。

（二）测量接线及测量仪器

视在放电量的测量原理实际上就是前面讲过的脉冲电流法，基本电路有测量阻抗和耦合电容器串联、测量阻抗和试品串联、平衡回路三种，如图 2-32 所示。图 2-32 中 C_X 为试品，C_K 为给脉冲电流提供低阻抗通路而另加的耦合电容，为了真正检测到 C_X 产生的局部放电，要求 C_K 不发生局部放电；Z_f 为由电阻、电感等构成的阻抗元件，它实质上是一个高压低通滤波器，允许工频电流流过，阻止从电源来的高频干扰以及试品 C_X 发生局部放电时产生的脉冲电流流向电源，所以也称为阻塞元件；Z_m 为测量阻抗，可采用单独的电阻、电容、电感，也可以是 RL 和 RC 并联电路，或者 RLC 调谐回路。

三种回路的基本目的都是使在一定电压作用下的试品 C_X 中产生的局部放电电流脉冲流过测量阻抗 Z_m，然后把 Z_m 上的电压加以放大送到测量仪器 M 上去，所测得的值与试品的视在放电量成正比，只要经过适当的校准，就能直接读出视在放电量 q 的值（单位为皮库，pC）。测量仪器 M 可以是模拟器件构成的脉冲显示仪器，如示波器、峰值电压表等，也可以是计算机控制的智能化数字分析仪。

图 2-32（a）中测量阻抗与耦合电容器串联。这种接线允许试品一端接地，对 C_X 值较大的试品，可以避免较大的工频电容电流流过 Z_m，试品 C_X 击穿时，不会危及人身和测试系统的安全。由于多数试品的一极是接地的，故实际测量中并联法使用较多。试品的工频电容电流超出测量阻抗 Z_m 的允许值时也应选用该接线。

图 2-32（b）中测量阻抗与试品串联。当试品的工频电容电流未超出测量阻抗 Z_m 的允许值并且试品的接地点可解开时可选用这种接线。

上述两种方法统称为直接测量法回路。

图 2-32（c）所示为平衡法测试电路，这种电路的特点是抗外来干扰的能力强。当采用

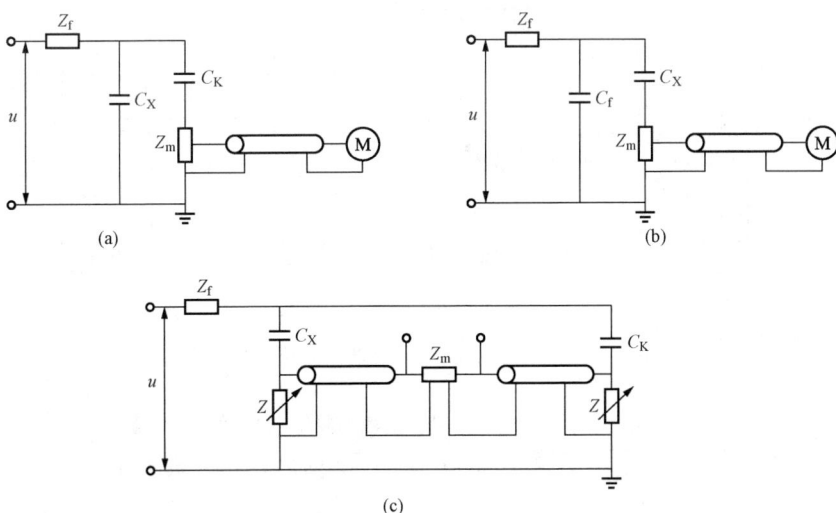

图 2 - 32 局部放电测量的基本回路

（a）测量阻抗与耦合电容器串联回路；（b）测量阻抗与试品串联回路；（c）平衡回路

Z_f—高压滤波器；C_X—试品等效电容器；C_K—耦合电容；Z_m—测量阻抗；Z—调平衡元件；M—测量仪器

前面两种接线，回路有过高的干扰信号时应采用这种接线。图中 Z 为调平衡元件。在试品值 C_X 不发生局部放电的情况下，选择合适的 C_K 与 C_X 接近，调节 Z 使电桥达到平衡，然后提高外加电压使 C_X 产生局部放电，平衡被破坏，测量 Z_m 的电压。由于电源和外部干扰电流在两个 Z 上产生的电压的大小和相位相同，故测出的电压不包括干扰电流在两个 Z 上产生的电压，所以平衡法有较强的抗干扰能力。但是，要使电桥在任何的干扰下都能在 C_X 不发生局部放电时达到平衡是困难的，找一个 C_K 与试品 C_X 型号规格完全相同的设备也很难。此外，这个方法不允许试品接地，在许多场合下是很不方便的。因此，这个方法采用得不多，最通用的还是前面的两个方法。

图 2 - 33 所示为 TCD-9302 局部放电检测仪，其原理框图如图 2 - 34 所示，它主要由输入、前置放大、滤波、主放、校正脉冲发生器、零标发生器、电源、时基、波形显示器、脉冲峰值表、时间窗等单元和相关电容构成，其中 C_a 即为试品。

（三）测量回路的校正

试验时，在局部放电仪上只能读出由检测阻抗端取得的放电脉冲的幅值或衰减分贝数。为了

图 2 - 33 TCD-9302 局部放电检测仪

得到需要的视在放电量，尚需进行定标校正。所谓定标校正，就是在试品两端注入已知的重复脉冲，在测量仪器上测量由此产生的脉冲电压幅值，从而确定视在放电量与脉冲幅值间的关系。常用的方波校正法，如图 2 - 35 所示。一般选择 $C_q \ll C_X$（对大电容试品，如变压器和电容器 $C_q = 100\text{pF}$；对小电容试品，如互感器和套管 $C_q = 10 \sim 30\text{pF}$），则注入试品两端的电荷为

$$q_0 = \frac{C_X C_q}{C_X + C_q} U_N \approx C_q U_N \qquad (2 - 17)$$

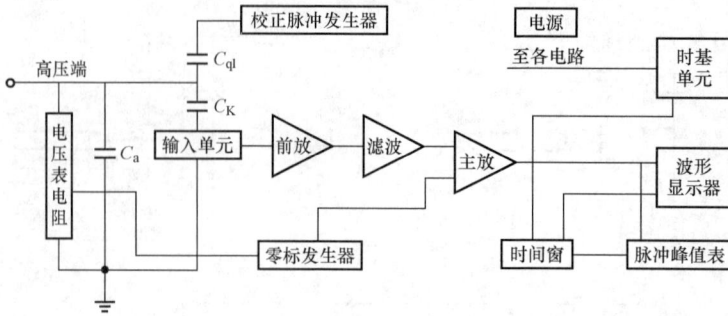

图 2-34　TCD-9302 局部放电检测仪原理框图

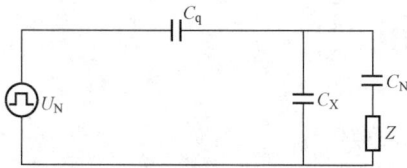

图 2-35　方波校正等效电路

（1）示波器与放电量表测量时的方波校正。根据试品允许的放电强度，调节方波发生器的输出电压 U_N，根据式（2-17）计算出注入试品两端的电荷 q_0，调节仪器放大器的增益 N_1，使示波器上出现的脉冲高度为 L_0，则在该放大器增益下，测量装置的换算系数为 q_0/L_0。实际测试试品的局部放电量时，设放大器增益为 N_2，示波器上放电信号的高度为 L，则试品的视在放电量为

$$q = q_0 \frac{L}{L_0} \times 10^{(N_1 - N_2)} \tag{2-18}$$

如果为放电量表（pC 表）读数，式（2-18）中的 L_0 为校正时注入 q_0 方波信号时放电量表的读数值，L 为测量信号在放电量表上的读数值。

上述方法是将已知电荷量 q_0 注入试品 C_X 的校准方法，称为直接校准法。其校正接线如图 2-36 所示。

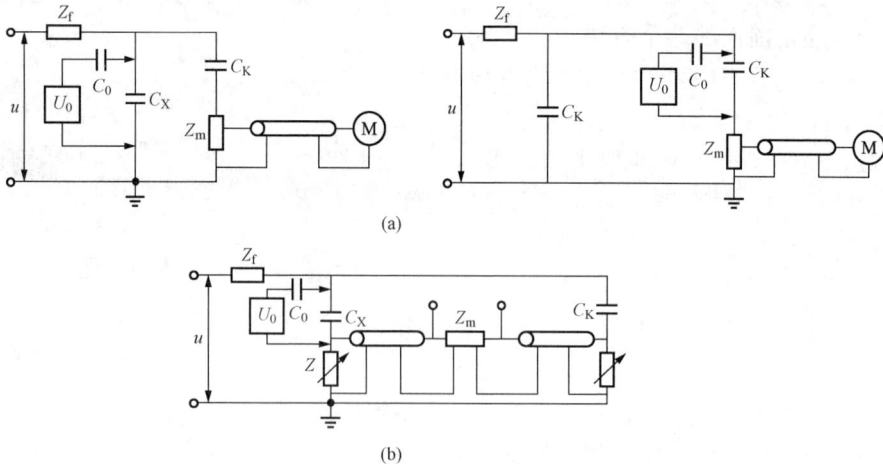

(a)

(b)

图 2-36　直接法校准的接线
（a）直接法测量的直接校准接线；（b）平衡法测量的直接校准接线

另外还有将已知电荷量 q_0 注入测量阻抗 Z_m 的间接校准法，其校准接线如图 2-37 所示。图中，C_S 为高压对地杂散电容。间接法校准的主要思路是：将已知电荷量 q_0 注入测量

阻抗的两端，则指示系统响应为 β_1。再以一等值的电荷 q_0 注入试品的两端，指示系统响应为 β_2，则视在放电量 q 为

$$q = q_0 \frac{\beta_1}{\beta_2} \qquad\qquad (2-19)$$

（2）数字式局部放电仪的方波校准。

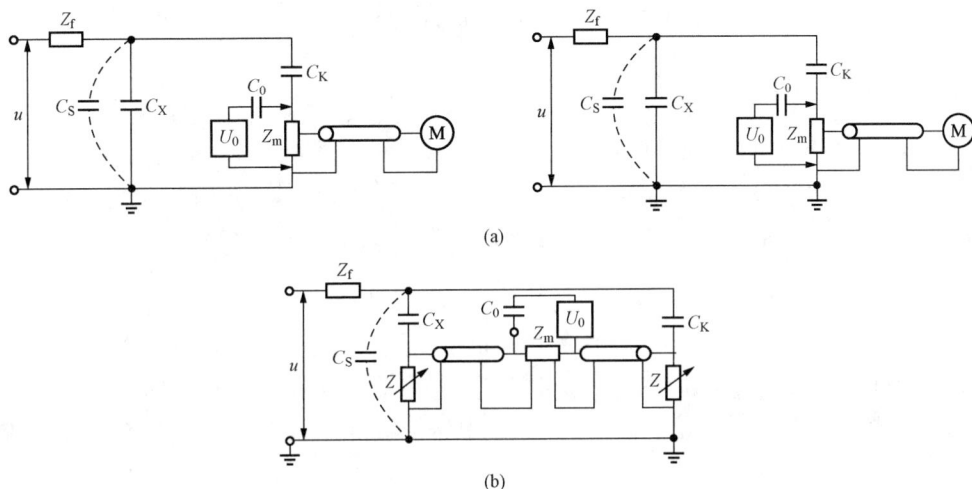

(a)

(b)

图 2-37　间接法校准的接线

(a) 直接法测量的间接校准接线；(b) 平衡法测量的间接校准接线

　　首先根据不同的试品及测量方法注入一定量的校正脉冲信号（如变压器可选用 100～10000pC 的注入量、少油式互感器和套管可选用 10～100pC 的注入量）。仪器自动选择合适的量程并显示测试的相应毫伏值（mV）或皮库值（pC）。仪器可自动计算校准参数。

二、测量局部放电时的干扰因素及消除措施

　　由种种原因引起的干扰将严重地影响局部放电试验。干扰可分为两类：①内部干扰，为高压回路本身引起的干扰（如高压引线发生的电晕放电）；②外部干扰，为高压试验回路以外的干扰（如来自电源的高频干扰，从别的高压试验或者电磁辐射检测到的干扰，无线电在测量装置放大器上产生的固有噪声等）。为了抑制这些干扰，可采取以下措施。

　　（1）选择抗干扰能力强的测量电路，如平衡法测量电路。

　　（2）对测量线路进行屏蔽，有条件时可将整个试验置于屏蔽室内进行。

　　（3）来自电源的干扰可以在电源中用滤波器加以抑制。这种滤波器应能抑制处于检测仪的频宽的所有频率，但能让低频率试验电压通过。

　　（4）提高高压试验回路中各种元件发生电晕的电压。如加大高压引线的直径、将尖角整平等。

　　（5）将高压试验变压器、检测回路和测量仪器三者的地线连成一体，接到适当的接地点。

三、试验结果分析判断

　　局部放电试验与其他绝缘试验的主要区别在于它能检测出绝缘中存在的局部缺陷，某些隐形故障其他绝缘试验（包括 1min 工频耐压试验）往往检查不出来，但通过局部放电试验可以发现。局部放电的强度比较小时，说明绝缘中的缺陷不太严重；局部放电的强度比较大

时，则说明缺陷已扩大到一定程度，而且局部放电对绝缘的作用正在加剧。DL/T 417—2006《电力设备局部放电现场测量导则》规程对有关电力设备局部放电量的允许水平给出了相关的标准，如超过标准 1 倍的放电量对设备的影响还是不大的；超过 1~4 倍时则需要分析原因及监视运行；如超过 10 倍或更多，则设备就可能存在严重的隐形故障。

子情境 2.6　交流耐压试验

【学习任务】　理解交流耐压试验的目的和特点；熟悉高压试验变压器及串联谐振高压交流耐压试验测试设备的测试原理，掌握其测试接线，熟悉相关测试设备的选择方法，理解高电压的测量原理，掌握测试结果分析方法；理解变压器感应耐压试验的目的和要求，掌握 3 倍频电源的获取方法和试验接线，掌握测试结果分析方法。

　　电气设备的交流耐压试验有外施交流耐压试验、感应耐压试验两类。外施交流耐压试验是指从外部给试品施加一个交流高电压进行的耐压试验，交流电压的频率可以是工频 50Hz，也可以是 50Hz 的整数倍；感应耐压试验主要用于变压器，它是指在试品的低压绕组上施加频率不低于 100Hz 的 2 倍的额定电压，在高、中压绕组上也相应感应出同频率的 2 倍额定电压的高压进行的耐压试验。

　　交流耐压试验是考验试品绝缘承受各种过电压能力的有效方法，特别是工频耐压试验的电压、波形、频率和在试品绝缘内部电压的分布，均符合在工频电压下运行时的实际情况，因此能真实有效地发现绝缘缺陷。

交流耐压
试验视频

　　交流耐压试验应该在试品的绝缘电阻及吸收比的测量、直流泄漏电流的测量及介质损失角正切值测量均符合要求后进行。

　　交流耐压试验必须选择合适的试验电压和耐压时间。试验电压越高，发现绝缘缺陷的有效性越高，但试品被击穿的可能性越大；反之，试验电压越低，又不能及时发现缺陷，增加了设备在运行中击穿的可能性。现行试验规程规定运行中设备的试验电压，通常比出厂试验电压有所降低，且不同的设备应区别对待。试验标准中规定工频交流耐压的时间为 1min，一方面这是为了便于观察试品的情况，使有缺陷的绝缘来得及暴露出来；另一方面，又不至于因时间过长而引起绝缘损伤，甚至使合格的绝缘热击穿。

一、外施交流耐压试验

外施交流耐压试验可分为高压试验、变压器工频耐压试验及串联谐振高压交流耐压试验。

（一）高压试验变压器工频耐压试验

1. 试验接线

试验的接线如图 2-38 所示。图中 Ty 为调压器，T 为试验变压器，用来升高输出电压；G 为保护球隙，用来限制试验时可能产生的过电压，保护试品，其放电电压调整为试验电压的 1.1 倍；R 为限流电阻，用来限制试品

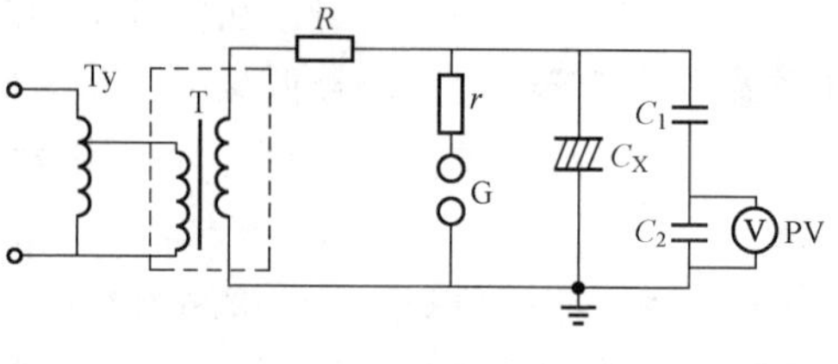

高压试验变压器
外形动画

图 2-38　工频耐压试验接线
Ty—调压器；T—试验变压器；R—限流电阻；
r—球隙保护电阻；G—球间隙；C_X—试品；
C_1、C_2—电容分压器；PV—电压表

突然击穿时，在试验变压器上产生的过电压以及限制流过试验变压器的短路电流，一般取 $0.1\sim1\Omega/\text{V}$；r 为球隙保护电阻，用来限制球隙击穿时流过球隙的短路电流，以保护球隙不被灼伤，它也可以防止由于球隙击穿而产生的截波电压和瞬时振荡电压加在试品上，还可以防止球隙高压侧的某些部分发生局部放电时，在球隙上造成振荡电压而使球隙误动作。r 一般取 $0.1\sim0.5\Omega/\text{V}$；$C_X$ 为试品。C_1、C_2 和 PV 为测量系统。

交流耐压试验　　交流耐压试验
控制箱外形动画　　接线动画

2. 高压试验变压器

高压试验变压器是一个单相的升压变压器。为了保护试验设备，试验变压器低压回路还设有熔断器、过电流保护以及监视电压、电流的电压表和电流表，它们一般装在控制台内。图 2-39 所示为一轻型单台试验变压器及其控制台和电源控制基本电路。

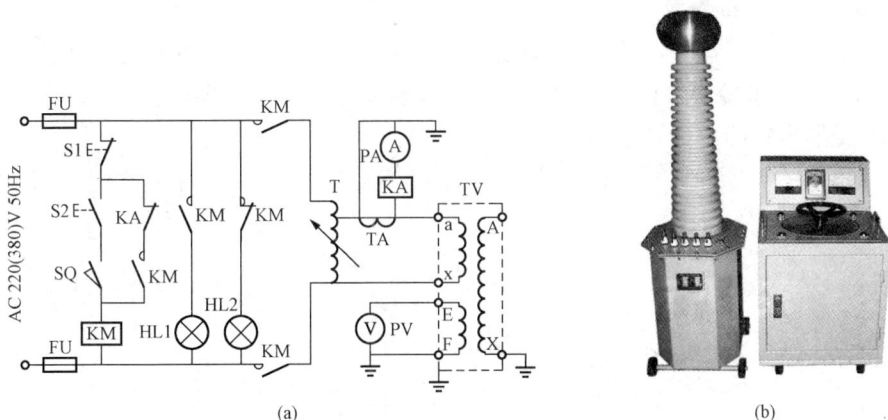

(a)　　　　　　　　　　　　　　　(b)

图 2-39　轻型单台试验变压器及其控制台和电源控制基本电路

(a) 基本控制电路；(b) 外形图

SQ—零位联锁开关；KM—交流接触器；PV—电压表；KA—过电流继电器；
T—电压调整器；PA—电流表；S1，S2—控制按钮；TV—试验变压器；FU—熔断器

试验变压器的低压侧有电源输入端 a、x，测量仪表接线端 E、F；高压绕组的输出端为 A、X。A 端由高压套管引出，高压尾端 X 必须直接或间接（如串接电流表）接地。高压接地端（即高压尾）X、铁心及外壳接地端。

上述装置中的调压设备 T 实际上是一台自耦变压器，通常适用于 500V 以下的调压。除此外，还有移圈式调压器调压、电动发电机组调压和感应式调压器调压，在此不再详述。但应强调调压的基本要求。

(1) 调压要从零开始，要均匀平滑，每级电压的变动要小。

(2) 升压速度在放电电压的前 75% 时，可以较快速度上升，但在后 25% 时则应控制每秒升压不超过放电或耐受电压的 2%。

(3) 经调压器输出的电压波形应保持为正弦波。

(4) 调压应处于稳定的工作状态。

3. 工频高压试验变压器的选择

高压试验变压器具有输出额定电压高、容量小（高压绕组电流一般为 $0.1\sim1\text{A}$）、持续

工作时间短、绝缘层厚、通常高压绕组一端接地的特点，因而在使用时需考虑这些特点，正确选择。

（1）额定电压的选择。要求高压绕组的额定电压应不小于试品的试验电压值，还应考虑低压侧额定电压是否和试验现场的电源电压及调压器相符。国产试验变压器高压侧额定电压有 5、10、25、35、50、100、150、250、300、500、750、1000、1500、2250kV 等。

（2）试验电流和试验变压器容量的选择。试验变压器的额定电流应能满足试品的电容电流和泄漏电流要求。设试品的电容量为 C，U 为试品的试验电压，电源频率为 f，则试验电流（有效值）和试验所需的变压器容量为

$$\text{试验电流} \qquad\qquad I = 2\pi fCU \times 10^{-3}(\text{A}) \qquad\qquad (2\text{-}20)$$

$$\text{试验变压器容量} \qquad S = 2\pi fCU^2 \times 10^{-3}(\text{kVA}) \qquad (2\text{-}21)$$

其中 C 的单位为 μF，电压 U 的单位为 kV。国产试验变压器的额定容量从 3～9000kVA 不等。

4. 试验变压器的串接

由于制造、成本、运输和安装方面的原因，单台试验变压器的额定电压通常不超过 500～750kV。为了获取更高的试验电压，常用几台变压器串接的方法。图 2-40 所示为利用三台试验变压器串接的一种原理图。

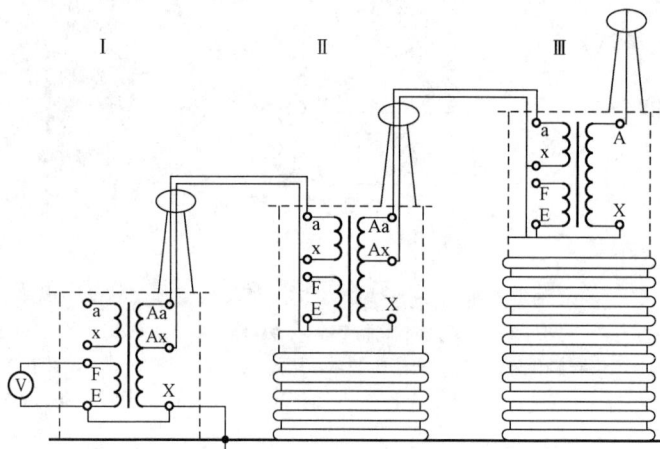

图 2-40　三台试验变压器串接

三台试验变压器低压绕组 a-x、高压绕组 A-X、串接绕组 Aa-Ax 的匝数分别相等。为了保证输出电压的逐级叠加，后级变压器低压绕组 x 端、仪表绕组的一端和高压绕组的 X 端（高压尾）必须与本体外壳在电气上连成一体。

由于三个绕组匝数相等，所以各台试验变压器高压绕组的电压相等。设各台试验变压器高压绕组的电压为 U，由于第 I 台试验变压器高压绕组的一端与外壳相连并接地，另一端与第 II 台试验变压器外壳相连，故第 II 台试验变压器外壳对地电压为 U，高压绕组输出端对地电压为 $2U$。同理，第 III 台试验变压器的外壳对地电压为 $2U$，高压绕组输出端对地电压为 $3U$，所以第 II、III 台试验变压器应用能耐受相应电压的支柱绝缘子支撑起来。

在串接装置中，各台试验变压器高压绕组的容量是相同的，设为 S，但各低压绕组和串接绕组的容量不等。容易知道，三台试验变器的容量比为 3∶2∶1。输出的试验容量占总容量的百分数即为试验装置的利用系数，则上述串级装置的容量利用系数只有 50%，同时整

个串接线路的漏抗将随级数的增加而增加，因此串接试验变压器的台数一般不超过三台。

（二）串联谐振高压交流耐压试验

对于大型发电机、变压器、GIS、交联电力电缆等电容量较大的试品的交流耐压试验，需要大容量的试验变压器、调压器以及电源，现场试验难以办到，此时可采用串联、并联或串并联谐振产生高压的方法进行耐压试验。谐振可以通过调节电感来实现，也可通过调节频率或电容来实现。

1. 调节电感产生串联谐振的工频耐压试验

试验原理接线图和等值电路如图 2-41 所示。图 2-41（b）中 R 为代表整个试验回路损耗的等值电阻，L 为可调电感和电源设备漏感之和，C 为试品电容，U 为试验变压器空载时高压端对地电压。

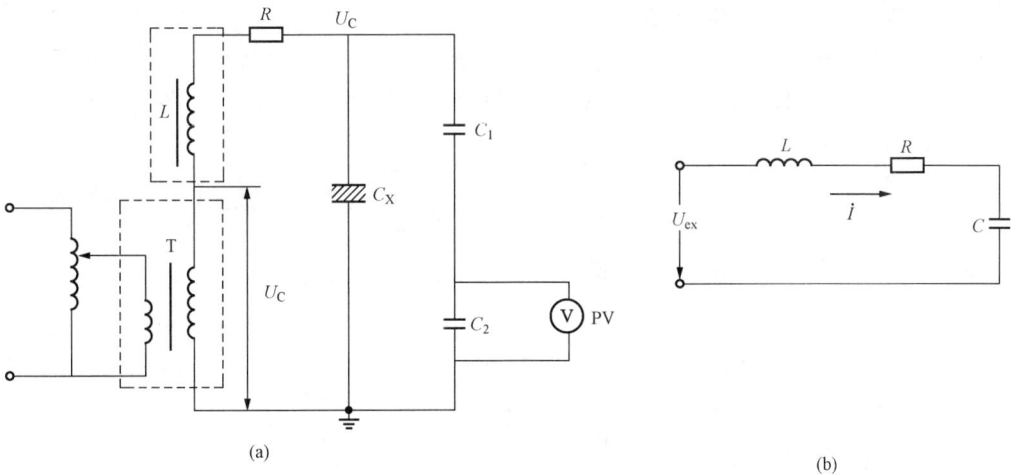

图 2-41　调节电感产生串联谐振的工频耐压试验

（a）接线图；（b）串联谐振回路原理图

T—励磁变压器；U_{ex}—励磁电压；L—电感；R—限流电阻；U_C—试品上的电压；

C_X—试品；C_1、C_2—电容分压器高、低压臂；PV—电压表

当调节电感使回路发生谐振时，$X_L = X_C$，电流 $\dot{I}$ 与 $\dot{U}$ 同相，试品上的电压 U_C 为

$$U_C = IX_C = \frac{U}{R}\frac{1}{\omega C} = \frac{1}{\omega CR}U = QU \qquad (2-22)$$

式中　Q——谐振回路的品质因数，一般电抗器的品质因数为 10～40。

由此可见，串联谐振法的优点如下。

（1）可在试品上获得数十倍于试验变压器输出电压。

（2）大大降低了试验变压器的容量。谐振时，试验变压器输出的功率 $P = UI$，试品的无功功率 $Q_C = U_C I = QUI$，故试验设备的容量仅需试品容量的 $1/Q$。

（3）谐振时，电路形成了一个良好的滤波电路，故输出电压 U_C 为良好的正弦波形。

（4）试品击穿时，失去谐振条件，高压电路和低压电源回路的电流反而减小，故绝缘击穿处的电弧不会将故障点扩大。

下面说明主要设备串联电抗器和试验变压器的选择方法。

（1）串联电抗器。可选用定值电抗器或可调电抗器，要求其额定电压应高于试品试验电

压 U_X(kV)，电感量和额定电流计算方法如下

电感量
$$L = \frac{1}{(2\pi f)^2 C_X}$$
(2 - 23)

额定电流
$$I_N > 2\pi f C_X U_X \times 10^{-3}$$
(2 - 24)

其中，试验电源频率 $f=50\text{Hz}$，C_X 为试品电容，单位为 μF。

（2）试验变压器。要求其额定电流 I_N 大于试品所需的电流 I_X，额定容量 S_N 和额定电压 U_N 估算方法为

额定容量
$$S_N \geqslant \frac{I_X U_X}{Q}$$
(2 - 25)

额定电压
$$U_N = \frac{S_N}{I_N}$$
(2 - 26)

2. 调节频率产生串联谐振的耐压试验

调节电感式串联谐振设备存在自动化程度差，噪声大等缺点。因此，现在大多采用变频谐振。调节频率产生串联谐振的耐压试验采用调频式串联谐振高压试验设备，其原理接线如图 2 - 42 所示。

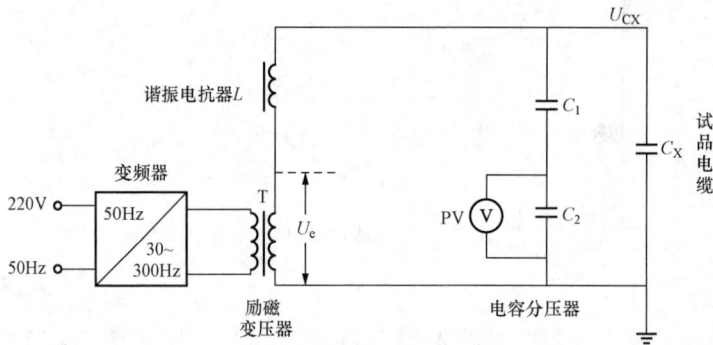

图 2 - 42　调频式串联谐振高压试验原理接线图

如图 2 - 42 所示，交流 220V 或 380V/50Hz 电源，经变频器（控制箱）输出 30～300Hz 频率可调的电压，送入励磁变压器，经谐振电抗器 L 和试品 C_X 构成高压主谐电路，分压器是纯电容式的，先由变频器经励磁变压器 T 向主谐振电路送入一个较低的电压 U_e，调节变频器的输出频率，当频率满足条件 $f = \dfrac{1}{2\pi\sqrt{LC}}$（L 包含了串联电抗和励磁变压器的漏抗）时，电路即可达到谐振状态。此时能在较小的电压 U_e 下，使试品 C_X 上产生几十倍于 U_e 的电压 U_{CX}。变频谐振耐压的时间通常为 1min，频率控制在 45～65Hz 之间。

（三）耐压试验时高电压的测量

交流耐压试验的测量装置一般可采用电容分压器与低压电压表、高压电压互感器、高压静电电压表等组成的系统。当试验电压波形较好时，可用有效值表测量；当波形畸变时，则宜采用测峰值的表计，只是应将测量值除以 $\sqrt{2}$ 作为试验电压。试品两端电压的测量方法具体概括起来有两类：试验变压器低压侧测量和试验变压器高压侧测量。

1. 试验变压器低压侧测量

这种方法适用于试品电容量较小的设备，如瓷绝缘、断路器、绝缘工具等。具体做法

是，测量试验变压器的低压侧或测量绕组（试验变压器上配置的供测量电压用的附加线圈）两端的电压，然后按变比换算至高压侧，即得到高压侧的电压。试品绝缘通常呈容性，由于容升效应，这种测量方法往往存在较大的误差，具体原因如下。

进行工频耐压试验时，试验时的等值电路如图 2-43（a）所示，图中 R 为试验回路的等值电阻，X_L 为试验变压器和调压器折算至高压侧的漏抗值，C 为试品的电容，$\dot{U}$ 为试验变压器空载时高压侧的输出电压。由于试品的容抗大于漏抗 X_L，故试验回路呈容性，容性电流 I_C 流过漏抗 X_L，使变压器的输出端的电压 $\dot{U}$ 小于试品两端的电压 $\dot{U}_C$，这种现象称为电容效应。回路中各元件的相量关系如图 2-43（b）所示。

所以，为了避免电容效应给试验带来的影响，在试验时应尽量在高压侧试品两端直接测量，但同时也应在低压侧测量电压，以监视和对比升压过程是否正确。

2. 高压侧测量

此种方法适用于试品的电容量较大及对幅值和波形要求较高的设备。

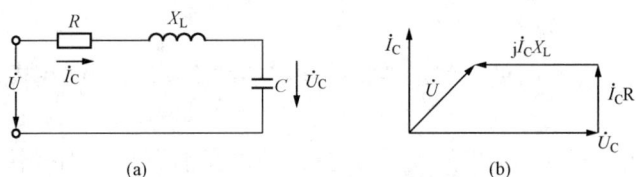

图 2-43 工频耐压试验时的等值电路及相量图

(a) 等值电路；(b) 相量图

（1）用静电电压表测量。高压静电电压表直接测量工频高压的有效值。使用时，在静电电压表接入测量回路之前，先将电压升到略小于试验电压的数值，观察静电电压表有无指示，如有指示，说明有电磁场干扰，应设法屏蔽或避开强电磁场区域。因此，这种表计多用于实验室内的测量。

（2）用电容分压器配低压仪表测量。工程上常用的分压器有电容分压器、电阻分压器和阻容分压器。交流高压的测量通常用电容分压器，在被测电压不是太高时，也可用另外两种分压器测量。在此重点介绍电容分压器的测量方法。

电容分压器测量电路如图 2-44 所示。由高压臂电容 C_1 与低压臂电容 C_2 串联组成的分压器，被测电压 U_1 经电容分压，将其转换为低压 U_2 后，由同轴电缆送入高阻抗的低压仪表（如静电电压表、示波器、峰值电压表等）测出 U_2 后再根据分压比即可求得被测电压 U_1。

不考虑高压引线及地与高压臂电容 C_1 间的杂散电容时分压比为

$$K = \frac{U_1}{U_2} = \frac{C_1 + C_2 + C_3}{C_1} \qquad (2-27)$$

式中 C_3——同轴电缆的电容，它与低压臂电容 C_2 并联。

图 2-44 中 r 用于消除 C_2 上的残余电荷，使分压器有良好的升降特性。

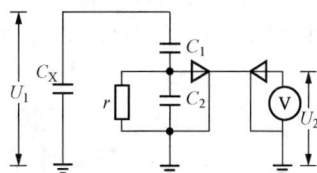

图 2-44 电容分压器接线图

电容分压器的各部分对地杂散电容和对高压系统杂散电容的存在，会在一定程度上影响其分压比，因此，对一定的测量环境下的分压比必须进行测定和校正。只要环境不变，分压器的分压比也就保持恒定。

正如子情境 2.3 所言，工程上常用的 FRC 型交直流两用分压器，当数字表置于交流电压挡时，采用电容分压，用于交流高电压的测量。

（3）用球隙测量。在交流耐压试验时，球隙不仅可作保护用，还可以作测量用，用来测量工频高压的峰值。

在做试验时将球隙和试品并联，球隙本身串有每伏 1Ω 的保护电阻，先将球隙调整在 60% 试验电压（球隙的放电距离可以从球间隙放电电压表中查得），此时试品应同时接上测定。当球隙放电时，记录试验变压器的低压侧电压表读数（取 3~4 次平均值），然后按同样方式测定 70% 和 80% 试验电压时电压表读数，以此三点线值作一曲线（大多为一直线），再延长此曲线（大多为按正比例推算）至所需的试验电压值，求得低压侧电压表的读数，然后将球隙调整至比试验电压高 10%~15% 的位置上，作为耐压试验过程中可能发生的过电压保护。

（4）用电压互感器测量。将电压互感器的一次侧并接于试品两端，在其二次侧测量电压，然后按照互感器的变比换算出高压侧电压。一般要求电压互感器的准确级在 0.5 级以上。这种方法测量简单，准确度高。

（四）耐压试验中的注意事项

（1）试验前，应根据当时的大气条件将所规定的试验电压换算到实际试验条件下来进行加压。

（2）升压必须从零开始，在电压达到 40% 试验电压前可均匀而较快地升压，之后应以每秒 3% 试验电压的速度升到 100% 试验电压。在试验电压下保持规定的时间后，应很快降到 1/3 试验电压或更低，然后切断电源。

（3）对带绕组的试品，应将被测绕组的首尾短路，非被测绕组短路并接地，这样可防止电容电流流过励磁电抗造成不允许的电压升高。

（4）试品为有机绝缘材料时，试验后应立即触摸，如出现普遍或局部发热，则认为绝缘不良，应及时处理，然后再做试验。

（5）在试验过程中，若由于空气湿度、温度、表面脏污等影响，引起试品表面滑闪放电或空气放电，不应认为试品的内绝缘不合格，需经清洗、干燥处理后，再进行试验。

（五）耐压试验结果分析判断

对于绝缘良好的试品，在交流耐压试验中不应击穿，而其是否击穿，可根据下述现象来分析。

1. 根据试验回路接入表计的指示进行分析

通常，电流表读数如突然上升，说明试品击穿，当然这并不绝对。当试品电容量很大或试验变压器容量不够时，有可能出现两种情况：①试品的容抗 X_C 与变压器漏抗 X_L 之比等于 2，即 $X_C/X_L=2$，虽然试品已击穿（$X_C=0$），但电流表的指示不变（因为击穿前后回路的总电抗 $X=|X_C-X_L|$ 相等）。②试品的容抗 X_C 与变压器漏抗 X_L 之比小于 2，即 $X_C/X_L<2$，试品击穿后，试验回路电抗 X 增大，电流表读数反而减少。所以，不能只靠电流表的指示来判断试品是否被击穿，还应结合高、低压侧电压表的指示来判断，因为试品击穿时，电压会下降。

2. 根据控制回路的状况来分析

当控制回路的过电流保护装置动作电流整定合适的话，在试品击穿时，过电流保护装置会动作，使电源自动切断。但动作整定值过小，可能在升压过程中保护动作而使开关跳闸；

整定值过大，即使试品放电或小电流击穿，保护也不会动作。

3. 根据被试品的状况来判断

试验过程中，试品发出响声、分解出气体、冒烟、出气、焦臭、闪弧、燃烧等，都是不允许的，应查明原因。这些现象如果确定是绝缘部分出现的，则认为是试品存在缺陷或击穿。

4. 根据试验前后试品绝缘电阻的变化来判断

耐压试验前后，均应测量试品的绝缘电阻。对夹层绝缘或有机绝缘材料的设备，若耐压试验后的绝缘电阻比耐压试验前下降 30%，则认为该产品不合格。

二、变压器感应耐压试验

（一）感应耐压试验的目的

根据绝缘的特点，变压器分为全绝缘变压器和分级绝缘变压器。在做全绝缘变压器的交流外施耐压试验时，只考虑了变压器主绝缘（绕组之间、绕组对地之间）的电气强度，而纵绝缘（层间、匝间及饼间绝缘）并没有承受电压，所以要做感应耐压试验，以检查纵绝缘的绝缘强度。

对于分级绝缘的变压器（110kV 及以上），绕组首端的绝缘水平要比中性点或接地点高，不能对整个绕组施加同样的试验电压，首末端应施加不同的试验电压，此时，只能采用感应耐压试验。试验时，通常借助于辅助变压器或非被试绕组的支撑，把中性点电位抬高。这样，就可以把感应耐压和交流耐压结合在一起做，不仅可以检查变压器的主绝缘，而且也考验了变压器的纵绝缘。

（二）对试验电压和试验时间的要求

感应耐压试验所加的电压为额定电压的两倍，如果电压的频率仍然是试品额定频率（50Hz），变压器铁心将严重饱和，励磁电流将增大到不允许的程度。为了使变压器铁心不致饱和，可采取提高电源频率的方法，通常要求不低于 100Hz，但不宜高于 400Hz。这是因为铁心中的损耗随频率上升而显著增加。对于中小型变压器的感应耐压试验，一般采用100Hz；对于大型和特大型变压器的耐压试验，一般采用 150Hz 或 250Hz。

为避免频率提高对绝缘考验的加重，在试验频率大于 100Hz 时，应缩短试验时间，但不小于 15s。耐压试验时间的计算式可表示为

$$t = 60 \times \frac{100}{f} \qquad\qquad (2-28)$$

即 100Hz 是 60s，150Hz 是 40s，200Hz 是 30s。

（三）倍频电源的获取

电力系统运行调试单位一般不配备正弦波的变频电源，而是利用现场设备组合而成。主要方法有：利用两台电动机组取得倍频电源、中频无刷励磁同步发电机组取得五倍频电源、大功率电子变频电源、用星形—开口三角形接线的三台单相变压器或五柱铁心变压器获取三倍频电源。下面重点介绍三倍频电源的基本原理。

由三台单相变压器星形—开口三角形接线构成的三倍频电源接线原理如图 2-45 所示。

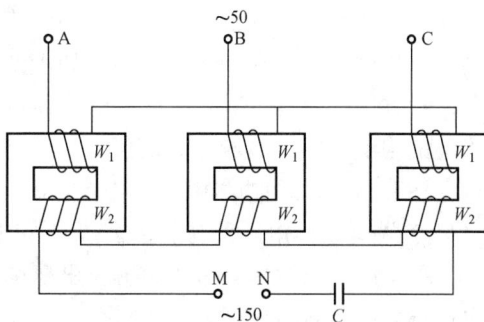

图 2-45　三相电力网供电的三倍频发生器电路图

基本工作原理是：三台单相变压器一次侧接成 Y 形，二次侧接成开口三角形，在一次侧输入频率为 50Hz 的 380V 的三相正弦交流电，此时单相变压器的铁心处于饱和状态。由于铁心的非线性，二次侧的感应电动势为含有基波和三次谐波的平顶波。三相基波电动势的相位差为 120°，而三次谐波电动势的相位相同，所以二次侧开口三角形中，三相基波电动势叠加后为零，而三相三次谐波叠加后为各相的算术和。这样二次侧开口三角形输出就只有三次谐波（150Hz）电动势，此感应电动势经自耦调压器调压后即作为三倍频试验电源电压。为了补偿接上负载时一次绕组的电压降，在线路上接有电容器 C。

图 2-46 为五柱铁心三倍频变压器，用它来代替三台单相变压器，此时，三次谐波磁通可经旁轭形成通路，也能得到同样的效果，运用起来更为方便。

（四）试验接线

1. 全绝缘变压器

对于全绝缘变压器，可按图 2-47 所示的接线施加大于 100Hz 的两倍额定电压进行试验。这种接线只能满足线间达到试验电压。由于中性点对地电压很低，因此对中性点和绕组还需进行一次外施高压主绝缘工频耐压试验。试验时由互感器监视电压和电流。

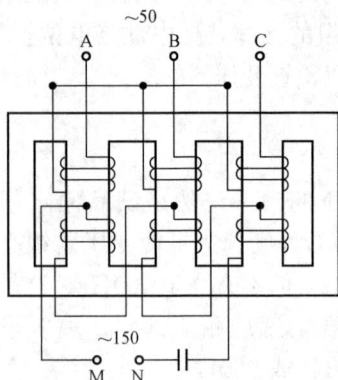

图 2-46　五柱铁心三倍频变压器电路图

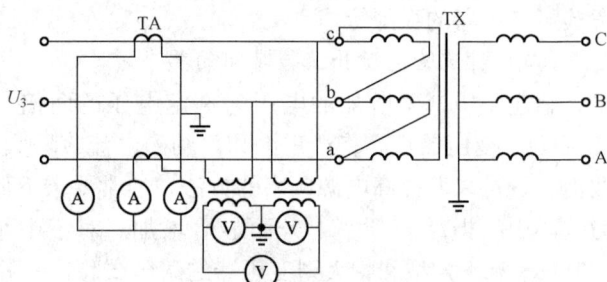

图 2-47　全绝缘变压器感应耐压试验接线

TA—电流互感器；TX—试品变压器

2. 分级绝缘的变压器

三相变压器的主绝缘是不能用三相感应电压来试验的。常见的方法有 1.5 相试验法、中性点支撑法和自身励磁法。下面以三相双绕组普通变压器为例介绍一下 110～220kV 广泛应用的 1.5 相试验法的典型试验接线，如图 2-48 所示。

这种方法的主要特点是把非被试两相的首端并联接地，以支撑被试相提高其试验电压。由于被试相绕组感应电压是 2 倍额定电压，而非被试相是 1 倍额定电压，对应的磁通，被试相铁心柱上是 Φ，非被试相铁心柱上是 0.5Φ，所以该试验称为 1.5 相试验。此时，被试端子（如 A 端）与地电压及与非被试端（如 B、C）间的电压可达到 3 倍额定电压。

但是，中性点电压只有 1 倍额定电压的值，不能达到其规定的试验电压，因此应先对中性点进行外施工频高压试验。

（五）试验电压测量设备及方法

感应耐压试验测量设备及方法同外施工频耐压试验，在此不再论述。

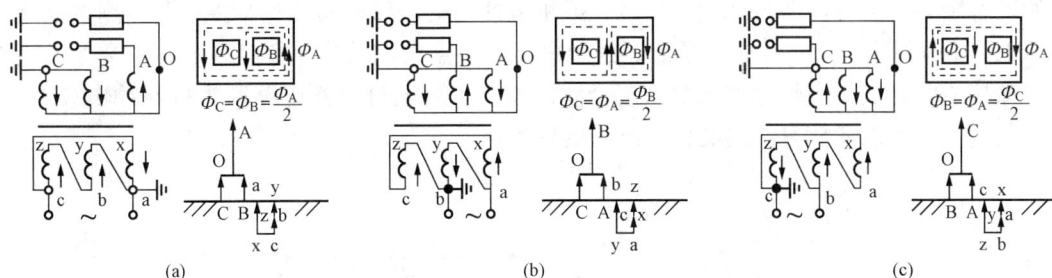

图 2-48 分级绝缘变压器 1.5 相试验接线
(a) 试验 A 相；(b) 试验 B 相；(c) 试验 C 相

（六）试验结果分析判断

一般可根据下述办法判断试品是否通过感应耐压试验。

（1）观察电压表、电流表读数的变化。如果电压突然下降，电流突然上升，可能是绕组有短路、击穿或电源线放电。如果电压、电流表指针都摆动，可能有断续放电。

（2）听声音。如果突然有一声"当"，此时电压、电流无变化，可能是气泡放电。如果有炒豆声，可能有尖端放电，如进套管的引线锥部不正引起放电，分接开关爬电、铁心有悬浮电位放电。

（3）对比空载及负载试验前后数据。如果控制损耗增大 10% 以上，可能有匝间局部短路。

（4）吊罩检查。有的试品匝间虽然打穿，但再次试验仍能通过，当吊罩检查后就一目了然，放电痕迹很清楚。

子情境 2.7 冲击耐压试验

【学习任务】 理解冲击耐压试验的目的和意义；熟悉冲击高电压的产生原理，掌握试验接线，熟悉冲击高电压的测量方法，掌握测试结果分析方法。

电力系统的高压电气设备除了承受长期的工作电压作用外，在运行过程中还可能承受雷电过电压和操作过电压的作用，冲击耐压试验就是用来检验高压电气设备对雷电冲击电压和操作冲击电压的耐受能力。但是由于冲击耐压试验对试验设备和测试仪器要求高、投资大，测试技术也比较复杂，所以运行部门在绝缘预防性试验中通常不做此类试验，而是以近似等价的 1min 工频耐压试验来代替，即雷电冲击耐受电压和操作冲击耐受电压分别换算为等值的工频耐受电压，然后取最高者作为 1min 工频试验电压。

冲击耐受电压只在制造厂的型式试验或出厂试验中才进行此类耐压试验。对超高压设备（330kV 及以上的设备）而言，普遍认为不能以工频耐压试验代替操作冲击耐压试验，故对超高压设备应进行操作冲击耐压试验。

一、试验接线及冲击高电压的产生

（一）雷电冲击耐压试验

当雷击波进入变电站而没有外绝缘放电时，电压即为全波，而当变电站有空气间隙或设备的外绝缘等击穿时，即为截波。所以一般雷电冲击耐压试验接线包括主电路、测量电路及截断电路三个部分，如图 2-49 所示。三个电路的接点在试品端，整个系统有一个参考接地点。该接线可对试品进行标准雷电冲击全波试验，也可通过截断电路产生截断冲击波电压，进行截波试验，以考核有绕组类设备绕组的纵绝缘。

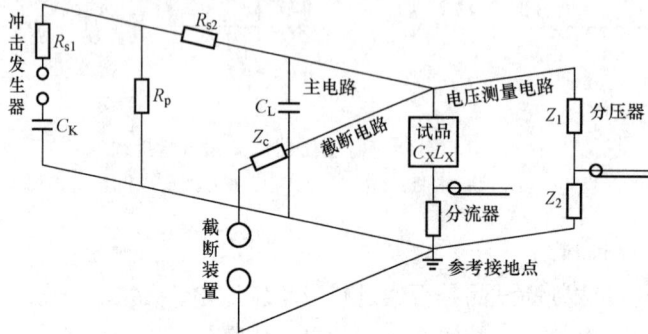

图 2-49　雷电冲击试验线路

C_K—发生器电容；C_L—负荷电容；C_X—试品等值电容；L_X—试品等值电感；R_{s1}—内部波前电阻；
R_{s2}—外部波前电阻；R_p—波尾电阻；Z_c—截断电路附加阻抗；Z_1—分压器高压臂；Z_2—分压器低压臂

下面重点介绍雷电冲击电压产生的基本原理和设备。

1. 单级冲击电压发生器

雷电冲击电压发生器的基本接线之一（高效率回路）如图 2-50 所示，主电容 C_0 在被间隙 F 隔离状态下由整流电源充到稳压电压 U_0。隔离间隙 F 被点火击穿后，电容 C_0 上的电荷一面经电阻 R_X 放电，同时也经 R_f 对 C_f 充电（此处，试品的电容 C_X 可视为等值的并入电容 C_f 中），在试品上形成上升的电压波前。C_f 上的电压被充到最大值后，反过来又与 C_0 一起对 R_X 放电，在试品上形成下降的电压波尾。为了得到较高的效率，主电容 C_0 应比 C_f 大得多，以便形成快速上升的波前和缓慢下降的波尾。

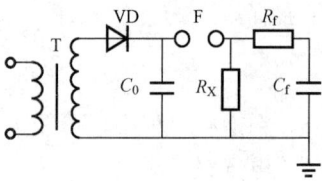

图 2-50　冲击电压发生器基本接线图

C_0—主电容；R_f—波前电阻；
F—隔离间隙；C_f—波前电容

2. 多级冲击电压发生器

以上介绍的是单级冲击电压发生器，产生的最高电压较低。为了获得几百万伏的冲击电压波，通常采用多级冲击电压发生器，它的各级电容器通过电源变压器和整流元件并联充电，待各级电容充电充足之后，再串联起来放电，这样就把各级电容上的电压叠加起来，形成很高的冲击电压波。下面以 3 级为例说明多级冲击电压发生器的原理，其电路接线图如图 2-51 所示。图中 T 为变压器；$C_1 \sim C_3$ 为各级主电容；R_b 为保护电阻；VD 为整流元件；$C_1' \sim C_6'$ 为各级对地的杂散电容；R_2、R_4、R_6 为充电电阻；r 为阻尼电阻；F1 为点火球隙；F2、F3 为中间球隙；F4 为输出球隙；R_t 为波尾电阻；R_f' 为外加的波前电阻；C_f' 为另加的波前电容；C_X 为试品，其工作原理如下。

（1）主电容并联充电。试验变压器 T 和整流元件 V 构成整流电源，当交流电源的电压为正极性时，直流保护电阻 R_b 及充电电阻 R_2、R_4、R_6 分三路向主电容 C_1、C_2 和 C_3 充电，靠近电源的电容 C_1，由于充电回路的电阻较小，充电所需时间较短，而 C_2 充电回路的电阻较大，充电时间稍长一些；同理，C_3 充电时间最长。不过，在充电时间足够长时，全部电容先后达到充电电压。设 U_0 为整流电源电压（图 2-51 中节点 1 的电压），则 C_1、C_2 和 C_3 电容器充电完成后的电压均为 U_0，由于各个球间隙距离的放电电压均调到稍大于 U_0，此时球隙不会放电。

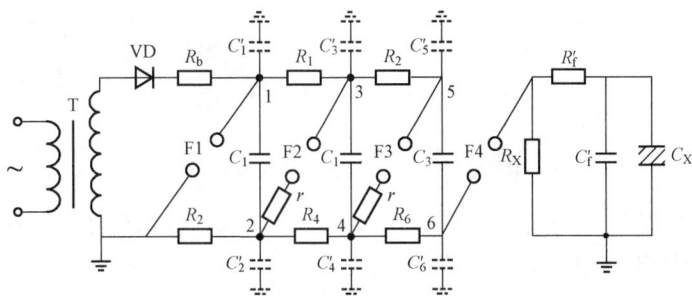

图 2-51　多级冲击电压发生器原理接线图

（2）主电容串联放电。当需要产生冲击电压波时，控制回路对点火球隙 F1 送入一点火脉冲电压，使球隙 F1 放电，于是在电容 C_1 上节点 1 的电位经 F1 接地，使节点 1 的电位从对地电压为 U_0 突然变为零，随着节点 2 的电位从地电位变为 $-U_0$，电容 C_1 和 C_2 由充电电阻 R_1 隔开，由于 R_1 阻值较大，同时还有对地电容 C_1' 的存在，在 F1 放电瞬间，节点 3 的电位仍接近 $+U_0$，节点 4 的电位仍为 0，这样在球隙 F2 的电位差突然从 U_0 变为 $2U_0$，促使 F2 放电，于是电容 C_2 的另一端节点 4 的电位变为 $-2U_0$，此时节点 5 的电位仍接近 $+U_0$，球隙 F3 两端的电位差变为 $3U_0$，这又使 F3 放电，于是节点 6 电位由零点变为 $-3U_0$。由于 F1、F2 和 F3 相继放电，这就达到了把 C_1、C_2 和 C_3 串联起来的目的。节点 6 输出 3 倍于充电电压 U_0 的电压，促使 F4 放电，在 F4 放电的瞬间又向试品放电，试品上的电压以冲击波的形式出现，此时的等值电路如图 2-52 所示。

值得说明的是，只要相关元件的参数选择恰当，上述冲击发生器完全可以产生需要的雷电冲击电压波形。

（二）操作冲击高压的产生

获得操作冲击电压的途径常用两种：一种是利用类似上面的多级冲击发生器，另一种利用小型冲击电压发生器与变压器联合产生。小型冲击电压发生器可在现场组装，故应用较多。

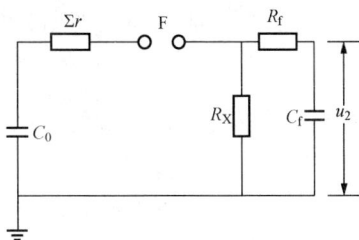

图 2-52　多级冲击电压发生器放
电时的等值电路

注：$C_0 = C/n$；$C_f = C_f' + C_X$；$R_f = R_f'$。

1. 利用多级冲击电压发生器

该方法在原理上与产生雷电冲击电压是一样的，只是操作冲击电压的波前和半峰值时间均较雷电冲击电压长得多，这就要求大大地增加放电发生器的时间常数，需要调整放电回路的参数，即增大各种电容（C_0 和 C_f）和各种电阻（如 R_X 和 R_f）的值，即可获得满足要求的操作冲击电压波。

这种方法适用于具有高阻抗的试品。

2. 利用小型冲击电压发生器与变压器的联合

这种方法的原理电路如图 2-53 所示。其基本原理是利用一个小型冲击电压发生器产生一个峰值较低的冲击电压，将它施加于变压器 T 的低压侧，因为操作冲击试验电压的等值

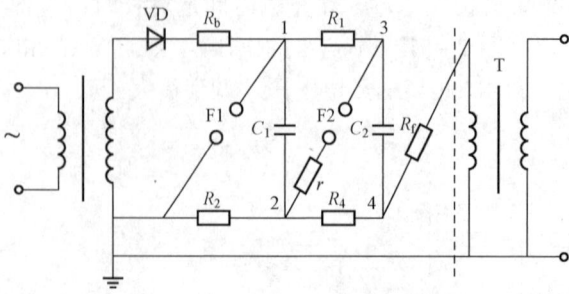

图 2-53　利用变压器产生操作冲击电压的原理接线图

频率不高，所以在变压器高压侧能感应出高幅值的操作冲击电压来。小型冲击电压发生器可在现场组装，因此，这种方法便于现场使用。

图 2-53 可简化为图 2-54 所示的等值电路。其中 C_0 是冲击电压发生器的主电容；L_1 和 L_2 分别为变压器低压绕组和高压绕组的漏感；L_m 为变压器的励磁电感；C_2 为变压器高压侧对地电容。以上各量均折算到低压侧。由于高压绕组的对地电容折算到低压侧后大于低压绕组的对地电容，故忽略低压绕组的对地电容。

由图 2-54 可见，当球隙 F 击穿后，已充满电的主电容 C_0 通过 R_f、L_1 和 L_2 向 C_2 充电，形成上升的电压波前；当 C_2 上电压充到最大值后，C_2 与 C_0 共同经 L_m 缓慢放电，C_2 上的电压缓慢下降，形成下降的电压波尾，如图 2-55 所示。

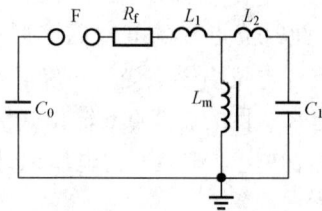

图 2-54　利用变压器产生操作冲击电压的等值电路

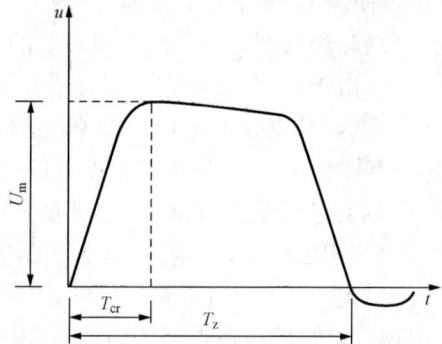

图 2-55　操作冲击电压的波形

二、冲击高电压的测量

冲击电压常用的测量装置有球间隙和分压器测量系统。球间隙用来测量电压的峰值，分压器测量系统中的低压仪表可以是高压示波器、数字示波器和峰值电压表。峰值电压表只能显示电压的峰值，示波器不仅能指示峰值，还能显示冲击电压的波形。

（一）用球间隙测量

由于球隙的伏秒特性在放电时间大于 $1\mu s$ 时几乎是一条直线，故用球隙可测量波前时间不小于 $1\mu s$，半峰值时间不大于 $5\mu s$ 的任意冲击全波或波尾截断的截波峰值。因在冲击电压作用下球隙放电具有分散性，球隙测量的电压是球隙的 50% 放电电压。确定 50% 放电电压时，通常对球隙加 10 次同样的冲击电压，如有 $4\sim6$ 次发生了放电，就认为此电压就是 50% 放电电压，此时根据球隙放电电压表进行大气条件校正，就得到被测的冲击电压的峰值。

（二）用分压器测量系统测量

分压器测量系统（如图 2-56 所示）包括：①从试品接到分压器高压端的高压引线；②分压器；③连接分压器输出端与测量仪器仪表的同轴电缆；④测量仪器仪表（示波器或峰

值电压表）及其匹配阻抗。

1. 测量冲击电压用的分压器

冲击电压分压器按其结构可分为电阻型、
电容型、阻容并联型、阻容串联型四种类型。
当测量信号经电缆 Z 传播到测量仪器仪表 V
时会产生正或负反射，因而会产生测量误差，
为此在测量仪器仪表 V 旁并联匹配阻抗 Z_s。
当该匹配阻抗的电阻值等于电缆的波阻抗时，

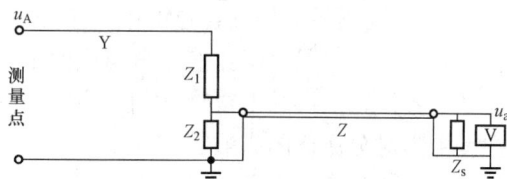

图 2-56 分压器测量系统
Y—高压引线；Z_1、Z_2—分压器；Z—电缆；
Z_s—匹配电阻；V—测量仪器仪表

测量信号不会在测量仪器仪表 V 处产生反射，从而减少测量误差。各种分压器测量回路的
匹配阻抗类型可能不同，电阻分压器和阻容并联分压器测量回路为电阻匹配，电容分压器和
阻容串联分压器测量回路为电阻电容串联匹配。各种分压器的原理电路如图 2-57 所示。

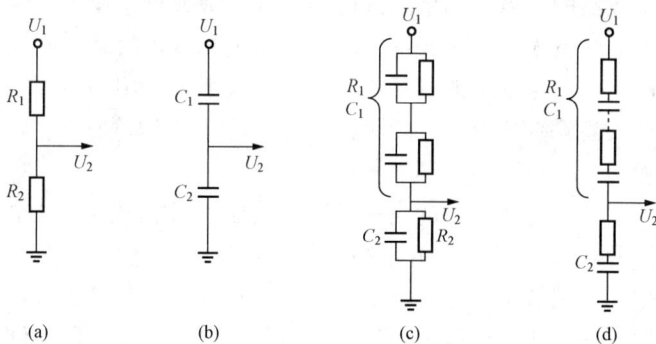

图 2-57 不同类型冲击分压器的原理电路图
(a) 电阻分压器；(b) 电容分压器；(c) 并联阻容分压器；(d) 串联阻容分压器

(1) 电阻分压器。电阻分压器如图 2-57 (a) 所示，其高低压臂均为电阻，电阻值要比
测量直流高压的电阻分压器小，但由于冲击电压的变化速度快，因而对地杂散电容的影响
大，形成不可忽略电纳分支，而且，其电纳值不是恒定的，而是与被测电压中各谐波频率成
比例的。这将使输出波形失真，分压幅值也有误差。对电阻分压器采取一定的措施后（如顶
部加均压环、内外层电阻同轴圆柱体结构、小尺寸电阻体结构等），可应用于 1000kV 及以
下冲击电压测量领域。

(2) 电容分压器。电容分压器如图 2-57 (b) 所示，高压臂电容器 C_1 通常由多台电容
元件串联而成，其电容量较小，要耐受绝大部分电压。低压臂电容器 C_2 的电容量较大，而
耐受电压不高，通常选用稳定性好、低损耗、寄生电感小的电容量大的电容器，如云母、空
气或聚苯乙烯电容器。

电容分压器也存在对地杂散电容，但由于分压器本身已是电容，所以杂散电容只会引起
幅值误差，而不会引起波形畸变。但是，由于分压器各单元的寄生电感和各段连线的固有电
感，电容分压器在冲击电压的作用下存在着一系列高频振荡回路，产生的电磁振荡将使分压
器输出电压的波形发生畸变。为了阻尼各处的振荡，可对电容分压器进行改进，制造出新的
阻容分压器，如并联阻容型和串联阻容型分压器。

(3) 并联阻容型分压器。理论上，电容器有泄漏电阻存在，在全波冲击的波前部分（高

频），电容分压器沿分压器各点的电压按照电容分布；而波尾部分（低频）则按泄漏电阻分布，若高低压臂泄漏电阻比值与电容比值不同，则会产生误差，为此要求高低压臂选用相同介质的电容器，但实际上很难办到。为此，在各级电容器旁并联较小的电阻，以避免电容器的泄漏电阻对分压比的影响，如图 2-57（c）所示。

（4）串联阻容分压器。串联阻容分压器在各级电容器中串联电阻，如图 2-57（d）所示，可以阻尼对地电容和寄生电感引起的振荡，但串联电阻后将使分压器的响应时间增大，如果在低压臂中也按比例地串入电阻，则可以保持响应时间不变。它可以用来测量雷电冲击、操作冲击和交流电压，电压可达到兆伏。

2. 示波器和峰值电压表

（1）高压脉冲示波器。冲击电压是变化速度很快的单次过程，高压脉冲示波器与冲击分压器配合，可测冲击电压的幅值，而且还能记录下它们的变化过程和整个波形，普通示波器是做不到的。这种示波器的特点是阳极加速电压较高，最大可达 20~100kV，以保证有极高的记录速度；电子束的能量很大，不允许长时间冲击荧光屏，故平时必须将电子束闭锁；方波响应的上升时间极短，以保证示波图的失真度减到最小，采用同步控制，以保证示波器的触发、扫描和现象这三者都应在极短的时间内，按所需时间差顺序完成；工作电源电压稳定；保证了测量精度。

（2）数字存储示波器。上述介绍的高压脉冲示波器，只能显示冲击电压的波形，如要获得图片资料，只能用照相机拍摄，但由于冲击波是单次脉冲的电压波，它一瞬即过，稍不慎，波形就很难抓拍。当用数字存储示波器时，它能将波形图存储起来，不仅可以在屏幕上存储起来，用拍摄的方法照相，而且还可以与计算机相连，将示波器存储起来的冲击波用数字传给计算机，然后用绘图仪将波形打印出来。

（3）峰值电压表。冲击峰值电压表的基本原理是被测电压上升时，通过整流元件将记忆电容充电到电压峰值；被测电压降落时，整流元件闭锁，记忆电容上的电荷经转换而保持下来，供稳定指示用。图 2-58 所示为 64M 型峰值电压表的面板示意图。

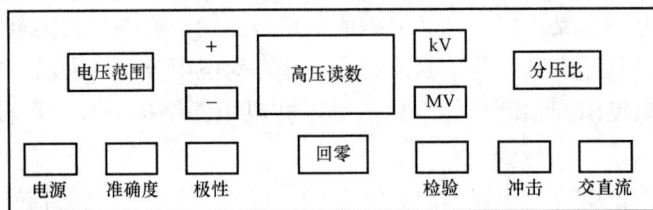

图 2-58　64M 型峰值电压表的面板示意图

使用峰值电压表时应注意以下几点。

1）输入峰值电压表的电压要小于该表的测量范围，但不要小于电压测量范围的 1/2，以减少峰值表的测量误差。当满足上述要求时，准确度指示灯将熄灭，否则准确度指示灯会亮。

2）测量冲击电压前，应将分压比置于分压比的刻度盘中，这样，电压读数的数码管将自动显示实际冲击电压的峰值。

3）测量冲击电压前，应使电压极性按钮与输入极性一致，否则峰值电压表无读数。当试品无特殊要求时，应进行正和负两种极性的冲击试验。

当方波响应特性较差时，应对测量系统进行校正。

三、试验注意事项

（1）试验前要做好准备，查清产品的技术条件、试验鉴定大纲、有效的试验标准。

（2）试品及试验设备要正确接线，要保证引线对各接地部分的绝缘距离。若用球隙测量，要注意引线对球隙电场的影响。

（3）要做好试验的安全措施，要求有信号灯、指示牌、围栏等。必要时，要指定专人观察产品、设备及试区，以便及时发现异常情况，并防止人员误入试区。

（4）试验前，必须先做非破坏性试验，只有在非破坏性试验中未发现问题的情况下，才能进行冲击耐压试验。

（5）在试验过程中，当发现异常时要停止试验，对波形分析后再决定是否继续试验。

（6）在100%全部试验电压时，因大气条件或同步系统调节不当，设备可能失控。此时，试验人员应全神贯注，尽可能在设备失控时也能观察到波形，继而根据波形的特点，判断试品是否有故障，尽可能减少设备失控的影响。

四、试验结果分析判断

对于绝缘良好的试品，在冲击耐压试验中不应击穿，而其是否击穿，可根据下述现象来分析。

1. 根据所记录的电压电流波形图来判断

这种方法也称为波形示伤法，是按照示伤波形的畸变特征来判断试品有无故障及故障的类型，是目前采用的主要方法。这种方法有电压波形法、中性点电流法和低压侧电容电流法三种类型。

2. 根据放电声音来判断

试品试验时，若无内部故障，只会听到试验设备的放电声。当有故障时，会有与试验设备不同的放电声，甚至可能看到弧光放电。

3. 根据超声波检测来判断

若产品有故障时，除可听到声音外，还有超声波的存在。通过检测超声波可判断故障甚至进行故障定位，这是一种主要的方法。

4. 根据工频复试来判断

设备冲击试验后，可进行工频耐压试验或感应耐压试验的复试，这有助于判断冲击耐压试验是否通过。但应注意，冲击耐压试验和工频（感应）耐压复试要各自判断，不能因工频（感应）耐压复试通过（不通过）而判定通过（未通过）冲击耐压试验。

子情境 2.8　绝缘油气相色谱分析

【学习任务】　理解绝缘油气相色谱的分析的目的和意义，掌握绝缘油取样和气体继电器放气取样方法，熟悉气相色谱分析系统组成及基本原理，掌握试验结果判断方法及故障分析判断步骤。

绝缘油作为一种绝缘、冷却和灭弧介质，广泛应用于油浸式电力设备中。为了保证油的品质能满足这些设备的使用要求，就要开展绝缘油的试验。在绝缘油试验项目中，经常进行的是电气强度试验和介质损耗试验，有时还要进行油中溶解气体的气相色谱分析。

运行中的变压器，当其内部出现故障时，油中的 CO_2、CO 和低分子烃类会显著地增加。不过，在故障初期时，这些气体的增长还不足以引起气体继电器的动作。这时通过分析油中溶解的这些气体（包括气体继电器内的气体），经过正确判断就能及早确定变压器的内部故障。

下面首先介绍绝缘油及变压器气体继电器气体的取样方法，然后介绍气相色谱分析的基本原理及分析判断方法。

一、绝缘油取样

绝缘油取样的主要要求是：取样部位应对母体油具有充分的代表性，一般应在设备下部的取样阀门取油样，在特殊情况下，可由不同的取样部位取样；在取样全过程中对油样不发生任何污染；设备的取样阀门应适合全密封取样方式的要求；对大油量的变压器、电抗器等取样量可为 $50 \sim 80 mL$，对少油量的设备要尽量少取，以够用为限；取样时间应充分考虑到气体在油中扩散的影响。没有强油循环的设备，试验后应停放一段时间后再取样。

1. 取油样的容器工具

应使用经密封检查试验合格的玻璃注射器取油样。当注射器充有油样时，芯子能按油体积随温度的变化自由滑动，使内外压力平衡。另外还需要供存放常规试验用油样的磨口具塞玻璃瓶及棉纱、标签、样品箱、梯子及安全带等。

2. 取样方法

（1）取样应在晴天进行。从设备中取油样的全过程应在全密封的状态下进行，油样不得与空气接触。

（2）一般对电力变压器及电抗器可在运行中取油样。设备需要停电取样时，应在停运后尽快取样。对于可能产生负压的密封设备，禁止在负压下取样，以防止负压进气。

（3）设备的取样阀门应配上带有小嘴的连接器，在小嘴上接软管。取样前应排除取样管路中及取样阀门内的空气和"死油"，所用的胶管应尽可能短，同时用设备本体的油冲洗管路（少油量设备可不进行此步骤）取油样时油流应平缓。取样用连接管必须专用，不准使用乙炔火焊的橡皮管作为取样时的连接管。

（4）用注射器取样时，最好在注射器和软管之间接一小型金属三通阀。如图 2-59 所示，按下述步骤取样。

将"死油"经三通阀排掉；转动三通阀使少量油进入注射器；转动三通阀并推压注射器芯子，排除注射器内的空气和油；转动三通阀使油样在静压力作用下自动进入注射器（不应拉注射器芯子，以免吸入空气或对油样脱气）。当取到足够的油样时，关闭三通阀和取样阀，取下注射器，用小胶头封闭注射器（尽量排尽小胶头内的空气）。整个操作过程应特别注意保持注射器芯子的干净，以免卡涩。

（5）油样保存和运输。油样应尽快进行分析，为避免气体逸散，油样保存期不得超过4天。在运输过程及分析前的放置时间内，必须保证注射器的芯子不卡涩。

油样都必须密封和避光保存，在运输过程中应尽量避免剧烈振荡油样和气样，空运时要避免气压变化的影响。

二、气体继电器放气取样

当气体继电器内有气体聚集时，应取气样进行色谱分析。这些气体的组分和含量是判断设备是否存在故障及故障性质的重要依据之一。

1. 取气样的容器

应使用经密封检查试验合格的玻璃注射器取气样。取样前应用设备本体油润湿注射器，以保证注射器滑润和密封。

2. 取气样的方法

取气样时应在气体继电器的放气嘴上套一小段乳胶管，乳胶管的另一头接一个小型金属三通阀与注射器连接（要注意乳胶管的内径与气体继电器的放气嘴及金属三通阀连接处密封），操作步骤和连接方法如图 2-59 所示。转动三通阀，用气体继电器内的气体冲洗连接管路及注射器（气量少时可不进行此步骤）；转动三通阀，排空注射器；再转动三通阀取气样。取样后，关闭放气嘴，转动三通阀的方向

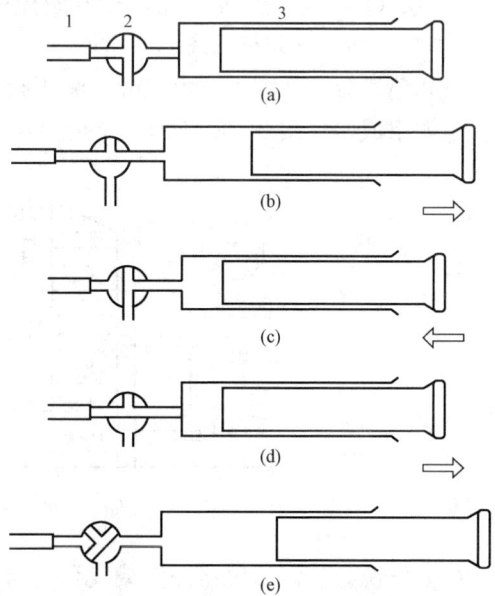

图 2-59　用注射器取样示意图

(a) 冲洗连接管路；(b) 冲洗注射器；(c) 排空注射器；
(d) 取样；(e) 取下注射器
1—连接器；2—三通阀；3—注射器

使之封住注射器口。把注射器连同三通阀和乳胶管一起取下来，然后再取下三通阀，立即改用小胶头封住注射器（尽可能排尽小胶头内的空气）。对继电器的取气管已引到地面的设备，要注意先排掉取气管内的油再取气样。

取气样时应注意不要让油进入注射器并注意人身安全。

3. 油样保存和运输

要求基本同油样，只是气样保存期应更短些。

三、油中溶解气体气相色谱的分析

（一）充油设备内部故障产生的气体

新绝缘油中溶解的气体主要是空气，也即 N_2（约占 70%）和 O_2（约占 28%）。浸绝缘油的电气设备在正常运行过程中，绝缘油和有机固体绝缘材料会逐渐老化，就会产生少量的 H_2、CO、CO_2 和微量的 CH_4（甲烷）、C_2H_6（乙烷）、C_2H_4（乙烯）和 C_2H_2（乙炔）等烃类气体，但这些气体的数量与故障产生的气体量相比要少得多。当变压器内部出现局部过热、局部放电等故障时，绝缘油或固体绝缘材料会发生分解，会产生大量的 H_2、CO、CO_2 和烃类气体。不同的绝缘材料、不同性质的故障，分解产生的气体成分和含量不同。因此通过分析油中溶解的气体的成分和含量及其随时间而增长的规律，就可以判断故障的性质、程度及其发展情况。

具体的分析对象为氢气（H_2）、甲烷（CH_4）、乙烷（C_2H_6）、乙烯（C_2H_4）、乙炔（C_2H_2）、一氧化碳（CO）、二氧化碳（CO_2）。

一般对丙烷（C_3H_8）、丙烯（C_3H_6）、丙炔（C_3H_4）三者统称为 C_3，不要求做分析。在计算总烃含量时，不计 C_3 的含量。如果已经分析出结果来，应做记录，积累数据。

氧气（O_2）、氮气（N_2）虽不做判断指标，但可为辅助判断，应尽可能分析。

（二）气相色谱分析系统

气相色谱分析系统主要由气源、减压阀及管道系统、脱气装置、净化器、色谱仪、工作站及电源组成，如图 2 - 60 所示。

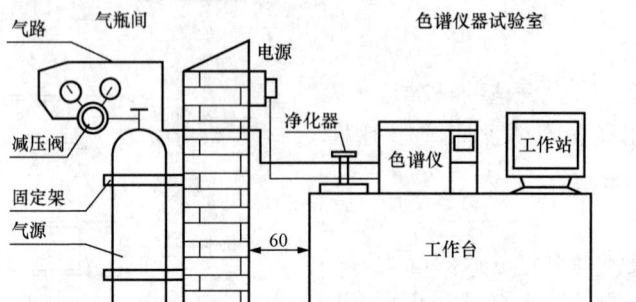

图 2 - 60　气相色谱分析系统

（1）气源。气源给仪器提供载气和辅助气体（N_2、H_2、He 及空气），一般可由高压气体钢瓶、气体发生器、无油空气压缩机等装置提供。

（2）色谱仪。气相色谱仪主要由色谱柱和鉴定器组成，色谱柱是把混合气体彼此分离并使同种气体汇集浓缩的关键部件，分离后的气体按相对固定的顺序先后流出色谱柱。检测器是将从色谱柱依次流出的气体所产生的非电量信号定量地转变成为电信号的重要计量元件，色谱仪的灵敏度和最小检测浓度主要取决于所用的鉴定器。非电量信号经鉴定器转变成电信号，由记录仪依次记录下来，形成一个有序的脉冲峰图，称为色谱图，如图 2 - 61 所示。色谱图上的每个脉冲代表一个气体组分，依据试样中各组分保留时间（出峰位置）进行定性分析或依据响应值（峰高或峰面积）对试样中各组分进行定量分析（浓度）。

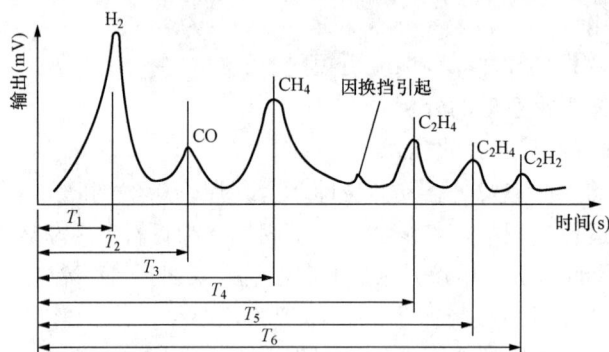

图 2 - 61　分析 6 种气体的色谱图

根据不同的情况，色谱仪工作流程有多种，图 2 - 62 所示为色谱仪流程图例子之一。

上述流程图方案为，一次进样，针阀调节分流比；TCD 监测 H_2、O_2（N_2）；FID1 监测烃类气体；FID2 监测 CO、CO_2。

色谱仪有氢火焰离子检测器 FID 和热导检测器 TCD 两类检测器。

氢火焰离子检测器 FID 将携带样品的载气 N_2 从色谱柱流出在氢气 H_2 火焰中燃烧，产

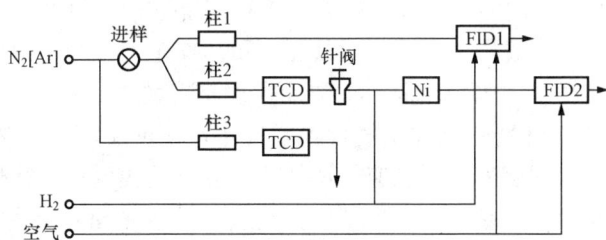

图 2 - 62　色谱仪流程图举例

生离子流。离子流在电极外电场的作用下，产生电流，电流流过间隙和测量电阻 R_2，在 R_2 两端产生压降 U_0，通过微电流放大器放大后，输出给记录仪，如图 2 - 63 所示。

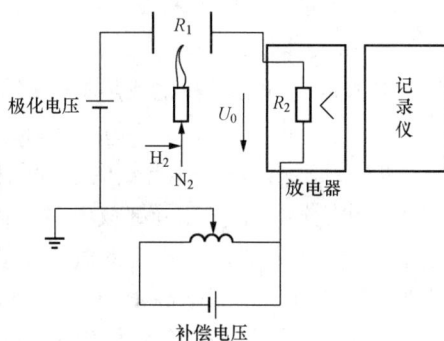

图 2 - 63　氢火焰离子检测器 FID 工作原理

　　FID 检测器电极间隙 R_1 相当于是个可变电阻，其大小取决于间隙内带电粒子的数量。当只有纯载气（实际工作中载气中存有有机物质和色谱柱流失的固定液等物质）经过电极间隙时，产生一个恒定的电流，这个恒定的电流称为基流或称为本底电流 I_b。补偿电压的作用是在输入端给定一个与 I_bR_b 相等、且极性相反的补偿电压，以使只有纯载气通过时放大器的输出为零。当载气中含有被测样品通过电极间隙时，组分分子被电离，电荷粒子数目急剧增加，使气体导电的可变电阻 R_1 减小，引起一个增加量 R_2，于是记录仪上绘出一个信号谱图。

　　氢火焰离子检测器正常工作需要三种气体，即氢气、空气、载气。

　　热导检测器 TCD 基于不同物质与载气之间有不同的热传导率，当不同物质流经池体时，由于热丝温度受到响应，阻值发生变化，使桥路失去平衡，由此输出信号。信号大小与被测物质浓度成函数关系，输出信号被记录，进行计算得出被测组分含量，热导检测器 TCD 的工作原理图如图 2 - 64 所示。

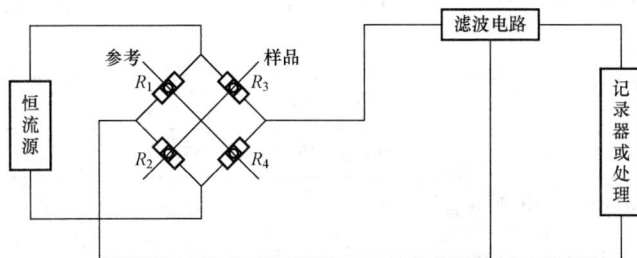

图 2 - 64　热导检测器 TCD 的工作原理图

　　热导检测器在我国一般都选用氢气做载气，从理论上讲氦比较合理，我国氦气资源缺乏，价格昂贵，非不得已都不采用；其他气体，如氮气、氩气，也常使用。

　　（3）工作站。装有软件分析系统，可用于参数的设置、数据分析及图形显示。

　　（4）脱气装置。当用于分析变压器油中气体时，应先将油中溶解的气体用脱气装置脱出，再送入气相色谱仪。常用的脱气方法有真空法和溶解平衡法两类。

真空法即变径活塞泵全脱气法是利用大气压与负压交替对变径活塞施力的特点（活塞的机械运动起了类似托普勒泵中水银反复上下移动多次扩容脱气、压缩集气的作用），借真空与搅拌作用并连续补入少量氮气（或氩气）到脱气室，使油中溶解气体迅速析出的洗脱技术。连续补入少量氮气（或氩气）可加速气体转移，克服了集气空间死体积对脱出气体收集程度的影响，提高了脱气率。基本上实现了以真空法为基本原理的全脱气。

溶解平衡法目前使用的是机械振荡方式。该方法的原理是在恒温条件下，油样在和洗脱气体构成的密闭系统内通过机械振荡，使油中溶解气体在气、液两相达到分配平衡。通过测试气相中各组分浓度，并根据平衡原理导出的奥斯特瓦尔德（OSTWALD）系数计算出油中溶解气体各组分的浓度。

（三）分析结果判断方法

1. 特征气体法

油和固体绝缘材料在电或热的作用下分解产生的各种气体中，对判断故障有价值的气体是 CO、CO_2、H_2、CH_4、C_2H_6、C_2H_4、C_2H_2，这些气体称为特征气体。CH_4、C_2H_6、C_2H_4 和 C_2H_2 这四种气体含量的总和则称为总烃。正常运行老化过程产生的气体主要是 CO 和 CO_2。油纸绝缘中存在局部放电时，油裂解产生的气体主要是 H_2 和 CH_4；在故障温度高于正常运行温度不多时，产生的气体主要是 CH_4；随着故障温度的升高，C_2H_4 和 C_2H_6 逐渐成为主要特征；当温度高于 1000℃时，如电弧放电的作用下，油裂解产生的气体中含有较多的 C_2H_2；当故障涉及固体绝缘材料时，会产生较多的 CO 和 CO_2。不同的故障类型产生的主要气体和次要特征气体见表 2-2。据此可初步判断故障类型。这种根据特征气体判断故障类型的方法称为特征气体法。

表 2-2　　　　　　　　　　　不同故障类型产生的气体组分

故障类型	主要气体组分	次要气体组分
油过热	CH_4，C_2H_4	H_2，C_2H_6
油和纸过热	CH_4，C_2H_4，CO，CO_2	H_2，C_2H_6
油纸绝缘中局部放电	H_2，CH_4，C_2H_2，CO	C_2H_2，C_2H_6，CO_2
油中火花放电	H_2，C_2H_2	
油中电弧	H_2，C_2H_2	CH_4，C_2H_4，C_2H_6
油和纸中的电弧	H_2，C_2H_2，CO，CO_2	CH_4，C_2H_4，C_2H_6

注　进水受潮或油中气泡可能使油中的 H_2 含量升高。

2. 油中溶解气体的注意值

各种充油电气设备油中气体含量的注意值见表 2-3。

当特征气体明显增加时，就应与导则规定的注意值进行比较。虽然各种气体的注意值不是划分设备有无故障的唯一标准，但是它可以说明设备应该加强监督，直到获得确切结论为止。事实证明，超过注意值的绝大多数设备内部都存在着不同程度的故障。因此，必须重视油中气体超过注意值的问题。各种充油电气设备油中气体含量的注意值见表 2-3。

表 2-3　　　　　　　　**各种充油电气设备油中气体含量的注意值**　　　　　单位：$\mu L/L$

设备	气体组分	含量			
		≥330kV	≤220kV	≥220kV	≤110kV
变压器和电抗器	总烃	150	150		
	乙炔	1	5		
	氢	150	150		
套管	甲烷	100	100		
	乙炔	1	2		
	氢	500	500		
电流互感器	总烃			100	100
	乙炔			1	2
	氢			150	150
电压互感器	总烃			100	100
	乙炔			2	3
	氢			150	150

表 2-3 中，影响电流互感器和电压互感器套管氢气含量的因素较多，有的氢气含量虽然低于表中的数值，但是若增加较快，也应引起注意；如无明显增加趋势，也可判断为正常。

3. 产气速率的注意值

应该说，仅根据油中特征气体含量的绝对值是很难对故障的严重性做出正确判断的，必须观察故障的发展趋势，也就是故障点的产气速率。产气速率大小与故障消耗能量大小、故障部位、故障点的温度等情况有关。

产气速率分为绝对产气速率和相对产气速率。

（1）绝对产气速率，即每运行日产生某种气体的平均值，其计算式为

$$\gamma_a = \frac{C_{i2} - C_{i1}}{\Delta t} \times \frac{G}{\rho} \tag{2-29}$$

式中　　γ_a——绝对产气率，mL/d；

　　　　C_{i2}——第二次取样测得油中某气体浓度，mL/L；

　　　　C_{i1}——第一次取样测得油中某气体浓度，mL/L；

　　　　Δt——两次取样时间间隔中的实际运行时间，d；

　　　　G——设备总油量；

　　　　ρ——油的密度，t/m^3。

变压器和电抗器绝对产气速率的注意值见表 2-4。

表 2-4　　　　　　　　**变压器和电抗器绝对产气速率的注意值**　　　　　单位：mL/d

气体分组	开放式	隔膜式	气体分组	开放式	隔膜式
总烃	6	12	一氧化碳	50	100
乙炔	0.1	0.2	二氧化碳	100	200
氢	5	10			

注　当产气速率到达注意值时，应缩短检查周期，进行追踪分析。

（2）相对产气速率，即每运行一个月（或折算到月），某种气体含量增加为原有值的百分数的平均值，其计算式为

$$\gamma_r(\%) = \frac{C_{i2} - C_{i1}}{C_{i1}} \times \frac{1}{\Delta t} \times 100 \qquad (2-30)$$

式中　γ_r——相对产气速率，%/d；

C_{i2}——第二次取样测的油中某气体浓度，mL/L；

C_{i1}——第一次取样测的油中某气体浓度，mL/L；

Δt——两次取样时间间隔中的实际运行时间，月。

相对产气速率也可以用来判断充油电气设备内部状况。总烃的相对产气率大于 10% 时，应引起注意，但总烃起始含量很低的设备不宜采用此判据。

应特别注意的是，有的设备油中某些特征气体的含量，若在短期内就有较大的增量，则即使尚未达到表 2-3 所列数值，也可判为内部有异常状况；有的设备因某种原因使含量基值较高，超过表 2-3 的注意值，但增长速率低于表 2-4 产气速率的注意值，则仍可认为是正常的。

4. 三比值法

三比值法是判断变压器或电抗器等充油电气设备故障性质的主要方法。取出 H_2、CH_4、C_2H_2、C_2H_4 和 C_2H_6 这五种气体的含量，分别计算 C_2H_2/C_2H_4、CH_4/H_2、C_2H_4/C_2H_6 这三对值，再将这三对值按表 2-5 所列规则进行编码，再按表 2-6 所列规则来判断故障的性质。

表 2-5　　　　　　　　　　　三比值法的编码规则

气体比值范围	比值范围的编码		
	C_2H_2/C_2H_4	CH_4/H_2	C_2H_4/C_2H_6
<0.1	0	1	0
0.1≤k<1	1	0	0
1≤k<3	1	2	1
k≥3	2	2	2

表 2-6　　　　　　　　　　用三比值法判断故障类型

编码组合			故障类型判断	故障实例（参考）
$\dfrac{C_2H_2}{C_2H_4}$	$\dfrac{CH_4}{H_2}$	$\dfrac{C_2H_4}{C_2H_6}$		
0	0	1	低温过热（低于 150℃）	绝缘导线过热，注意 CO 和 CO_2 含量和 CO_2/CO 值
	2	0	低温过热（150~300℃）	分接开关接触不良，引线夹件螺丝松动或接头焊接不良，涡流引起铜过热，铁心漏磁，局部短路，层间绝缘不良，铁心多点接地等
	2	1	中温过热（300~700℃）	
	0，1，2	2	高温过热（高于 700℃）	
	1	0	局部放电	高湿度，高含气量引起油中低能量密度的局部放电

续表

编码组合			故障类型判断	故障实例（参考）
$\dfrac{C_2H_2}{C_2H_4}$	$\dfrac{CH_4}{H_2}$	$\dfrac{C_2H_4}{C_2H_6}$		
1	0，1	0，1，2	低能放电	引线对电位未固定的部件之间连续火花放电，分接抽头引线和油隙闪络，不同电位之间的油中火花放电或悬浮电位之间的火花放电
2	0，1	0，1，2	电弧放电	线圈匝间、层间短路，相间闪络、分接头引线间油隙闪络、引线对箱壳放电、线圈熔断、分接开关飞弧、引线对其他接地体放电等
	2	0，1，2	电弧放电兼过热	

应用三比值法时应注意以下两点。

（1）只有根据气体各组分的注意值或气体增长率的注意值有理由判断设备可能存在故障时，才能通过计算三比值来进一步判断其故障性质。对气体含量正常且无增长趋势的设备，比值无意义。

（2）假如气体的比值与以前的不同，可能有新故障重叠在老故障或正常老化上。为了得到新故障的气体比值，要从最后一次分析结果中减去上一次的分析数据，并重新计算比值。

5．对一氧化碳和二氧化碳的判断

当故障涉及固体绝缘时，会引起 CO 和 CO_2 含量的明显增长。根据现有的统计资料，固体绝缘的正常老化与故障情况的劣化分解，表现在油中 CO 和 CO_2 含量上，一般没有严格的界限，规律也不明显。这主要是由于从空气中吸收的 CO_2、固体绝缘老化及油的长期氧化形成 CO 和 CO_2 的基值过高造成的。开放式变压器溶解空气的饱和量为 10%，这样，油中的 CO_2 浓度将以空气的比率存在。经验证明，当怀疑设备固体绝缘材料老化时，一般 $CO_2/CO>7$。当怀疑故障涉及固体绝缘材料时（高于 200℃），可能 $CO_2/CO<3$，必要时，应从最后一次的测试结果中减去上一次的测试数据，重新计算比值，以确定故障是否涉及固体绝缘材料。

（四）判断故障的步骤

（1）首先将气体分析结果中的总烃、乙炔、氢等主要数据与表 2-4 列出的注意值进行比较，还要注意产气速率的比较，若短期内各种气体含量迅速增加但未超过表 2-4 中的数据，也可判断为试品有异常情况发生。

（2）当认为产品内部有故障后，可用三比值法对故障的类型作出判断。

（3）当 CO 和 CO_2 有明显增长时，说明试品有内部故障，并且还涉及固体绝缘材料，此时应按照上面介绍的方法进行判断。

（五）关于气体继电器气体的分析判断

所有故障的产气率均与故障的能量释放紧密相关。对于能量较低、气体释放缓慢的故障（如低温热点或局部放电），所生成的气体大部分溶解于油中，就整体而言，基本处于平衡状态；对于能量较大（如铁心过热）造成故障气体发展较快，这些气体几乎没有机会与油中溶解气体进行交换，因而远没有达到平衡。如果长时间留在继电器中，某些组分，特别是电弧性故障产生的乙炔，很容易溶于油中，而改变继电器里的自由气体组分，以至于导致错误的判断结果。因此当气体继电器发出信号时，除应立即取气体继电器中的自由气体进行色谱分析外，还应同时取油样进行溶解气体分析，并比较油中溶解气体和继电器中的自由气体的浓度，用以判断自由气体与溶解气体是否处于平衡状态，进而可以判断故障的持续时间和气泡上升的距离。

当气体继电器内出现气体时，应将继电器内气样的分析结果按如下方法进行分析判断。

（1）把自由气体中各组分的浓度值乘以各组分的奥斯特瓦尔德系数 k，计算出平衡状况下油中溶解气体的理论值。

（2）如果理论值和油中溶解气体的实测值近似相等，可认为气体是在平衡条件下放出来的。这里有两种可能：一种是故障气体各组分浓度均很低，说明设备是正常的。应搞清这些非故障气体的来源及继电器报警的原因。另一种是溶解气体浓度略高于理论值则说明设备存在产生气体较缓慢的潜伏性故障。

（3）如果气体继电器内的自由气体浓度明显超过油中溶解气体浓度，说明释放气体较多，设备内部存在产生气体较快的故障。应进一步计算气体的增长率。

（4）判断故障类型的方法。原则上和油中溶解气体相同，但是如上所述，应将自由气体浓度换算为平衡状况下的溶解气体浓度，然后计算比值。

（5）根据上述结果以及其他检查性试验（如测量绕组直流电阻、空载特性试验、绝缘试验、局部放电试验和测量微量水分等）的结果，并结合该设备的结构、运行、检修等情况，综合分析，判断故障的性质及部位。根据具体情况对设备采取不同的处理措施（如缩短试验周期，加强监视，限制负荷，近期安排内部检查，立即停止运行等）。

（六）试验中的注意事项

（1）测试了气体浓度很高的油样后，应仔细清洗脱气容器，以防交叉感染。

（2）更换标气时，应在指定管理人员处备案，对使用计算机编程计算的，应及时重新输入标气浓度，以防计算错误。

（3）对超标的油样均应复查。

（4）提出的结论应该是说明性的和建设性的，不能使用指令性的结论。

【工程小知识 2】

变压器高压试验作业指导书

无间隙金属氧化物避雷器试验作业指导书（部分选摘）

1. 适用范围

本作业指导书适用于 35kV 及以上的油浸式变压器。

2. 引用文件

GB 1094.3—2003《电力变压器　第 3 部分　绝缘水平、绝缘试验和外绝缘空气间隙》

GB 50150—2006《电气装置安装工程　电气设备交接试验标准》

DL/T 574—2010《有载分接开关运行维修导则》

Q/GDW/Z-41-457—2008《重庆市电力公司电力设备状态评估试验规程》

3. 试验前准备

3.1　准备工作安排

序号	内　　　　　容	标　　准
1	根据试验性质，确定试验项目，组织作业人员学习作业指导书，使全体作业人员熟悉作业内容、作业标准、安全注意事项	不缺项、漏项
2	了解被试设备出厂和历史试验数据，分析设备状况	明确设备状况
3	根据现场工作时间和具体工作内容填写工作票、派工单	工作票、派工单填写正确
4	准备试验用仪器仪表，所用仪器仪表良好，有校验要求的仪表应在校验周期内	仪器良好

3.2　作业人员要求

序号	内　　　　　容
1	现场作业人员应身体健康、精神状态良好
2	具备必要的电气知识和高压试验技能，能正确操作试验设备，了解被试设备有关技术标准要求，能正确分析试验结果
3	熟悉现场安全作业要求，并经《安全规程》考试合格

3.3　仪器仪表和工具

序号	名　　　　称	单位	数量	备　　　　注
1	温湿度计	只	1	温度误差±1℃
2	绝缘电阻表	台	1	2500V，220kV 变压器试验时输出电流宜大于 5mA
3	直流发生器	台	1	输出电压高于试验电压，输出电流大于绕组的泄漏电流，通常在 0.5mA 以上，电压脉动系数小于 3%
4	介质损耗测试仪	台	1	介损测量准确度为 1%，电容量准确度为 0.5%
5	变压器直流电阻测试仪	台	1	0.2 级；120MVA 及以上变压器输出电流宜大于 20A；180MVA 以上变压器输出电流宜大于 40A
6	变压比测试仪	台	1	0.2 级
7	调压器	台	1	350kVA　0.4/0～0.5kV
8	变压器	台	1	315kVA　0.4/10.5kV
9	空气断路器	台	1	
10	10kV TV	台	2	10/0.1kV　0.2 级
11	10kV TA	台	2	0.2 级
12	试验变压器	套	1	根据试品变压器工频耐压试验电压值确定
13	保护电阻	只	1	
14	高压数显表	只	1	
15	毫安表	只	1	
16	试验电源线	根	若干	
17	导、地线	根	若干	

3.4　危险点分析及控制措施

序号	危险点分析	控制措施
1	作业人员进入作业现场不戴安全帽可能会发生人员伤害事故	进入试验现场，试验人员必须戴安全帽
2	作业人员进入作业现场可能会发生走错间隔及与带电设备保持距离不够情况	现场试验工作必须严格执行工作票制度、派工单制度、工作许可制度、工作监护制度、工作间断、转移和终结制度
		开始试验前，负责人应对全体试验人员详细说明在试验区应注意的安全注意事项
		在现场进行试验工作时，根据带电设备的电压等级，试验人员应注意保持与带电体的安全距离不应小于《安全规程》中规定的距离
3	试验现场不设安全围栏，会使非试验人员进入试验场地，造成触电	试验现场应装设遮栏或围栏，悬挂"止步，高压危险！"的标示牌，并有专人监护，严禁非试验人员进入试验场地
4	进行绝缘电阻测量后不对试品充分放电，会发生电击	为保证人身和设备安全，在进行绝缘电阻测量后应对试品充分放电
5	加压时无人监护，升压过程不实行呼唱制度，可能会造成误加压或非试验人员误入试验场地，造成触电	试验过程应有人监护并呼唱，试验人员在试验过程中注意力应高度集中，防止异常情况的发生。当出现异常情况时，应立即停止试验，查明原因后，方可继续试验
6	登高作业可能会发生高空坠落或瓷件损坏	工作中如需使用梯子等登高工具时，应做好防止瓷件损坏和人员高空摔跌的安全措施
7	试验设备接地不好，可能会对试验人员造成伤害	试验器具的金属外壳应可靠接地，试验仪器与设备的接线应牢固可靠
8	变更试验接线，不断开电源，可能会对试验人员造成伤害	变更接线或试验结束时，应首先将加压设备的调压器回零，然后断开电源侧隔离开关，并在试品和加压设备的输出端放电接地
9	现场新增危险点（具体见标准化作业卡）	控制措施（具体见标准化作业卡）

3.5　试验分工

序号	内容
1	仪器操作、原始数据记录人至少1名
2	试验接线人至少2名（吊芯试验时试验接线人可以为1名）

4. 试验程序

4.1　开工

序号	内　　容
1	作业负责人全面检查现场安全措施是否与工作票一致，是否与现场设备相符
2	作业负责人向工作人员交代作业任务、安全措施和注意事项，明确作业范围

4.2　试验项目和操作标准

序号	试验项目	试验方法	安全措施及注意事项	试验标准
1	绕组连同套管绝缘电阻、吸收比和极化指数	(1) 测量并记录环境温度和湿度，并记录变压器顶层油温平均值作为绕组绝缘温度； (2) 测量前应将被测绕组短路接地，将所有绕组充分放电； (3) 各非被测绕组短路接地，被测绕组各引出端短路，测量记录 15、60、600s 的绝缘电阻值； (4) 先断开测量线，关闭绝缘电阻表，被测绕组回路对地放电； (5) 测量其他绕组； (6) 测量采用 2500V 或 5000V 绝缘电阻表	(1) 绝缘电阻测量后应对试品充分放电； (2) 测量吸收比时应注意时间引起的误差； (3) 试验时设法消除表面泄漏电流的影响； (4) 准确记录顶层油温，因为变压器的绝缘电阻随温度变化而有明显的变化	(1) 尽量在油温低于 50℃ 时测量，不同温度下的绝缘电阻值一般可按下式换算 $R_2 = R_1 \times 1.5(t_1 - t_2)/10$（式中 R_1、R_2 分别为在温度 t_1、t_2 下的绝缘电阻值）； (2) 在 10～30℃ 范围内，吸收比不小于 1.3；极化指数不小于 1.5。吸收比和极化指数不进行温度换算。当吸收比低于 1.3 时，绝缘电阻不得低于 10000MΩ（注意值）； (3) 变压器电压等级为 220kV 及以上且容量为 120MVA 及以上时，宜采用 5000V 绝缘电阻表测量极化指数。当绝缘电阻大于 10000MΩ 时，极化指数可不作考核要求； (4) 绝缘电阻在耐压后不得低于耐压前的 70%（警示值）； (5) 与历年数值比较不低于 70%（警示值）
2	铁心、夹件绝缘电阻	(1) 使用 2500V 绝缘电阻表测量。记录 60s 的绝缘电阻值； (2) 关闭绝缘电阻表并将被测品放电	注意对试验完毕的试品必须充分放电	(1) 220kV 及以上者绝缘电阻一般不低于 1000MΩ，220kV 以下绝缘电阻一般不低于 100MΩ（20℃）（注意值）； (2) 与历年比较结果下降很多，应查明原因

序号	试验项目	试验方法	安全措施及注意事项	试验标准
3	绕组连同套管的 $\tan\delta$ 及其容量	（1）试验前应将变压器套管外绝缘清扫干净； （2）测量并记录顶层油温及环境温度和湿度； （3）按照仪器接线图连接试验线路（参照各介损测试仪试验接线），测量时根据试品的接地状况选择正接线或反接线。在有干扰时应设法排除以保证测量结果的可靠性。试验中被测绕组短接，各非被测绕组短路接地； （4）按照各介损测试仪操作说明进行试验 试验电压：10kV	（1）应注意测试高压线的对地绝缘问题； （2）仪器应可靠接地	（1）尽量在油温低于50℃时测量，不同温度下的 $\tan\delta$ 值一般可用公式 $\tan\delta_2 = \tan\delta_1 \times 1.3(t_2-t_1)/10$ 换算（式中 $\tan\delta_1$、$\tan\delta_2$ 分别为在温度 t_1、t_2 下的 $\tan\delta$ 值）； （2）20℃时 $\tan\delta$ 不大于下列数值（注意值）：500kV 为 0.5%；110～220kV 为 0.8%；35kV 及以下为 1.5%； （3）交接时应测量变压器绕组的 $\tan\delta$，并作为该设备原始记录，以后试验应与原始值比较，应无明显变化（一般不大于30%），如实测介损值未超过 0.5%，则不用比较，即可下合格结论； （4）同一变压器各绕组 $\tan\delta$ 应基本一致； （5）其电容量与交接或检修前后比较有明显变化时，应查明原因
4	绕组连同套管的直流泄漏电流	（1）变压器各绕组引线断开，将试验高压引线接至被测绕组，其他非被测的绕组短路接地； （2）保证所有试验设备、仪表仪器接线正确、指示正确； （3）记录顶层油温及环境温度和湿度； （4）试验前应先空载分段加压至试验电压以检查试验设备绝缘是否良好、接线是否正确； （5）将直流电源输出加在试品变压器绕组上，测量时，加压到 0.5 倍试验电压，待 1min 后读取泄漏电流值。然后加压到试验电压，待 1min 后读取泄漏电流值； （6）被测绕组试验完毕，将电压降为零，切断电源，必须充分放电后再进行其他操作； （7）试验电压一般如下：（单位 kV） 表格见下	（1）高压引线应使用屏蔽线以避免引线泄漏电流对结果的影响，高压引线不应产生电晕； （2）微安表应在高压端测量； （3）负极性直流电压下对绝缘的考核更严格，应采用负极性； （4）如果泄漏电流异常，应首先考虑环境的影响； （5）升降电压时速度不应过快	（1）由泄漏电流换算成的绝缘电阻值应与绝缘电阻表所测值相近； （2）任一级试验电压时，泄漏电流的指示不应有剧烈摆动； （3）与前一次测试结果相比应无明显变化； （4）试验电压及泄漏电流最大容许值标准参见《重庆市电力公司电力设备状态评估试验规程》相关规定

绕组额定电压	3	6～10	20～35	110～220	500
直流试验电压	5	10	20	40	60

续表

序号	试验项目	试验方法	安全措施及注意事项	试验标准
5	工频耐压试验	（1）用交流耐压试验装置对变压器进行工频耐压试验，容量应足够，波形应是正弦波，频率应是工频； （2）试验电压按出厂试验电压值的0.80倍，时间60s； （3）升压必须从零开始，升压速度在40%试验电压内不受限制，其后应按每秒3%的试验电压均匀升压； （4）交流耐压前后应测量绝缘电阻和吸收比，两次测量结果不应有明显差别； （5）非试品线圈需短路接地，并接入保护电阻，直接在高压侧测量； （6）加压侧三相与中性点短接	（1）此项试验属破坏性试验，必须在其他绝缘试验完成后进行； （2）变压器应充满合格的绝缘油，静置时间应满足以下要求： 500kV>72h 220kV>48h 110kV及以下>24h （3）接线必须正确，加压前应仔细进行检查，保持足够的安全距离，调压器回零，并进行空升； （4）试验可根据试验回路的电流表、电压表的突然变化，控制回路过流继电器的动作，试品放电或击穿的声音进行判断； （5）如试验中发生放电或击穿时，应立即降压，查明故障部位	（1）被试设备一般经过交流耐压试验，在规定的持续时间内不发生击穿，耐压前后绝缘电阻不降低30%，取耐压前后油样做色谱分析正常，则认为合格；反之，则认为不合格； （2）在试验过程中，若空气湿度、温度或表面脏污等的影响，仅引起表面滑闪放电或空气放电，应经过清洁和干燥等处理后重新试验；如由于瓷件表面釉层损伤或老化等引起放电（如加压后表面出现局部红火），则认为不合格； （3）电流表指示突然上升或下降，有可能是变压器被击穿； （4）在升压阶段或持续时间阶段，如发生清脆响亮的"当、当"放电声音，像用金属物撞击油箱的声音，这是由于油隙距离不够或是电场畸变引起绝缘结构击穿，此时伴有放电声，电流表指示发生突变。当重复进行试验时，放电电压下降不明显。如有较小的"当、当"放电声音，表计摆动不大，在重复试验时放电现象消失，往往是由于油中有气泡； （5）如变压器内部有炒豆般的放电声，而电流表指示稳定，这可能是由于悬浮的金属件对地放电

4.3 原始记录与正式报告

序号	内　　容
1	原始记录的填写要字迹清晰、完整、准确，不得随意涂改、不得留有空白
2	当记录表格出现某些"表格"确无数据记录时，可用"/"表示此格无数据
3	若确属笔误，出现记录错误时，允许用"单线划改"，并要求更改者在更改旁边签名
4	原始记录及试验报告应按规定存档

4.4　竣工

序号	内　　容
1	拆除试验临时电源接线
2	检查被试设备上无遗留工器具和试验用导地线
3	将被试设备的一、二次接线恢复正常
4	清点工具，清理试验现场，拆除安全围栏
5	向运行人员通报被试设备试验结果
6	办理工作票终结手续

变压器高压试验标准化作业卡

变电站名				运行编号	
试验时间		试验负责人		监护人 （工作需要时设置）	
仪器操作人		原始数据记录人		试验接线人	

项目	√	序号	内　　容	责任人签字
试验准备		1	根据试验作业指导书明确试验内容，熟悉试验项目	
		2	根据试验作业指导书准备试验仪器仪表及工具	
		3	根据试验作业指导书进行危险点分析，并采取相应措施进行控制	
		4	现场新增危险点： 控制措施：	
		5	根据现场工作时间和工作内容正确填写工作票、派工单	
试验过程		1	根据作业指导书进行试验开工交代	
		2	根据试验性质确定试验项目，按照作业指导书的试验程序及操作标准进行试验	
		3	按照作业指导书要求进行原始记录填写	
试验终结		1	按照作业指导书竣工要求进行检查	
		2	对于短接了二次线的套管式电流互感器应派专人进行检查	
		3	工作人员清理作业现场并撤离工作现场	
试验总结		1	试验结果	
		2	存在问题及处理意见	

思　考　题

2-1　什么是电气设备的绝缘预防性试验？它包括哪两大类？各有什么特点？二者有何关系？

2-2　何为绝缘电阻、吸收比和极化指数？测量绝缘电阻时为什么记录温度？

2-3　画出变压器套管对末屏的绝缘电阻试验接线（考虑屏蔽）和双绕组变压器高压绕组对低压绕组及地的绝缘电阻的测试接线图。

2-4　试评价绝缘电阻和吸收比（或极化指数）测试的效果，试验结果分析判断的原则是什么？

2-5 绝缘的直流泄漏电流和绝缘电阻试验有何异同？直流耐压试验和交流耐压试验相比有何特点？

2-6 画出直流高压试验的两种接线，它们分别应用于什么场合？说明图中各元件的作用。

2-7 直流高压试验所用的直流电源常见的有哪几种？提供的直流高压分别是多少？

2-8 直流高电压的测量方法有哪几种？测量的分别是何种电压？

2-9 影响直流泄漏电流的因素有哪些？

2-10 通过测量介质损失角正切 $\tan\delta$ 可发现哪些缺陷？

2-11 写出西林电桥测试绝缘介质损失角正切 $\tan\delta$ 的公式。画出其正接线测量原理图和反接线测量原理图，它们分别适用于何种场合？

2-12 简述 QJS-D 型数字式介质损耗测试仪测试原理。

2-13 测试介质损失角正切 $\tan\delta$ 时，采取哪些措施能提高测试精确度？

2-14 何为局部放电？它对绝缘有何影响？

2-15 何为真实放电量和视在放电量？为什么工程上通常是测量视在放电量而非真实放电量？

2-16 画出局部放电试验的三种基本测量回路原理图，并说明它们分别适用于什么场合？简述它们的基本测量原理。

2-17 何为局部放电的定标校正？用示波器与放电量表测量局部放电时的方波校正法有哪些？

2-18 局部放电试验结果如何判断绝缘状况？

2-19 交流耐压试验的目的是什么？耐压试验的时间通常为多少？

2-20 画出工频耐压试验的接线原理图，并说明各部件的作用。

2-21 高压试验变压器的特点有哪些？怎样选择试验变压器？为什么有时需要串级试验变压器？

2-22 串联谐振耐压试验中，产生谐振高压的方法有哪些？串联谐振耐压试验有何特点？

2-23 交流耐压试验时，交流高压测量的方法有哪些？

2-24 怎样利用耐压试验结果对绝缘状况进行分析判断？

2-25 变压器感应耐压试验的目的是什么？对试验电压和时间有何规定？

2-26 画出分级绝缘变压器 1.5 相试验时，试验 A 相的接线示意图。

2-27 冲击耐压试验的目的是什么？冲击高电压有哪些测量方法？

2-28 画出雷电冲击耐压试验的接线原理图。

2-29 绝缘油气相色谱分析的目的是什么？

2-30 绝缘油取样的主要要求有哪些？

2-31 油中溶解气体气相色谱分析的具体对象有哪些气体？

2-32 色谱仪由哪两个部分组成？它们的作用分别是什么？简述色谱图的含义。

2-33 绝缘油特征气体有哪些？不同的故障类型，绝缘油会产生哪些主要气体组分和次要气体组分？什么时候，绝缘油中 CO 和 CO_2 含量会明显增长？

2-34 何为绝缘油气相色谱的三比值法？

2-35 对于运行中的设备，用气相色谱法判断故障的步骤是怎样的？

学习情境3 电力系统过电压防护

子情境 3.1 防雷设备认知

3.1.1 雷电的模型

【学习任务】 通过介绍雷电放电现象和雷电参数，了解雷电放电过程、雷电过电压类型和雷电特性参数，建立雷电模型，为后续任务服务。

雷电是大自然中常见的一种物理现象，是在大气中发生强烈闪光伴着巨大隆隆爆炸声响的自然现象。雷电放电所产生的雷电流高达数十至数百千安，从而引起巨大的电磁效应、机械效应和热效应，危及人类及动物的生命安全、引发森林和油库大火、毁坏建筑物和电气设备、在电力系统中导致绝缘事故等。

对电力系统来说，雷电放电可能在系统中产生很高的过电压，称为雷电过电压或大气过电压。如果对其不加以限制，将造成输配电线路和发电厂、变电站电气设备的绝缘故障，从而引起停电事故。

那么，大气中雷电现象是如何产生的？雷电流的特征是什么？它在大气中是怎样传播的呢？

雷电形成过程
知识讲解视频

一、雷电概述

雷电放电是一种气体放电现象（如图 3-1 所示），与实验室的长间隙火花放电有着某些共同之处。但由于雷电路径往往达数千米，是一种超长间隙的火花放电，而且作为电极的雷云，它不是一个金属极板，因此，雷电又不同于实验室中的长间隙火花放电，它具有多次重复雷击等现象和特点。

图 3-1 雷电现象

在雷雨季节里，太阳使地面部分水分汽化，同时地面空气受到热地面的作用变热上升，成为热气流。由于太阳几乎不能直接使空气变热，所以每上升 1km，空气温度约下降 10℃。上升的热气流遇到高空的冷空气时，水蒸气会凝结成为小水滴而形成热雷云。此外，水平移动的冷气团或暖气团，在其前锋交界面上也会因冷气将湿热的暖气团抬高而形成面积极大的锋面雷云。云中水滴被强气流吹裂时，较大的水滴带正电荷，较小的水滴带负电荷，小水滴同时被气流携走；另外，云中水滴在凝结时，冰粒会带正电荷，没有结冰的水滴将会带负电荷。于是，云的各部分就带有不同的电荷。雷云带电的过程是综合性的，也可能和水滴吸收离子、相互撞击或碰合的过程有关。

根据实测结果，在 5~12km 高度的雷云主要是带正电荷，在 1~5km 高度的雷云主要是带负电荷。雷云中的电荷分布常常是非常不均匀的，通常形成多个电荷密集中心。实测表明：当云中某一电荷密集中心处的场强达到 25~30kV/cm 时，就可能引发雷电放电。雷云

放电主要是在云间或云内进行，只有小部分是对地发生的，但对地放电危害最大。根据雷电放电的次数和放电的电荷总量来说，$75\%\sim90\%$ 左右的雷电流是负极性的。雷电有多种放电方式，例如，线状雷电、片状雷电和球状雷电。以下主要研究放电方式最多的线状雷电的云—地之间的放电，因为电力系统中的绝大多数雷电事故都是这种情况造成的。

云—地之间的放电过程，尤其是先导放电向主放电的转变过程，与防雷保护有很大关系。如雷击塔顶时塔顶电位的大小，地线的保护作用等，都与放电过程密切相关。

根据云—地之间线状雷电的光学照片，如图 3-2 所示，由此可了解雷电放电的一般过程，一般一次雷击包括先导、主放电和余光三个阶段。

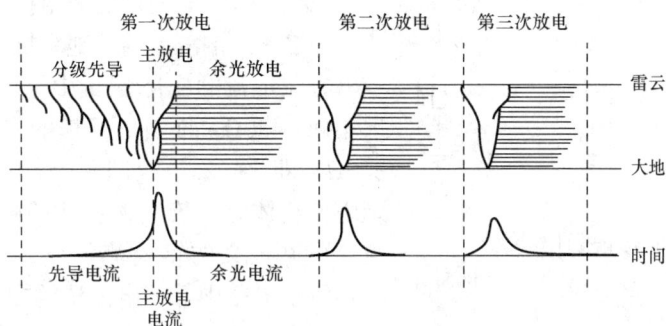

图 3-2　雷电放电的发展过程

从雷云下部伸出微弱发光的放电通道向地面的发展是分级推进的，且是逐级向下推进的，每一级的长度为 $25\sim50$m，停歇时间为 $30\sim90\mu s$，下行的平均速度约为 $0.1\sim0.8$m$/\mu s$，其平均发展速度较慢，出现的电流并不大，仅有数十至数百安，此过程称为先导放电过程。先导通道导电性能良好，因此带有与雷云同极性的多余电荷。雷云与先导在地面上感应出异号电荷。当先导接近地面时，会从地面较突起的部分发出向上的迎面先导（也称迎面流注），当不同极性的下行先导和迎面先导相通时，就产生强烈的电荷中和过程，伴随雷鸣和闪电，出现极大的电流（数十至数百千安），这就是主放电阶段。主放电的时间极短，只有 $50\sim100\mu s$，放电发展速度为 $50\sim100$m$/\mu s$。主放电过程是逆着下行先导由下向上发展的，离开地面越高速度越小。主放电过程达到云端时，主放电过程就结束了。在主放电过程结束后，云中残余电荷经过主放电通道流向大地，这一阶段称为余光（余辉）阶段。由于云中的电阻较大，电流不大（约数百安），持续时间较长，约为 $0.03\sim0.15$s。云中的多余电荷主要是在这一阶段泄入大地的。

雷云中一般有多个电荷密集中心。由某一个电荷中心开始的先导放电到达地面后，它的电位变成零电位，此时其他电荷中心与这个电荷中心之间形成很大的电位差，利用已经存在的原主放电通道又发生对地放电，造成多重雷击，两次放电时间间隔约为 0.03s。由于原放电路径已经游离，所以第二次及以后的放电中先导是连续发展的。一般有 $30\%\sim80\%$ 的雷暴至少有第二次重复雷击，第二次及以上的主放电电流一般较小，不超过 30kA。

二、雷电放电的计算模型

雷击地面物体时，在雷电的主放电过程中，地面上感应的异号电荷沿主放电通道迅速与先导通道中的电荷发生中和，使被击物上流过幅值很高的雷电流 i_Z，所以雷电的主放电过程相当于在雷击点与大地零电位参考点之间突然接入了一个电流源。

研究表明，i_Z 的大小不仅与被击物的阻抗有关，还与雷电通道的波阻抗 Z_0、主放电的发展速度及先导通道中的电荷密度有关。若被击物的阻抗（指雷击点与大地零电位参考点之间的阻抗）为零时通过被击物的电流为 i（该电流大小为 2 倍波电流 i_0），则被击物的阻抗为任意值 Z 时通过被击物的雷电流 i_Z，可由图 3-3（a）所示的等值电路求得，即

$$i_Z = i_0 \frac{Z_0}{Z_0 + Z} \approx i \qquad (3-1)$$

式中　i_0——波电流；

　　　Z_0——雷电通道的波阻抗；

　　　Z——雷击点的接地阻抗。

在雷电流的实际测量中，雷击点的阻抗 Z 一般不超过 30Ω，而雷电通道的波阻抗 Z_0 通常取为 300Ω，即 $Z \ll Z_0$，故国际上都习惯把雷击于低接地阻抗物体时，流过该物体的电流 i_Z 定义为雷电流。可见定义的雷电流 $i_Z \approx i$，它也就是图 3-3（a）所示电路中等值电流源的电流值。

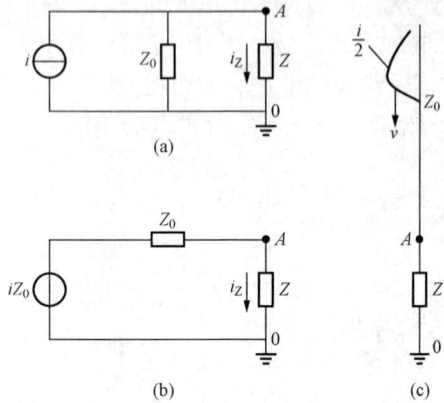

图 3-3　雷电放电的计算模型
（a）电流源等值电路；（b）电压源等值电路；（c）计算模型

雷电冲击波具有波的传导特性。输电线路受到雷击后，产生的雷电冲击会向输电线路两侧流动传播，雷电波在传导过程中到达节点后，还会发生折射和反射现象，如图 3-4 所示。

雷电波沿架空线传播的速度与光速（3×10^8 m/s）相同，而在电缆中传播的速度约为光速的 $1/3 \sim 1/2$。波阻抗表征的是沿导线传播的电压冲击波和电流冲击波之间的动态关系，与线路长度无关。雷电入射波到达线路末端节点处会发生全反射，线路的开路末端电压将增大至雷电行波电压的 2 倍，严重威胁线路的绝缘安全，必须设置避雷器等防雷保护措施。

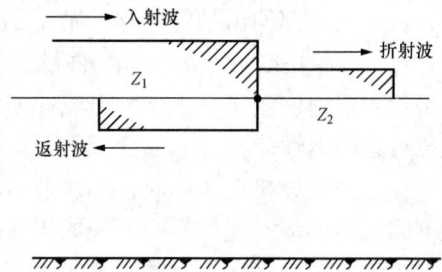

图 3-4　雷电波的折射与反射

三、雷电参数

对雷电过电压计算和防雷设计有重要影响的雷电参数主要有以下几个。

1. 雷电流的幅值及雷电流幅值的概率分布

在防雷设计中，一般取雷电通道的波阻抗 Z_0 为 300Ω。实际测量雷电流时，接地阻抗 $Z < 20$Ω。雷电流幅值 I 是表示雷电强度的指标，是最重要的雷电参数。雷电流幅值和雷云中的电荷多少有密切关系。雷击任一物体时，流过它的电流值与其波阻抗有关，波阻抗越小，流过的电流越大。雷电流幅值 I 是根据实测数据经整理得出

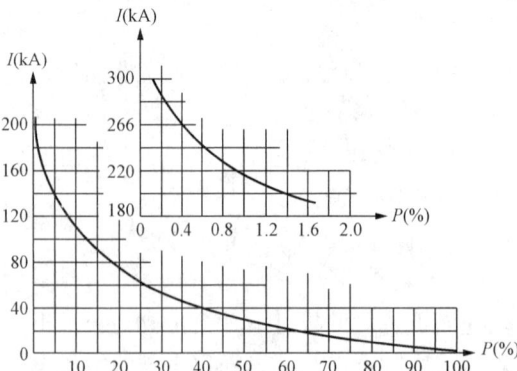

图 3-5　我国雷电流幅值概率曲线

的结果，图 3-5 所示曲线为我国目前在一般地区使用的雷电流幅值超过 I 的概率曲线。按我国标准 DL/T 620—1997《交流电气装置的过电压保护和绝缘配合》中推荐，在年平均雷暴日大于 20 的地区，雷电流幅值 I 的概率曲线可计算为

$$\lg P = -\frac{I}{88} \qquad (3-2)$$

式中　I——雷电流幅值，kA；

　　　P——雷电流幅值超过 I 的概率。

2. 雷电流的波前时间和半峰值时间

实测表明，雷电流的波前时间大多在 $1 \sim 4\mu s$ 的范围内，平均 $2 \sim 2.5\mu s$。我国在防雷保护设计中建议波前时间采用 $2.6\mu s$。雷电流的半峰值时间，据统计在 $20 \sim 100\mu s$ 范围之内，平均约为 $50\mu s$，大于 $50\mu s$ 的仅占 $18\% \sim 30\%$。故在防雷保护计算中，雷电流的波形可以采用 $2.6/50\mu s$。

3. 雷电流的陡度

由于雷电流的波前时间变化范围不大，所以雷电流陡度和幅值必然密切相关。我国采用 $2.6\mu s$ 的固定波前时间，认为雷电流的平均陡度 a 和幅值线性相关，即

$$a = \frac{I}{2.6} \quad (\text{kA}/\mu s) \qquad (3-3)$$

也就是幅值较大的雷电流同时具有较大的陡度。

4. 雷电流的波形

国内外实测结果表明，$75\% \sim 90\%$ 的雷电流是负极性，加之负极性的冲击过电压波沿线路传播时衰减小，因此，电气设备的防雷保护中一般均按负极性进行分析研究。电力系统防雷计算中，要求将雷电流波形典型化，可用公式表达，以便于计算。常用的等值波形有三种，如图 3-6 所示。

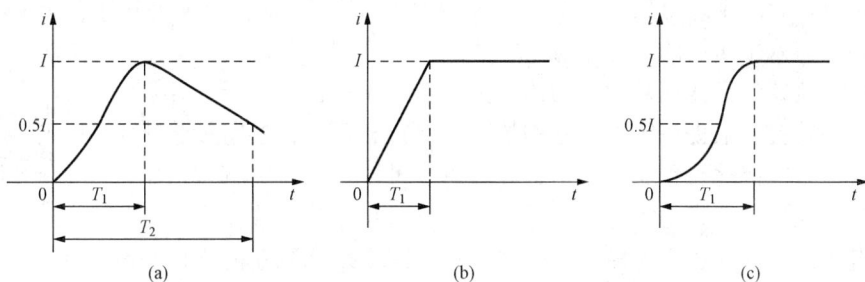

图 3-6　雷电流的等值计算波形
(a) 双指数波；(b) 斜角平顶波；(c) 半余弦波

图 3-6（a）是标准冲击波，它可表示为 $i = I_0(e^{-\alpha t} - e^{-\beta t})$ 的双指数函数波形。式中 I_0 为某一大于雷电流幅值 I 的电流值，α、β 是两个常数，t 为作用时间。

图 3-6（b）所示为斜角平顶波，其陡度 $a = \dfrac{I}{T_1}$ 可由给定的雷电流幅值 I 和波前时间 T_1 决定。在防雷保护计算中，雷电流波头 T_1 采用 $2.6\mu s$，这样，a 可取为 $\dfrac{I}{2.6}\text{kA}/\mu s$。

图 3-6（c）所示为半余弦波，雷电流波形的波头部分的表达式为

$$i = \frac{I}{2}(1 - \cos\omega t) \tag{3-4}$$

式中　I——雷电流幅值，kA；

　　　ω——角频率，由波头时间 T_1 决定，$\omega = \pi/T_1$。

这种等值波形多用于分析雷电流波头的作用，采用半余弦函数波头计算雷电流通过电感支路所引起的压降时比采用斜角波头时的要严格，设计结果偏于安全。此时最大陡度出现在波前中间，即 $t = T_1/2$ 处，其值为

$$a_{\max} = \left(\frac{\mathrm{d}i}{\mathrm{d}t}\right)_{\max} = \frac{I\omega}{2} \tag{3-5}$$

对一般线路杆塔来说，用半余弦波头计算雷击塔顶电位与用斜角波计算的结果非常接近，因此，只有在设计特殊高杆塔时，才用半余弦波头来计算。

避雷针如何
保护动画

避雷器认知
讲解视频

3.1.2　避雷针、避雷线的保护范围

【学习任务】　通过学习避雷针、避雷线保护范围的计算方法，了解并掌握避雷针、避雷线保护范围的设计和验证原则。

通常将雷电流引起的电力系统过电压称为大气过电压，也称雷电过电压。依据雷电过电压产生的原因，将其分为直击雷过电压和感应雷过电压两种。直击雷过电压是由雷电直接击中杆塔、避雷线或导线等物体时，流经被击物的大电流引起的过电压，会破坏电工设施绝缘，引起短路接地故障。感应雷过电压是雷闪击中电气设备附近地面，在放电过程中由于空间电磁场的急剧变化而使未直接遭受雷击的电气设备（包括二次设备、通信设备）上感应出的过电压。运行经验表明，直击雷过电压幅值可达上百万伏，对电力系统设备是有危害的，必须加以防范。感应雷过电压一般不会超过 500kV，因此只对 35kV 及以下的线路会造成雷害。因此，电力系统防雷的重点是直击雷防护。

防雷保护装置是指能使被保护物体避免雷击，而引雷于本身，并顺利地泄入大地的装置。电力系统中最基本的防雷保护装置有：避雷针、避雷线、避雷器和防雷接地装置等。避雷针和避雷线可以防止雷电直接击中被保护物体，因此也称为直击雷防护，避雷器可以防止沿输电线侵入变电站的雷电过电压波，因此也称为侵入波防护装置；防雷接地装置的作用是减少避雷针（线）或避雷器与大地（零电位）之间的电阻值，以达到降低雷电过电压幅值的目的。详见 3.1.3 所述。

避雷针、避雷线的
保护范围讲解视频

直击雷防护是防止雷闪直接击在建筑物、构筑物、电气网络或电气装置上。直击雷防护技术主要是保护建筑物本身不受雷电损害，以及减弱雷击时巨大的雷电流沿着建筑物泄入大地的过程中对建筑物内部空间产生影响的防护技术，是防雷体系的第一部分。

直击雷防护技术以避雷针、避雷线、避雷网、避雷带为主，其中避雷针是最常见的直击雷防护装置。一般用于保护发电厂和变电站的避雷针，可根据不同情况或装设在配电构架，或独立架设。避雷线主要用于保护线路，架设在线路三相导线的上方，也可用于保护发电站、变电站。当雷云放电接近地面时它使地面电场发生畸变，在避雷针（线）的顶端，形成

局部电场强度集中的空间，以影响雷电先导放电的发展方向，引导雷电向避雷针（线）放电，再通过接地引下线和接地装置将雷电流引入大地，从而使被保护物体免遭雷击。避雷针冠以"避雷"二字，仅仅是指其能使被保护物体避免雷害，而其作用恰恰是"引雷"以便释放。

避雷带是用圆钢或扁钢做成的长条带状体，常装设在建筑物易受直接雷击的部位，如屋脊、屋檐（有坡面屋顶）、屋顶边缘及女儿墙或平屋面上。避雷带应保持与大地良好的电气连接，当雷云的下行先导向建筑物上的这些易受雷击部位发展时，避雷带率先接闪，承受直接雷击，将强大雷电流引入大地，从而使建筑物得到保护。这是一种对建筑物上易受雷击部位进行重点保护的措施，目前已广泛应用于普通民用建筑物和古建筑物的防雷保护。避雷网实际上相当于纵横交错的避雷带叠加在一起，在建筑物上设置避雷网可以实施对建筑物的全面防雷保护。

一、避雷针

避雷针外形如图 3-7 所示，包括接闪器（避雷针的针头）、引下线和接地体三个部分。接闪器可用直径为 10～12mm 的圆钢，引下线可用直径为 6mm 的圆钢，接地体一般可用多根 2.5m 长的 40mm×40mm×40mm 的角钢打入地中再并联后与引下线可靠连接。

避雷针（线）的保护原理是：当雷电先导放电接近地面时，在避雷针（线）的顶端形成局部强电场空间，以影响先导放电的发展方向，引导先导放电向避雷针（线）的顶端发展。虽然避雷针（线）的高度高于被保护物体（一般为 20～30m），但在雷云—大地这个高达几千米、方圆几十千米的大电场内的影响却是很有限的。所以在雷电放电的开始阶段，先导是随机地向任意方向发展，不受地面物体的影响。只有当先导放电向地面发展到距地面某一高度 H 以后，它才会在一定范围内受到避雷针（线）的影响，从而向避雷针（线）放电。这个高度 H 称为定向

图 3-7　避雷针

高度，它与避雷针的高度 h 有关。根据模拟试验的结果，当 $h \leqslant 30m$ 时，$H \approx 20h$；当 $h > 30m$ 时，$H \approx 600m$。

避雷针（线）的保护范围是指被保护物在此空间范围内不致遭受雷击，此范围是由模拟试验确定的。保护范围只具有相对的意义，不能认为在保护范围内的物体就完全不受雷直击，在保护范围外的物体就完全不受保护。因此，为保护范围规定了一个绕击率。所谓绕击是指雷电绕过避雷装置而击于被保护物体的现象。我国标准 DL/T 620—1997 中使用的避雷针（线）保护范围的计算方法，是根据雷电冲击小电流下的模拟试验研究确定的，并以多年运行经验做了校验，绕击率按 0.1%确定的。实践证明，此雷击概率是可以接受的。

1. 单支避雷针的保护范围

单支避雷针的保护范围如图 3-8 所示。避雷针在地面上的保护半径，应按下式计算

$$r = 1.5hP \tag{3-6}$$

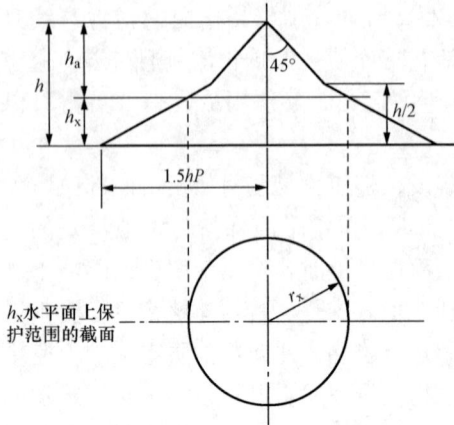

图 3-8　单支避雷针的保护范围

式中　r——保护半径，m；

　　　　h——避雷针的高度，m；

　　　　P——高度影响系数，其值与避雷针高度 h 相关，即 $h \leqslant 30\text{m}$，$P=1$；当 $30\text{m} < h \leqslant 120\text{m}$ 时，$P = \dfrac{5.5}{\sqrt{h}}$；当 $h > 120\text{m}$ 时，P 值按 120m 计算。

在被保护物高度 h_x 水平面上的保护半径应按下述方法确定。

（1）当 $h_x \geqslant \dfrac{h}{2}$ 时

$$r_x = (h - h_x)P = h_a P \qquad (3-7)$$

式中　r_x——避雷针在 h_x 水平面上的保护半径，m；

　　　　h_x——被保护物的高度，m；

　　　　h_a——避雷针的有效高度，m。

（2）当 $h_x < \dfrac{h}{2}$ 时

$$r_x = (1.5h - 2h_x)P \qquad (3-8)$$

2. 两支等高避雷针的保护范围

两支等高避雷针的保护范围如图 3-9 所示。

两针外侧的保护范围应按单支避雷针的计算方法确定。由于两支避雷针的相互屏蔽效应，两避雷针中间部分的保护范围要比两支单避雷针的范围之和大得多。两针间的保护范围应按通过两针顶点及保护范围上部边缘最低点 O 的圆弧确定。圆弧的半径为 R_0'，如图 3-9 所示，O 点高度的计算式为

$$h_0 = h - \dfrac{D}{7P} \qquad (3-9)$$

式中　h_0——两针间保护范围上部边缘最低点高度，m；

　　　　D——两避雷针间的距离，m。

两针间 h_x 水平面上保护范围的一侧最小宽度 b_x 的计算式为

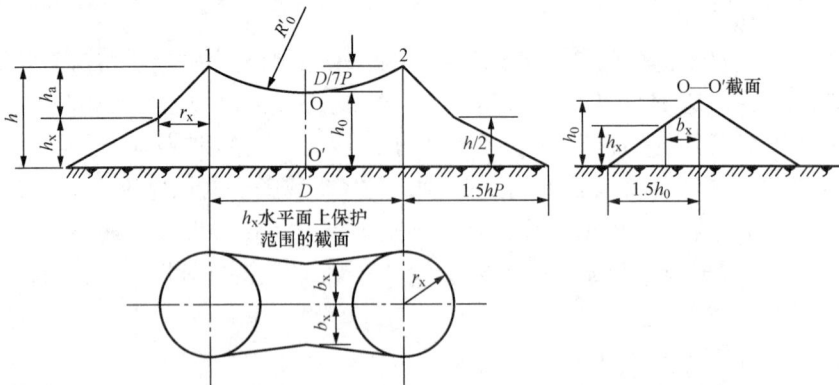

图 3-9　两支等高避雷针的保护范围

当 $h_x \geqslant \dfrac{h}{2}$ 时

$$b_x = (h_0 - h_x) \tag{3-10}$$

当 $h_x < \dfrac{h}{2}$ 时

$$b_x = 1.5(h_0 - h_x) \tag{3-11}$$

当 $D = 7h_a P$ 时

$$b_x = 0 \tag{3-12}$$

一般来说，两避雷针间距离 D 与避雷针高度 h 之比不宜大于 5。

二、避雷线的保护范围

避雷线是由悬挂在空中的水平接地导线（接闪器）、接地引下线和接地体（接地电极）组成，如图 3-10 所示。避雷线（架空地线）的保护原理与避雷针基本相同，但因其对雷云与大地间电场畸变的影响比避雷针小，所以其引雷作用和保护宽度比避雷针要小，但其保护范围的长度与线路等长，而且两端还有其保护的半个圆锥体空间。

（一）单根避雷线的保护范围

保护范围如图 3-11 所示，保护范围一侧的宽度 r_x 计算如下。

当 $h_x \geqslant \dfrac{h}{2}$ 时

$$r_x = 0.47(h - h_x)P \tag{3-13}$$

式中　r_x——每侧保护范围的宽度，m。

当 $h_x < \dfrac{h}{2}$ 时

$$r_x = (h - 1.53h_x)P \tag{3-14}$$

图 3-10　避雷线

（二）两根等高避雷线的保护范围

保护范围如图 3-12 所示，确定方法如下。

（1）两避雷线外侧的保护范围按单根避雷线的计算方法来确定。

（2）两避雷线间各横截面保护范围由通过两避雷线 1、2 点及保护范围边缘最低点 O 的圆弧确定。O 点高度的计算式为

$$h_0 = h - \frac{D}{4P} \tag{3-15}$$

式中　h_0——两避雷线间保护范围上部边缘最低点高度，m；

　　　　D——两避雷线间距离，m；

　　　　h——避雷线的高度，m。

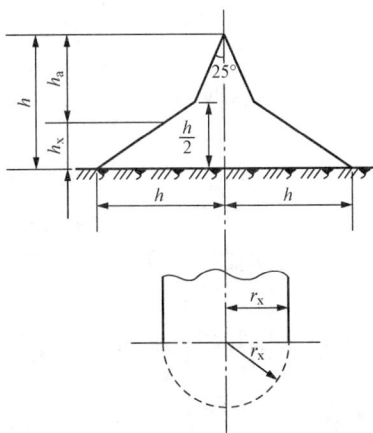

图 3-11　单根避雷线的保护范围

图 3-13 中的 α 角称为避雷线的保护角，是杆塔上

避雷线的铅垂线与同杆塔处避雷线和边导线的连线间所组成的夹角，保护角越小，避雷线就越可靠地保护导线免受雷击。为了减小保护角，可提高避雷线的悬挂高度，但这样势必加重杆塔结构，增加造价，所以单根避雷线的保护角不能太小，一般在 $20°\sim30°$。$220\sim330kV$ 双避雷线线路的保护角，一般采用 $20°$ 左右，$500kV$ 的一般不大于 $15°$，山区宜采用较小的保护角。

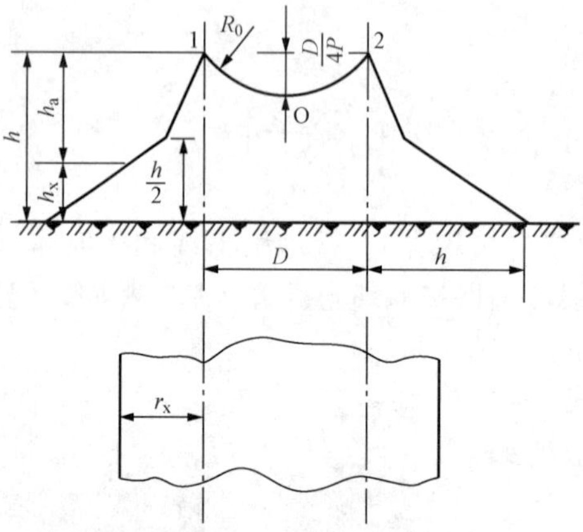

图 3 - 12　两根避雷线的保护范围 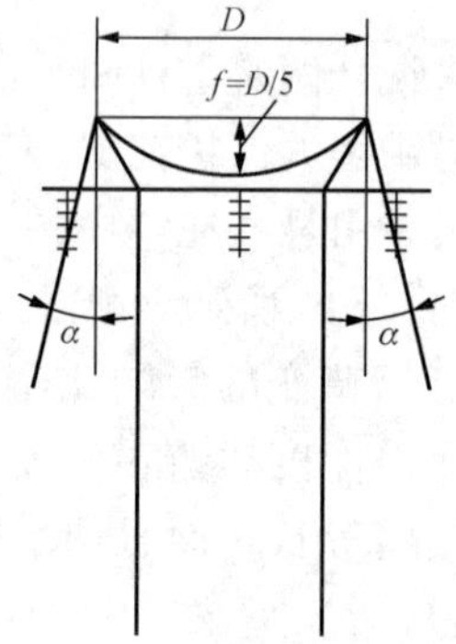　　　　　　　图 3 - 13　避雷线的保护角

3.1.3　感应雷防护设备避雷器的认识

【学习任务】　通过对目前使用的保护间隙、管型避雷器、阀型避雷器和氧化锌避雷器四种类型避雷器的介绍，了解各种避雷器的工作原理、结构特点，掌握其电气参数的具体含义。

避雷器是普遍采用的侵入波保护装置，也是应用最广泛的过电压限制器，它实质上是过电压能量的吸收器。它与被保护设备并联运行，当作用电压超过一定幅值后避雷器总是先动作，通过它自身泄放掉大量的能量，限制过电压，保护电气设备。避雷器放电后，避雷器两端的过电压消失，系统正常运行电压又继续作用在避雷器两端，在这一正常运行电压作用下，处于导通状态的避雷器中继续流过工频接地电流，该电流称为工频续流，它以电弧放电的形式出现。工频续流的存在一方面使相导线对地的短路状态继续维持，系统无法恢复正常运行，另一方面也会使避雷器自身受到损坏，因此，避雷器应能迅速切断续流，方可保证电力系统的安全运行。

一、避雷器的特性及基本要求

避雷器的保护特性，表征避雷器保护作用的特性数值。由四个方面构成：避雷器的雷电冲击放电伏秒特性曲线；在标称放电电流下避雷器的残压；避雷器的操作击穿放电伏秒特性曲线；在操作冲击放电电流下避雷器的残压。

通常所说的避雷器保护水平，其含义是指避雷器的冲击放电电压和标称放电电压下的残压的总称，其值取它们之中的最大者。

避雷器应满足下列基本要求。

（1）能长期承受系统的正常持续运行电压，并可以短时承受经常出现的暂时过电压。

（2）具有良好的伏秒特性，以易于实现合理的绝缘配合。

（3）能承受过电压作用下产生的能量。

（4）有较强的绝缘强度自恢复能力，以利于快速切断工频续流，使电力系统得以继续运行。

二、避雷器分类

目前使用的避雷器主要有保护间隙、排气式避雷器（管式避雷器）、阀式避雷器和金属氧化物（氧化锌）避雷器四种类型。保护间隙和排气式避雷器主要用于配电系统、线路和发电厂、变电站进线段保护；阀式避雷器和氧化锌避雷器主要用于发电厂和变电站的保护。在220kV 及以下系统主要用于限制雷电过电压，在超高压系统中还用来限制内部过电压或作为内部过电压的后备保护。

（一）保护间隙和管型避雷器

保护间隙是一种传统的最简单的过电压保护装置，它由两个电极组成，并接在被保护设备的两端。常用的角形保护间隙如图 3-14 所示，它由主间隙 1 和辅助间隙 2 串联而成。辅助间隙是为了防止主间隙被外物短路误动作而设的。当雷电波侵入时，间隙先击穿，线路接地，从而使电气设备得到保护。保护间隙击穿后形成工频续流，其电弧在电动力和上升热气流的作用下向上移动，从而被拉长、冷却，并使电弧熄灭。在我国保护间隙多用于 3~10kV 的配电系统中，其优点是结构简单、价廉，主要缺点是熄弧能力低，与被保护设备的伏秒特性不易配合；动作后产生截波，不能保护带绕组的设备；灭弧能力有限，不能避免供电中断，它往往需与其他保护措施配合使用。

为了改善角形保护间隙的灭弧特性，出现了管式避雷器，其原理结构如图 3-15 所示，它由两个间隙串联组成。一个间隙 F1 装在产气管 1 内，称为内间隙。另一个间隙 F2 装在产气管外，称为外间隙。外间隙的作用是使产气管在正常运行时与工频电压隔离。产气管内层由绝缘的产气材料做成，由装在管子内部的棒形电极 2 和环形电极 3 组成不能调节的灭弧间隙 F1。由于产气材料在泄漏电流作用下会分解，因此管子不能长时间接在工作电压上，需用外间隙 F2 把避雷器与工作电压隔开。当雷电冲击波袭来时，间隙 F1 与 F2 均被击穿，使雷电流泄入大地。冲击电流消失后间隙流过工频续流，在工频续流电弧的高温作用下，产气管内分解出大量气体，形成数十甚至上百个大气压力。高压气体从环形电极孔口急速喷出，强烈地纵向吹动电弧，使工频续流在第一次过零时熄灭。这是一种利用灭弧腔内电弧与产气材料接触所产生的气体来切断续流的避雷器，所以又可称为排气式避雷器。

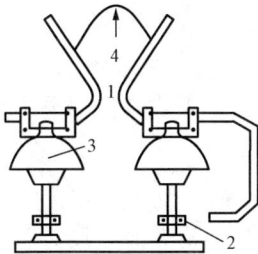

图 3-14　角形保护间隙
1—主间隙；2—辅助间隙；3—绝缘子；
4—工频续流电弧运动方向

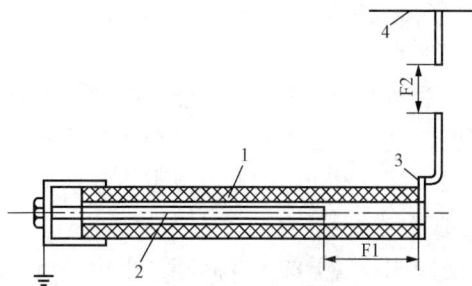

图 3-15　管式避雷器
1—产气管；2—棒形电极；3—环形电极；4—导线；
F1—内间隙；F2—外间隙

管式避雷器的熄弧能力与工频续流大小有关。这是因为，续流太小时产气太少，不足以将电弧吹熄；续流太大时产气过多，管内压力过高，会使管子爆炸或管子端部的套管破裂。

由于管式避雷器的伏秒特性太陡，且放电分散性较大，难以和被保护设备实现合理的绝缘配合；放电间隙动作后工作导线直接接地，会产生高幅值的截波，对变压器的纵绝缘不利。故管式避雷器目前只是用作变电站进线段保护的辅助手段，用来保护容量小的变电站及输电线路上薄弱绝缘路段，如用作大跨距和交叉档距处，也可与电缆段相配合，在直配电机的防雷保护中起限流作用。

（二）阀式避雷器

阀式避雷器是电力系统中较为常用的一种防雷装置，是由非线性阀片 SiC 和间隙串联组成，如图 3-16 所示。

当工作线路上没有雷电过电压作用时，间隙具有足够的绝缘强度，不会被系统正常运行电压击穿，它将阀片电阻与工作线路隔开，阀片电阻上没有电流流过。当工作线路上出现过电压且过电压值超过间隙的击穿电压时，间隙将首先击穿，冲击电流经阀片电阻入地。阀片电阻伏安特性非线性，如图 3-17 所示，其电阻值在大电流下变得很小，在传导冲击电流入地过程中阀片电阻上的电压，即残压是不大的，这样就可以低于被保护设备的耐受限度，使设备得到可靠保护。在雷电过电压消失以后，由工作线路上正常运行电压所产生的工频续流继续流过避雷器支路，因为此时的工频续流相对于雷电过电压作用时产生的冲击电流来说已变得很小，非线性阀片电阻在工频续流流过时将变大，于是工频续流能够被减小，可以在第一次过零时即被切断，系统将恢复正常运行。

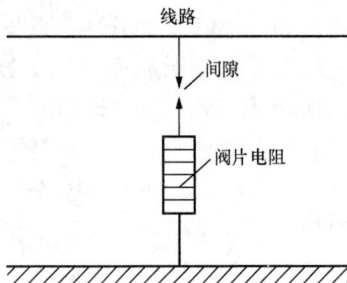

图 3-16　阀式避雷器原理结构

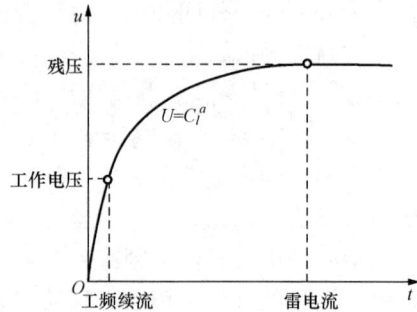

图 3-17　阀片的伏安特性曲线

在一般情况下，工频续流能被限制到足够小的数值，间隙在半个工频周期内就能灭弧，因此可在继电保护装置尚来不及动作时就恢复系统的正常运行。阀式避雷器分为普通阀式避雷器和磁吹避雷器两种类型，以下将分别加以介绍。

1. 普通阀式避雷器

普通阀式避雷器的火花间隙由多组平板间隙组成，如图 3-18 所示，其优点是间隙中的电场近似为均匀电场，伏秒特性平坦，易与被保护设备的伏秒特性配合。多组平板间隙串联有利于切断工频续流。间隙并联分路电阻（如图 3-19 所示）可改善工频电压下间隙的电压分布，从而提高工频放电电压和灭弧电压。

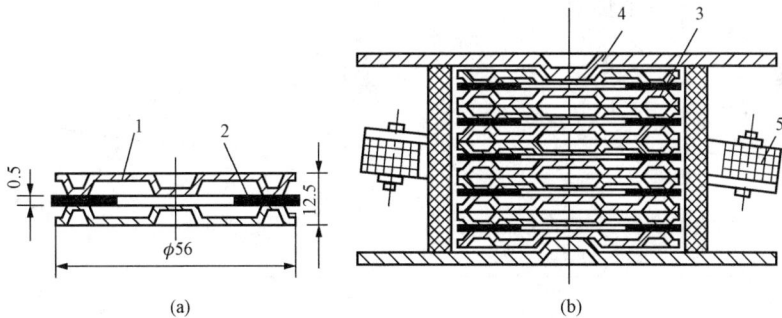

图 3-18　普通阀式避雷器的火花间隙

（a）单个火花间隙；（b）标准火花间隙组

1—黄铜电极；2—云母垫片；3—单火花间隙；4—黄铜盖板；5—半环形分路电阻

2. 磁吹阀式避雷器

在普通阀式避雷器的基础上，为了进一步增强灭弧能力和提高通流容量，又发展了磁吹避雷器。磁吹避雷器的工作原理和结构与普通阀式避雷器基本相同，其主要区别在于采用通流容量较大的高温阀片电阻和灭弧能力较强的磁吹间隙。磁吹避雷器采用的阀片电阻能切断相当大的工频续流，具有较大的通流容量。磁吹间隙是利用磁场对电弧通道的电磁力作用来迫使弧道作旋转或拉长运动，以加强间隙的去游离能力，改善其灭弧性能。从弧道在电磁力作用下产生的运动方式来分，磁吹间隙可分为电弧旋转式和电弧拉长式两种，国产的磁吹避雷器基本上是采用电弧拉长式磁吹间隙。

（三）氧化锌避雷器

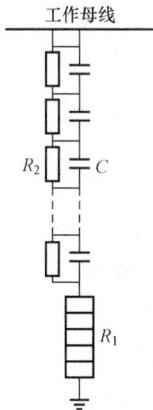

图 3-19　间隙并联分路电阻

氧化锌避雷器采用的核心部件是氧化锌阀片，氧化锌压敏电阻阀片以氧化锌（ZnO）为主要材料，并掺以微量的氧化铋、氧化钴、氧化锰、氧化锑、氧化铬等添加物，经过成型、烧结、表面处理等工艺过程而制成，所以又称为金属氧化物电阻片，以此制成的避雷器称为金属氧化物避雷器（MOA）。

氧化锌压敏电阻在实际应用中最为重要的性能指标是其电压与电流之间的非线性关系，即伏安特性，典型氧化锌阀片的伏安特性如图 3-20 所示，该特性可大致划分为三个工作区，即小电流区、工作电流区和饱和电流区。在小电流区，阀片中电流很小，呈现出高阻状态，在系统正常运行时，氧化锌避雷器中的压敏电阻阀片就工作于此区。在工作电流区，阀片中流过的电流较大，特性曲线平坦，动态电阻很小，压敏电阻发挥对过电压的限压作用在此区内呈现出理想的非线性关系。在饱和电流区，阀片中流过的电流很大，特性曲线迅速上翘，电阻显著增大，限压功能恶化，阀片出现电流过载。

在图 3-21 中将氧化锌阀片与碳化硅阀片伏安特性曲线绘在一起作比较，两者在 10kA 电流下的残压是大致相同的，但在额定电压下，碳化硅阀片流过的电流幅值达 100A，而氧化锌阀片流过的电流却小于 100μA，可以近似认为其续流为零。正因为如此，氧化锌避雷器才可以不用串联放电间隙，使之成为无间隙、无续流的避雷器。

氧化锌避雷器具有以下优点。

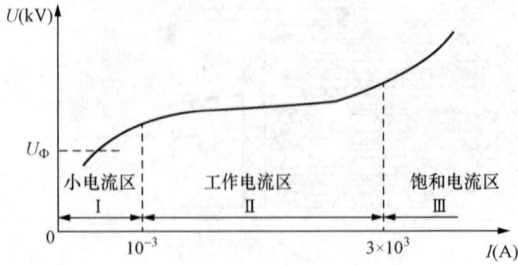

图 3-20　典型氧化锌阀片的伏安特性

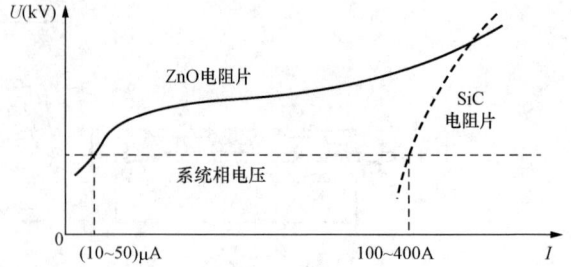

图 3-21　阀片伏安特性比较

（1）保护性能优越。它不需要间隙动作，电压一旦升高，即可迅速吸收过电压能量，抑制过电压的发展。

（2）基本无续流、动作负载轻、耐重复动作能力强。

（3）通流容量大，不但可以限制大气过电压，还可以用来限制操作过电压，也可耐受一定持续时间的暂时过电压。

（4）结构简单，尺寸小，质量轻，适于大批量生产，造价低廉。

（5）性能稳定，寿命长。在大电流冲击后，氧化锌电阻片的残压变化很小，可靠性高。动作次数可达 1000 次以上，而阀式避雷器规定的动作次数仅 20 次。

三、避雷器主要特性参数

（1）避雷器的残压：放电电流通过避雷器时，其端子间所呈现的电压。

（2）避雷器额定电压：施加在避雷器端子间的最大允许工频电压有效值，按照此电压设计的避雷器，能在所规定的动作负载试验所确定的暂时过电压下正确地工作。它是表明避雷器运行特性的一个重要参数，但不等于系统的标称电压。对中性点非直接接地系统，其值应不低于系统最高运行线电压的 110%；对于中性点直接接地系统，其值应不低于系统最高运行线电压的 80% 左右。

（3）避雷器持续运行电压：在运行中允许持久地施加在避雷器端子上的工频电压有效值。典型避雷器的电气特性参数见附录 2。

3.1.4　防雷接地装置的选择

【学习任务】　通过讲解接地和接地电阻的基本概念、电力系统电气设备的接地方式及工程实用的接地装置原理及图例，掌握接地电阻的基本概念、接地的各种方式，学会接地电阻的简要计算。

防雷与接地是一个统一的整体。各种防雷保护装置（避雷针、避雷线、避雷器）都必须配以合适的接地装置，将雷电泄入大地。没有良好的接地装置，各种防雷措施就不能发挥令人满意的保护作用，接地装置的性能将直接决定着防雷保护措施的实际效果。由于接地技术不仅有防雷接地，还有用于其他目的的接地，且在工程实施中这几种接地又是相互关联的。为此，将在讨论防雷接地的同时，也涉及用于其他目的的接地问题。

防雷接地装置
讲解视频

一、接地方式

为了使运行中的电气设备对地保持一个较低的电位差，把地面上的设备或电气回路中的某一节点与在大地表面土层中埋设的金属电极，作电气上的连接，称为接地。埋入地中并直接与大地接触的金属导体，称为接地极（体）。兼作接地极用的直接与大地接触的各种金属构件、金属井管、钢筋混凝土建（构）筑物的基础、金属管道和设备等称为自然接地极。电气装置、设施的接地端子与接地极连接用的金属导电部分称为接地线。接地线和接地极的总和称为接地装置。

电力系统的接地按其功用可分为四类。

（1）工作接地：为了满足电力系统运行需要，将电网某一点接地，其目的是为了稳定对地电位与继电保护上的需要。

（2）保护接地：为了保护人身安全，防止因电气设备绝缘劣化，外壳可能带电而危及工作人员安全，而将某些电气设备的金属外壳接地，它是在故障条件下才发挥作用的。

（3）防雷接地：用来将雷电流顺利泄入地下，以减小它所引起的过电压，它的性质似乎介于前面两种接地之间，它是防雷保护装置不可缺少的组成部分。

（4）防静电接地：为防止静电对易燃油、天然气储罐和管道等的危险作用而设的接地。

二、接地电阻

接地电阻是大地电阻效应的总和，它包括接地体及其连线的电阻、接地体表面与土壤的接触电阻和土壤的散流电阻三个成分，在这三个成分中，金属的接地体及其连线的电阻很小，一般可以忽略不计。接地电阻的大小直接与土壤电阻率有关，埋设接地体的作用就是确定地中电流起始泄散的几何边界条件，以接地体自身的形状和尺寸来影响接地电阻值。

防雷接地用来将雷电流顺利泄入地下，以减小雷电所引起的过电压。雷电流与工频接地电流相比主要有两点不同：一是雷电流的幅值大，二是雷电流的等值频率高。雷电流的幅值很大，会使地中电流密度 δ 增大，因而提高了土壤中的电场强度 E，在接地体附近尤为显著。若地中电场强度超过土壤击穿场强时会发生局部火花放电，使土壤导电性增大，接地电阻减小。因此，同一接地装置在幅值甚高的冲击电流作用下，其接地电阻要小于工频电流下的数值。这种效应称为火花效应。雷电流的等值频率高，使接地极本身呈现明显的电感作用，阻碍电流向接地体远端流通，对于长度长的接地体这种影响更加明显。结果会使接地体得不到充分利用，使接地装置的电阻值大于工频接地装置电阻值。这种现象称为电感效应。

接地电阻只是电流 I 经接地电极流入大地时，接地体对地电压 E_f 与电流 I 之比值，即

$$R = \frac{E_f}{I} \tag{3-16}$$

防雷接地的工频接地电阻值一般要求不超过 30Ω。

三、接地极

埋入土壤中或混凝土基础中作散流用的导体称为接地极。工程上常用的有垂直接地体、水平接地体以及它们的组合。人工垂直接地体宜采用角钢、钢管或圆钢，人工垂直接地体的长度宜为 2.5m。埋于土壤中的人工水平接地体宜采用扁钢或圆钢，圆钢直径不应小于 10mm；扁钢截面不应小于 $100mm^2$，其厚度不应小于 4mm；角钢厚度不应小于 4mm；钢管

壁厚不应小于 3.5mm。接地线应与水平接地体的截面相同。

人工接地体在土壤中的埋设深度不应小于 0.5m。人工垂直接地体的长度宜为 2.5m，人工垂直接地体间的距离及人工水平接地体间的距离宜为 5m。根据接地装置的敷设地点不同，又分为输电线路接地和发电厂、变电站接地。工程实用的接地装置根据恒流场下静电场相似原理，便可以得到一些典型接地体的工频接地电阻计算公式。

1. 单根垂直接地体的接地电阻

如图 3-22 所示，埋深 $h=0$ 时

$$R = \frac{\rho}{2\pi l}\left(\ln\frac{8l}{d} - 1\right) \tag{3-17}$$

式中　ρ——土壤电阻率，$\Omega \cdot m$；

　　　l——接地体的长度，m；

　　　d——接地体的直径，m。当用其他型式的钢材时，如等边角钢，$d=0.84b$，b 为每边宽度；对扁钢，$d=0.5b$，b 为扁钢宽度。

2. 多根垂直接地体的接地电阻

当单根垂直接地体的接地电阻不能满足要求时，可采用多根垂直接地体并联，由于多根垂直接地体溢散的电流相互之间存在屏蔽效应的缘故，n 根并联后的接地电阻 R_n 等效增大。如图 3-23 所示。垂直接地极间的距离与接地极的长度之比越小，屏蔽效应越显著，接地电阻也就越大，一般要求接地极间的距离至少应为接地极长度的 2 倍。n 根垂直接地极并联时的接地电阻为

$$R_n = \frac{R}{n\eta} \tag{3-18}$$

式中　η——利用系数，与流过接地极的电流性质有关，一般 η 在 $0.65 \sim 0.85$ 之间，可查阅有关资料或根据实验求得。

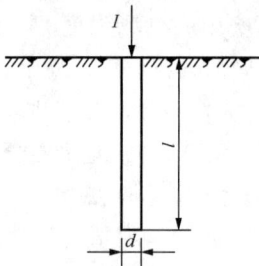

图 3-22　单根垂直接地体　　　　图 3-23　三根垂直接地体

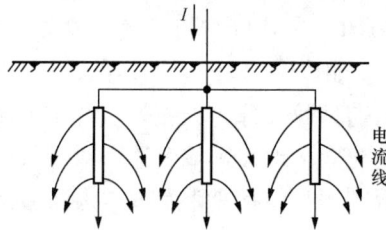

3. 水平接地体的接地电阻

不同形状的水平接地电极的接地电阻的计算式为

$$R = \frac{\rho}{2\pi L}\left(\ln\frac{L^2}{dh} + A\right) \tag{3-19}$$

式中　L——水平接地体的总长度，m；

　　　h——水平接地体的埋深，m；

　　　d——接地体的直径，m；

　　　A——形状系数，其值可从表 3-1 查得。

序号	1	2	3	4	5	6	7	8
接地体形式	—	∟	人	○	十	□	✳	✳
形状系数 A	−0.6	−0.18	0	0.48	0.89	1	3.03	5.65

表 3-1　　　　　　　　　　　　　　　水平接地体的形状系数

由表 3-1 可见，接地体总长度相同时，由于形状不同，A 值会有显著差别。如其中序号 7、8 两种形状，接地体利用很不充分。故实际中应尽可能采用表 3-1 中 A 较小的形状。

4. 工频接地电阻

人工接地极工频接地电阻的简易计算，可采用表 3-2 所列公式。

表 3-2　　　　　　　　人工接地极工频接地电阻简易计算式　　　　　　　　单位：Ω

接地极型式	简易计算式
垂直式	$R \approx 0.3\rho$
单根水平式	$R \approx 0.03\rho$
复合式 （接地网）	$R \approx 0.5\dfrac{\rho}{\sqrt{S}} = 0.28\dfrac{\rho}{r}$ 或 $R \approx \dfrac{\sqrt{\pi}}{4} \times \dfrac{\rho}{\sqrt{S}} + \dfrac{\rho}{L} = \dfrac{\rho}{4r} + \dfrac{\rho}{L}$

注　1. 垂直式为长度 3m 左右的接地极；
　　2. 单根水平式为长度 60m 左右的接地极；
　　3. 复合式中，S 为大于 100m² 的闭合接地网的面积；r 为与接地网面积 S 等值的圆的半径，即等效半径，m。

5. 冲击接地电阻

由以上公式计算出的工频接地电阻值 R，计算雷电流作用下的冲击接地电阻 R_i，只需要乘以冲击系数 α 即可。α 值可参阅 GB 50057—1994《建筑物防雷设计规范》中附录三接地装置冲击接地电阻与工频接地电阻的换算。

3.1.5　防雷设备的检测试验

【学习任务】　通过介绍金属氧化物避雷器试验及接地装置工频特性参考试验，参考工程试验作业指导书，学会防雷设备的检测试验。

一、金属氧化物避雷器试验

金属氧化物避雷器的试验流程如图 3-24 所示。

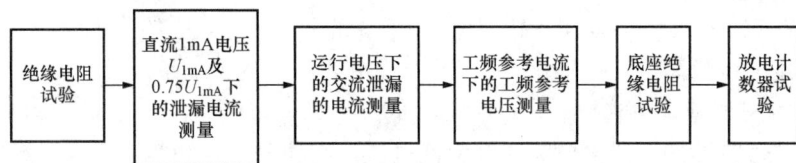

图 3-24　试验流程

直流耐压试验接线
三维动画

1. 测量避雷器及底座绝缘电阻

（1）试验目的。测量无间隙金属氧化物避雷器的绝缘电阻可以初步判断避雷器内部是否受潮，还可以检查内部熔断件是否断掉，从而及时发现缺陷。测量底座绝缘电阻，判断底座绝缘是否良好。

（2）试验方法及步骤。

1）使用 2500V 及以上绝缘电阻表测量避雷器的两极绝缘电阻 1min，记录绝缘电阻值。

2）用接地线对避雷器的两极充分放电。

（3）判断标准。35kV 以上，无间隙金属氧化物避雷器的绝缘电阻不低于 2500MΩ；35kV 及以下，绝缘电阻不低于 1000MΩ。

底座绝缘电阻：自行规定，可在带电情况下检查。

2. 测量直流 1mA 时的临界动作电压 U_{1mA} 和 $0.75U_{1mA}$ 直流电压下的泄漏电流

（1）试验目的。为了检查氧化锌阀片是否受潮或者劣化，确定其动作性能是否符合产品性能要求。

（2）试验方法及步骤。测量接线通常可采用单相半波整流电路。

1）将避雷器瓷套表面擦拭干净。

2）采用高压直流发生器进行试验接线（选用的试验设备额定电压应高于试品避雷器的直流 1mA 电压），泄漏电流应在高压侧读表，测量电流的导线应使用屏蔽线。

3）升压。在直流泄漏电流超过 $200\mu A$ 时，此时电压升高一点，电流将会急剧增大，所以应放慢升压速度，在电流达到 1mA 时，读取电压值 U_{1mA} 后，降压至零。

4）计算 0.75 倍 U_{1mA} 值。

5）升压至 $0.75U_{1mA}$，测量泄漏电流大小。

6）降压至零，断开试验电流。

7）待电压表指示基本为零时，用放电杆对避雷器放电，挂接地线，拆试验接线。

8）记录环境温度。

（3）判断方法。对测量结果采用比较法进行判断，规程规定，U_{1mA} 实测值与初始值或制造厂规定值相比较，变化应不大于±5%。

避雷器直流 1mA 电压的数值不应该低于 GB 11032—2000《交流无间隙金属氧化物避雷器》中的规定数值，且 U_{1mA} 实测值与初始值或制造厂规定值比较变化不应超过±5%；$0.75U_{1mA}$ 下的泄漏电流不得大于 $50\mu A$，且与初始值相比较不应有明显变化。如试验数据虽未超过标准要求，但是与初始数据出现比较明显变化时应加强分析，并且在确认数据无误的情况下加强监视，如增加带电测试的次数等。

（4）注意事项。由于无间隙金属氧化物避雷器表面的泄漏原因，在试验时应尽可能地将避雷器瓷套表面擦拭干净，必要时可在避雷器瓷套表面装屏蔽环；测量时应记录环境温度，阀片的温度系数一般为 0.05%～0.17%，即温度升高 10℃，直流 1mA 电压约降低 1%，所以如果在必要的时候应该进行换算。

3. 测量运行电压下的交流泄漏电流

在交流电压作用下，避雷器的总泄漏电流包含阻性电流（有功分量）和容性电流（无功分量）。在正常运行情况下，流过避雷器的主要电流为容性电流，阻性电流只占很小一部分，约为 10%～20%。但当阀片老化，避雷器受潮、内部绝缘部件受损以及表面严重污秽时，容性电流变化不多，而阻性电流却大大增加，所以测量交流泄漏电流及其有功分量是现场监测避雷器的主要方法。

（1）试验目的。测量运行电压下的交流泄漏电流能够判断无间隙金属氧化物避雷器的状况。

（2）试验方法及步骤。按图 3-25 进行避雷器交流试验接线。

1）升压，当电压达到运行电压时，测量避雷器泄漏电流（全电流、阻性电流、有功损耗）。

2）降压至零。

3）断开电源，挂接地线，拆除试验接线。

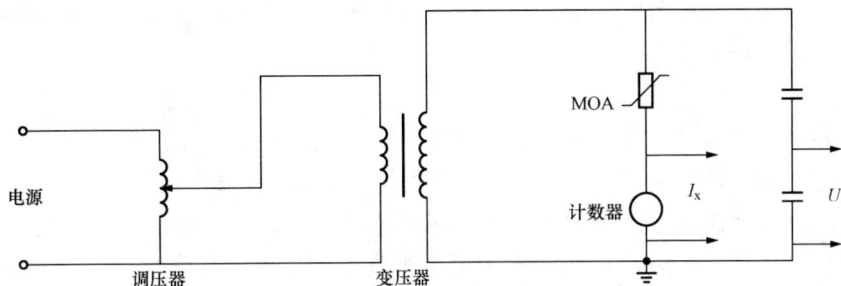

图 3-25　避雷器交流试验接线

（3）判断方法。该试验主要的判断方法是将相邻的避雷器试验数据进行比较，并且与以前试验的数据进行比较来判断设备是否运行正常。

（4）注意事项。试验时需记录环境温度和相对湿度以及试验施加的电压，并且应该注意瓷套表面的清洁程度；同时要求注意相邻避雷器的影响（即相间干扰）。

4. 工频参考电流下的工频参考电压测量

（1）试验目的。该试验项目能判断避雷器的老化、劣化程度。

（2）试验方法及步骤。按图 3-25 进行试验接线。

1）升压，并测量避雷器阻性电流，当通过避雷器的阻性电流为工频参考电流时，迅速读取工频电压的数值（施加工频电压的时间应严格控制在 10s 以内）。

2）降压。

3）记录试验电压。

4）断开电源，挂接地线、拆除试验接线。

（3）判断方法。避雷器工频参考电流下的工频参考电压必须大于避雷器的额定电压。

（4）注意事项。试验中的环境温度宜为 20±15℃，多节避雷器应该对每节单独进行试验，如果一相中有一节不合格，应更换该节避雷器；试验中尤其应该注意由于试验电压对于避雷器而言相对较高（超过额定电压），所以在到达工频参考电流时应该缩短试验时间，施加工频参考电压的时间应严格控制在 10s 以内。

5. 放电计数器试验

（1）试验目的。该试验项目能判断计数器是否状态良好，判断其能否正常动作。

（2）试验方法。可以采用专门的放电计数器测试仪器或者采用并联电容充放电的方法，测试 3～5 次。

（3）判断方法。均应正确动作。

二、电气接地装置工频特性参数测量

电气接地装置的特性参数包括接地装置的电气完整性、接地阻抗、场区地表电位梯度、接触电位差、跨步电位差、转移电位等参数或指标。除了电气完整性，其他参数为工频特性参数。

发电厂、变电站和杆塔等接地装置的工频特性参数尽量在干燥季节时测量，而不应在雨后立即测量；通常应采用两种或两种以上的电极布置方式测量接地装置的工频特性参数。有时，还需要采用不同的测量方法，以互相验证，提高测量结果的可信度；如条件允许，测量回路应尽可能接近输电线接地短路时的电流回路。

现在重点介绍接地电阻的测量，其余特性参数的测量可参阅 DL/T 475—2006《接地装置特性参数测量导则》。

1. 对测量仪表的要求

为了测量结果的可信，要求电压表和电流表的准确度不低于 1.0 级，电压表的输入电阻不小于 100kΩ。最好用分辨率不大于 1% 的数字电压表（满量程约 50V）。

2. 影响工频接地电阻实测值的因素和消除其影响的方法

在不停电的条件下，通常接地装置中有不平衡零序电流，它会影响工频接地电阻实测值。为消除其对三极法测试接地阻抗的影响，除了增大试验电流，还可采用倒相法。接地电阻的计算公式为

$$R_d = \frac{1}{I} \sqrt{\frac{1}{2}(U_1^2 + U_2^2) - U_{d0}^2} \tag{3-20}$$

式中　I——注入接地装置中的试验电流，试验电压在倒相前后保持不变；

　　　U_{d0}——不加试验电压时接地装置的对地电压，即零序电流在接地装置上产生的电压降；

U_1、U_2——倒相前后接地装置上的试验电压。

如果试验电源是三相的，也可将三相电源分别加在接地装置上，保持试验电流 I 不变，以消除地中零序电流对接地阻抗测试值的影响。接地阻抗的计算公式为

$$R_d = \frac{1}{I} \sqrt{\frac{1}{3}(U_A^2 + U_B^2 + U_C^2) - U_0^2} \tag{3-21}$$

式中　　　　I——注入接地装置中的试验电流，倒相前后保持不变；

　　　　　U_0——不加试验电压时接地装置的对地电压；

U_A、U_B、U_C——将 A、B、C 三相相电压分别加到接地装置上时，接地装置上的试验电压。

除此之外，当电位线较长，测试受到高频干扰电压的影响时，可在电压表两端并联一个电容器，其工频容抗应比电压表的输入阻抗大 100 倍。

3. 接地电阻的测量方法

接地电阻的测量方法很多，通常有利用接地电阻测试仪的测量法、电流表—电压表法、电流表—电力表法、电桥法、三点法以及用钳型接地测试仪不用辅助线极和不断开测试极导线进行测量。

【工程小知识 3】

无间隙金属氧化物避雷器试验作业指导书

（重庆市电力公司电网检修分公司）

1. 适用范围

本作业指导书规定了无间隙金属氧化物避雷器的交接验收试验、例行试验的试验项目、作业程序和方法、试验结果判断方法和试验注意事项等。

制定本指导书的目的是在检查无间隙金属氧化物避雷器的制造与安装质量，以及在检查运行中避雷器的安全状况过程中规范试验操作、保证试验结果的准确性，为设备运行、监督提供依据。

2. 引用文件

下列文件中的条款通过本作业指导书的引用而成为本作业指导书的条款。凡是注日期的引用文件，其随后所有的修改或修订版均不适用于本作业指导书，然而，鼓励根据本作业指导书达成的各方研究是否可使用这些文件的最新版本。凡是不注日期的引用文件，其最新版本适用于本作业指导书。

GB 11032—2010《交流无间隙金属氧化物避雷器》

GB 50150—2006《电气装置安装工程　电气设备交接试验标准》

DL/T 804—2002《交流电力系统金属氧化物避雷器使用导则》

DL/T 596—1996《电力设备预防性试验规程》

Q/GDW/Z-41-457—2008《重庆市电力公司电力设备状态评估试验规程》

3. 试验前准备

3.1　准备工作安排

序号	内　　容	标　　准
1	根据试验性质，确定试验项目，组织作业人员学习作业指导书，使全体作业人员熟悉作业内容、作业标准、安全注意事项	不缺项、漏项
2	了解被试设备出厂和历史试验数据，分析设备状况	明确设备状况
3	根据现场工作时间和工作内容填写工作票、派工单	工作票、派工单填写正确
4	准备试验用仪器仪表，所用仪器仪表良好，有校验要求的仪表应在校验周期内	仪器良好

3.2　作业人员要求

序号	内　　容
1	现场作业人员应身体健康、精神状态良好
2	具备必要的电气知识和高压试验技能，能正确操作试验设备，了解被试设备有关技术标准要求，能正确分析试验结果
3	熟悉现场安全作业要求，并经《电力安全工作规程》考试合格

3.3 仪器仪表和工具

序号	名　　称	单位	数量	备　　注
1	直流发生器	台	1	根据避雷器电压等级确定
2	绝缘电阻表	块	1	2500V 及以上
3	金属氧化物避雷器阻性电流测试仪器及其专用接线钳	套	1	
4	试验变压器	台	1	根据试品电压等级确定
5	调压器	台	1	0～380V
6	高压数显表	只	1	
7	放电计数器测试仪	台	1	
8	温、湿度	只	1	
9	导、地线	根	若干	
10	屏蔽手套	双	1	

3.4 危险点分析及控制措施

序号	危 险 点 分 析	控 制 措 施
1	作业人员进入作业现场不戴安全帽可能会发生人员伤害事故	进入试验现场，试验人员必须戴安全帽
2	作业人员进入作业现场可能会发生走错间隔及与带电设备保持距离不够情况	现场试验工作必须严格执行工作票制度、派工单制度、工作许可制度、工作监护制度、工作间断、转移和终结制度
		开始试验前，负责人应对全体试验人员详细说明在试验区应注意的安全注意事项
		在现场进行试验工作时，根据带电设备的电压等级，试验人员应注意保持与带电体的安全距离不应小于《安规》中规定的距离
3	试验现场不设安全围栏，会使非试验人员进入试验场地，造成触电	试验现场应装设遮拦或围栏，悬挂"止步，高压危险！"的标示牌，并有专人监护，严禁非试验人员进入试验场地
4	进行绝缘电阻测量后不对试品充分放电，会发生电击	为保证人身和设备安全，在进行绝缘电阻测量后应对试品充分放电
5	加压时无人监护，升压过程不实行呼唱制度，可能会造成误加压或非试验人员误入试验场地，造成触电	试验过程应有人监护并呼唱，试验人员在试验过程中注意力应高度集中，防止异常情况的发生。当出现异常情况时，应立即停止试验，查明原因后，方可继续试验
6	登高作业可能会发生高空坠落或瓷件损坏	工作中如需使用梯子等登高工具时，应做好防止瓷件损坏和人员高空摔跌的安全措施
7	试验设备接地不好，可能会对试验人员造成伤害	试验器具的金属外壳应可靠接地，试验仪器与设备的接线应牢固可靠
8	变更试验接线，不断开电源，可能会对试验人员造成伤害	变更接线或试验结束时，应首先将加压设备的调压器回零，然后断开电源侧刀闸，并在试品和加压设备的输出端放电接地
9	现场新增危险点（具体见标准化作业卡）	控制措施（具体见标准化作业卡）

3.5　试验分工

序号	内　　容
1	仪器操作、原始数据记录人至少 1 名
2	试验接线人至少 1 名

4.　试验程序

4.1　开工

序号	内　　容
1	作业负责人全面检查现场安全措施是否与工作票一致，是否与现场设备相符
2	作业负责人向工作人员交代作业任务、安全措施和注意事项，明确作业范围

4.2　试验项目和操作标准

序号	试验项目	试验方法	安全措施及注意事项	试验标准
1	测量绝缘电阻	(1) 用绝缘电阻表测量避雷器两极绝缘电阻，1min，记录绝缘电阻值； (2) 用接地线对避雷器两极充分放电	测量后对试品充分放电	(1)35kV 以上，绝缘电阻不低于 2500MΩ； (2) 35kV 及以下，绝缘电阻不低于 1000MΩ
2	直流 1mA 电压 U_{1mA} 及 $0.75U_{1mA}$ 下的泄漏电流测量	(1) 将避雷器瓷套表面擦拭干净； (2) 采用高压直流发生器进行试验，泄漏电流应该在高压侧读表，测量电流的导线应使用屏蔽线； (3) 升压，在直流泄漏电流超过 $200\mu A$ 时，此时电压升高一点，电流将会急剧增大，此时应放慢升压速度，在电流达到 1mA 时，读取电压值 U_{1mA} 后，降压至零； (4) 计算 0.75 倍 U_{1mA} 值； (5) 升压至 $0.75U_{1mA}$ 电压，测量泄漏电流的大小； (6) 降压至零，断开试验电源； (7) 待电压指示基本为零时，用放电杆对避雷器放电，挂接地线，拆试验接线	测量后应对试品充分放电；升压时应呼唱；测量时应记录环境温度和相对湿度	(1) 不得低于 GB 11032—2010 中的规定数值； (2) 直流 1mA 电压试验值，与初始值或制造厂规定值相比较，变化不应该大于±5%； (3) $0.75U_{1mA}$ 下的泄漏电流不得大于 $50\mu A$
3	运行电压下的交流泄漏电流测量	(1) 当电压达到持续运行电压时，测量避雷器泄漏电流［全电流（峰值、有效值）、阻性电流（峰值）、有功损耗］； (2) 降压至零； (3) 断开电源，挂接地线，拆除试验接线	升压时应呼唱；变更试验接线应断开电源；测量时应记录环境温度、相对湿度和运行电压	将同型号避雷器试验数据进行比较

序号	试验项目	试验方法	安全措施及注意事项	试验标准
4	底座绝缘电阻	用2500V及以上绝缘电阻表测量避雷器底座绝缘电阻		不低于100MΩ
5	放电计数器动作检查	采用放电计数测试仪检查计数器动作情况，重复3～5次，测试后计数器指示应调到"0"		均应正确动作

4.3 原始记录与正式报告

序号	内　容
1	原始记录的填写要字迹清晰、完整、准确，不得随意涂改、不得留有空白
2	当记录表格出现某些"表格"确无数据记录时，可用"/"表示此格无数据
3	若确属笔误，出现记录错误时，允许用"单线划改"，并要求更改者在更改旁边签名
4	原始记录及试验报告应按规定存档

4.4 竣工

序号	内　容
1	拆除试验临时电源接线
2	检查被试设备上无遗留工器具和试验用导地线
3	将被试设备的一、二次接线恢复正常
4	清点工具，清理试验现场，拆除安全围栏
5	向运行人员报告被试设备试验结果
6	办理工作票终结手续

无间隙金属氧化物避雷器试验标准化作业卡

变电站名				运行编号	
试验时间		试验负责人		监护人（工作需要时设置）	
仪器操作人		原始数据记录人		试验接线人	

项目	√	序号	内　容	责任人签字
试验准备		1	根据试验作业指导书明确试验内容，熟悉试验项目	
		2	根据试验作业指导书准备试验仪器仪表及工具	
		3	根据试验作业指导书进行危险点分析，并采取相应措施进行控制	
		4	现场新增危险点： 控制措施：	
		5	根据现场工作时间和工作内容正确填写工作票、派工单	

续表

项目	√	序号	内　　容	责任人签字
试验过程		1	根据作业指导书进行试验开工交代	
		2	根据试验性质确定试验项目，按照作业指导书的试验程序及操作标准进行试验	
		3	按照作业指导书要求进行原始记录填写	
试验终结		1	按照作业指导书竣工要求进行检查	
		2	工作人员清理作业现场并撤离工作现场	
试验总结		1	试验结果	
		2	存在问题及处理意见	

子情境 3.2　发电厂和变电站的防雷保护

3.2.1　直击雷保护

【学习任务】　通过介绍发电厂、变电站防止直击雷措施、避雷针（线）的安装要求、避雷针与被保护设备间距的校核公式，学会初步的厂站直击雷防护措施。

发电厂、变电站是电力系统的重要组成部分。一旦遭受雷击，可能会使站内重要电气设备发生损坏，必将造成大面积停电。同时，发电厂、变电站的电气设备绝缘如遭受损坏，则需更换或修复，而且更换或修复的时间往往很长，将造成很大的影响。因此，要求发电厂和变电站的防雷保护措施必须十分可靠。

变电站防雷
保护讲解视频

发电厂、变电所的雷害事故可来自两方面：一是雷直击于发电厂、变电站的导线或设备；二是架空线路的感应雷过电压和直击雷过电压形成的雷电波沿线路侵入变电站。对直击雷的防护一般采用避雷针或避雷线，使被保护物体处于避雷针或避雷线的保护范围之内；同时还要求雷击避雷针或避雷线时，不应对被保护物发生反击。为了避免雷击输电线路产生的雷电过电压沿线路侵入发电厂和变电站，可采用以下防护措施。

直击雷和感应雷
防护措施讲解视频

（1）站内装设阀型避雷器以限制雷电波幅值。

（2）进线上设置进线保护段以限制流经阀型避雷器的雷电流和入侵雷电波的陡度。

（3）直配电机母线上装设电容器以限制入侵雷电波陡度。

一、对避雷针安装位置的要求

发电厂和变电站的屋外配电装置，包括组合导线和母线廊道，应装设直击雷保护装置，一般采用避雷针或避雷线，峡谷地区的厂站宜采用避雷线保护。但应注意：发电厂厂房一般不装设避雷针，以免发生感应或反击使继电保护误动作，甚至造成绝缘损坏；在避雷针、避雷线上和装有避雷针、避雷线的架构或构筑物上，严禁装设通信线、广播线和低压线。

按照安装方式的不同，避雷针可分为独立避雷针和构架避雷针两种，独立避雷针具有独立于变电站地网的接地装置，而构架避雷针安装于配电构架上，并且与变电站的地网相连。

1. 独立避雷针

对于 35kV 及以下的高压配电装置，由于绝缘水平较低，为了避免反击的危险，宜采用独立避雷针或避雷线，独立避雷针不应设在人经常通行的地方，避雷针及其接地装置与道路

或出入口等的距离不宜小于 3m，否则应采取均压措施或铺设砾石或沥青地面。独立避雷针或避雷线的接地装置与主接地网宜分开埋设。独立避雷针与相邻配电装置构架及其接地装置在空气中及地中应保持足够的距离，如图 3-26 所示。

独立避雷针受雷击时，雷电流流过避雷针和接地装置，其上将会出现很高的电位。设避雷针在高度 h 处的电位为 u_a，接地装置上的电位为 u_e，则

$$u_a = iR_i + L_0 h \frac{\mathrm{d}i}{\mathrm{d}t} (\mathrm{kV}) \qquad (3-22)$$

$$u_e = iR_i (\mathrm{kV}) \qquad (3-23)$$

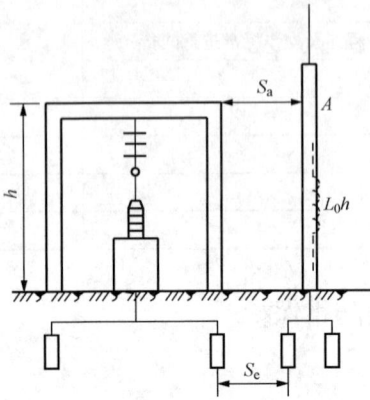

图 3-26　独立避雷针与构架的距离

式中　R_i——避雷针接地装置的冲击接地电阻，Ω；

L_0——避雷针单位高度的等值电感，$\mu H/m$；

h——避雷针校验点的高度，m；

i——流过避雷针的雷电流，kA。

若取空气间隙的击穿场强为 E_a（kV/m），为防止避雷针对构架发生反击，避雷针与构架间的空气间隙距离 S_a 应满足下式要求

$$S_a \geqslant \frac{U_a}{E_a} (\mathrm{m}) \qquad (3-24)$$

式中　U_a——u_a 的幅值，kV。

同理为了防止避雷针接地装置与被保护设备接地装置之间因土壤击穿造成反击，两者之间地中距离 S_e 也应满足下式要求

$$S_e \geqslant \frac{U_e}{E_e} (\mathrm{m}) \qquad (3-25)$$

式中　U_e——u_e 的幅值，kV；

E_e——土壤的平均击穿场强，kV/m。

根据以上各式，并考虑实际运行经验，取 i 的幅值为 150kA，$\frac{\mathrm{d}i}{\mathrm{d}t} = \frac{150}{2.6} = 57.7 \mathrm{kA}/\mu s$，$L_0 = 1.3 \mu H/m$，$E_a = 750 \mathrm{kV/m}$，$E_e = 500 \mathrm{kV/m}$，标准中对 S_a 和 S_e 提出以下要求

$$S_a \geqslant 0.2R_i + 0.1h \ (\mathrm{m}) \qquad (3-26)$$

$$S_e \geqslant 0.3R_i (\mathrm{m}) \qquad (3-27)$$

独立避雷针的工频接地电阻不宜超过 10Ω。一般情况下 S_a 不得小于 5m，和 S_e 不得小于 3m。当有困难时，该接地装置可与主接地网连接。但从避雷针与主接地网的地下连接点，至 35kV 及以下高压设备与主接地网的地下连接点，沿接地体的长度不得小于 15m。

2. 构架避雷针

对于 110kV 及以上的配电装置，因为此类电压等级的配电装置的绝缘水平较高，雷击避雷针时在配电构架上出现的高电位一般不会造成反击事故，为便于布置、节约投资，可以将避雷针架设在配电装置的构架上，如图 3-27 所示。为了尽快释放雷

图 3-27　构架避雷针

电流，须在装设避雷针的构架附近埋设辅助集中接地装置，为了确保变电站中最重要而绝缘又较弱的设备——主变压器的绝缘免受反击的威胁，要求避雷针与主接地网的地下连接点至变压器接地线与主接地网的地下连接点之间，沿接地体的长度不得小于 15m。这是因为当雷击避雷针时，在接地装置上出现的电位升高，在沿接地体传播过程中将发生衰减，经 15m 的距离后，一般已不至于对变压器反击。出于相同的考虑，在变压器的门型构架上，一般不允许装设避雷针。

二、对避雷线安装位置的要求

（1）为防止反击，避雷线与配电装置带电部分、发电厂和变电站电气设备接地部分以及构架接地部分间的空气中距离，应符合下列要求。

对一端绝缘另一端接地的避雷线满足

$$S_a \geqslant 0.2R_i + 0.1(h + \Delta l) \tag{3-28}$$

式中　h——避雷线支柱的高度，m；

　　　Δl——避雷线上校验的雷击点与接地支柱间的距离，m。

对两端接地的避雷线满足

$$S_a \geqslant \beta[0.2R_i + 0.1(h + \Delta l)] \tag{3-29}$$

式中　β——避雷线分流系数；

　　　Δl——避雷线上校验的雷击点与最近支柱间的距离，m。

避雷线的分流系数的近似计算式为

$$\beta \approx \frac{l - \Delta l + h}{l + 2h} \tag{3-30}$$

式中　l——避雷线两支柱间的距离，m。

（2）避雷线的接地装置与发电厂或变电站接地网间的地中距离应符合下列要求。

对一端绝缘另一端接地的避雷线，应满足式（3-27）；对两端接地的避雷线按下式校验

$$S_e \geqslant 0.3\beta R_i \tag{3-31}$$

无论避雷针还是避雷线，一般情况下 S_a 不宜小于 5m，S_e 不宜小于 3m。

3.2.2　变电站内避雷器的保护作用

【学习任务】　通过介绍在侵入波的作用下，不同间距位置避雷器对主变压器的保护特性，了解避雷器的保护性能与侵入波陡度、间距及避雷器残压的密切关系，学会厂站避雷器的配置。

雷击线路时无论发生绕击还是反击，都会自雷击点产生向变电站方向传播的入侵电压波，入侵电压波的最大幅值等于线路绝缘的冲击放电电压，而变电站电气设备的绝缘水平通常低于线路的绝缘水平，因此入侵波对变电站的电气设备会构成严重威胁。

变电站中限制雷电入侵波过电压的主要措施是装设避雷器。变压器及其他高压电气设备的绝缘水平就是依据阀式避雷器的特性而确定的。避雷器应以最短的接地线与配电装置的主要接地网连接，同时宜在其附近装设集中接地装置。下面分析它的保护作用。

变电站内避雷器的
保护作用分析讲解视频

一、阀式避雷器的保护作用分析

因阀式避雷器与被保护设备不可能接在同一点上，为了节省投资，一般阀式避雷器都装在母线上，以保护多台设备，因此避雷器与变压器或其他被保护设备之间有一定距离的电气引线，被保护绝缘是否仍然处于该避雷器的保护距离之内，则是值得分析研究的。

1. 变压器和避雷器之间距离为零时的情况

如图 3-28（a）所示，设在 A 点接有变压器和避雷器，雷电入侵波 u 沿线路袭来，线路的波阻抗为 Z。为了简化分析，忽略变压器的入口电容，避雷器动作前后的等值电路如图 3-28（b）、（c）所示。假定入侵波 u、避雷器的伏秒特性 $u_S = f(t)$ 和伏安特性 $u_A = f(i_a)$ 为已知。由彼得逊法则可知：当入侵波到达 A 点但避雷器动作前，A 点相当于开路，A 点电压 u_A 等于 $2u$。当 $2u$ 上升到与避雷器的伏秒特性曲线相交时，避雷器的火花间隙击穿放电，此时相当于在 A 点与地间接入了一个非线性电阻，根据图 3-28（c）可得

$$2u = u_A + i_a Z \tag{3-32}$$

避雷器上的电压 u_A 具有两个峰值。一个是冲击放电电压 U_b，它决定于避雷器的伏秒特性。另一个是避雷器的残压最大值 U_R，残压与流过避雷器的雷电流大小有关，但因阀片的非线性特性，当流过的雷电流在很大范围内变动时，其残压近乎不变。由于在具有正常防雷接线的 110～220kV 变电站中，流经避雷器的雷电流一般不超过 5kA，故残压最大值取为 5kA 下的数值 $U_{R.5}$。由于避雷器直接接在变压器旁，故变压器上的电压波形与避雷器上的相同，若变压器的冲击耐压大于避雷器的冲击放电电压和 5kA 下的残压，则变压器将得到可靠的保护。

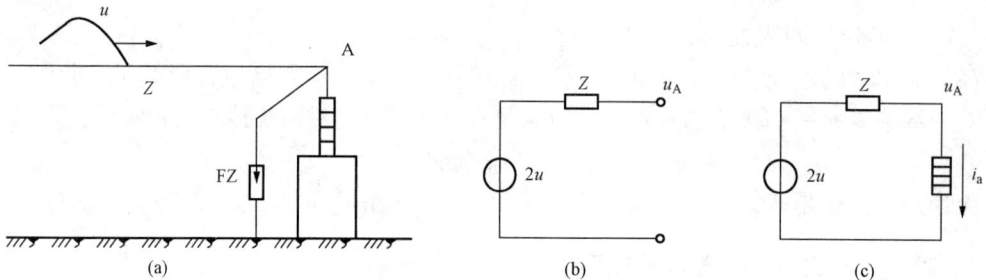

图 3-28 避雷器直接装在变压器旁边
（a）接线图；（b）动作前的等值电路；（c）动作后的等值电路

2. 变压器和避雷器之间有一定距离时的情况

变电站中有许多电气设备，不可能在每个设备旁边都装设一组避雷器，一般只在变电站母线上装设避雷器。因此，避雷器与各个电气设备之间就不可避免地沿连接线分开一定的距离，称为电气距离。当入侵电压波使避雷器动作时，由于波在这段距离上的传播及折、反射，就会在设备绝缘上出现高于避雷器端点的电压。被保护设备离开避雷器的距离越远、入侵波的陡度越大，则被保护设备上的最大电压超过避雷器的击穿电压也越多。当电气设备与避雷器间的距离不为零时，作用在电气设备上的冲击电压波形与避雷器上的电压波形也不相同。

我国标准规定，电气设备的全波冲击耐压等于避雷器的标称放电电流时的额定残压的 1.4 倍。对 220kV 及以下电压等级的电气设备来说，避雷器的标称放电电流为 5kA，因此为了保证电气设备的安全运行，必须限制流过避雷器的雷电流，使其不超过 5kA，这样避雷器

的残压也就不超过 $U_{R·5}$；同时还必须限制入侵波陡度 a 和设备离开避雷器的电气距离 l，保证作用在电气设备上的冲击电压小于其冲击耐压。对于变压器类的带绕组的设备，常采用 $2\mu s$ 截波耐压值作为它们绝缘的冲击耐压。

二、避雷器的保护距离

装设一组避雷器能够保护多大范围内的电气设备，即避雷器与被保护设备的最大允许电气距离，一直是人们关心的问题。推导可得避雷器最大保护距离 l_m 与入侵波陡度 a 等的基本关系为

$$l_m = \frac{U_p - U_{R·5}}{2 \times \dfrac{a}{v}} \tag{3-33}$$

式中　a——入侵波在时间上的陡度，$kV/\mu s$。

取 $v = 300m/\mu s$，且令 $a' = a/v$，则上式改写为

$$l_m = \frac{U_p - U_{R·5}}{2 \times a'} \tag{3-34}$$

式中　U_p——设备多次截波耐压值，kV；

　　　$U_{R·5}$——避雷器上 $5kA$ 下的残压，kV；

　　　a'——入侵波在空间上的陡度，kV/m。

当变电站母线上的出线增多时，由于未落雷线路对雷电流有分流作用，减少了流过避雷器的雷电流，使避雷器上的残压降低，故 l_m 增大。我国标准中根据某些典型接线进行模拟试验或计算，给出了 $35\sim 220kV$ 变电站避雷器至变压器的最大允许电气距离，如表 3-3 和表 3-4 所示。其他电气设备的冲击耐压比变压器的高，最大允许电气距离可以适当增大，标准中规定可比变压器的增大 35%。

表 3-3　　　　　　　普通阀式避雷器至主变压器间的最大电气距离　　　　　单位：m

系统标称电压 (kV)	进线段长度 (km)	进　线　路　数			
		1	2	3	≥4
35	1	25	40	50	55
	1.5	40	55	65	75
	2	50	75	90	105
66	1	45	65	80	90
	1.5	60	85	105	115
	2	80	105	130	145
110	1	45	70	80	90
	1.5	70	95	115	130
	2	100	135	160	180
220	2	105	165	195	220

注　1. 全线有避雷线进线长度取 2km，进线长度在 1~2km 间时的距离按补插法确定。

　　2. 35kV 也有串联间隙金属氧化物避雷器的情况。

运行经验证明，对于电压等级较高，规模较大（电气距离长），接线比较复杂的高压特别是超高压变电站，一般只能根据经验进行设计，然后通过计算机计算或模拟试验检验，确定合理的保护方案。

表 3 - 4		金属氧化物避雷器至主变压器间的最大电气距离			单位：m
系统标称电压 （kV）	进线段长度 （km）	进 线 路 数			
		1	2	3	≥4
110	1	55	85	105	115
	1.5	90	120	145	165
	2	125	170	205	230
220	2	125 （90）	195 （140）	235 （170）	265 （190）

注 1. 本表也适合于磁吹阀式避雷器的情况。

　　2. 括号内距离对应的雷电冲击全波耐受电压为 850kV。

3.2.3　变电站的进线段保护

【学习任务】 通过介绍 35kV 及以上变电站的进线段保护、35kV 及以上电缆进线段的保护及小容量变电站的简化进线段保护，学会变电站进线段保护配置。

　　输电线路上靠近变电站 1～2km 的线段称为进线段。当雷击 35kV 及以上变电站出线的进线段时，产生的入侵波经很短的距离就传播到变电站母线上，此时流过避雷器的雷电流可能超过 5kA，陡度也可能超过允许值。因此，对进线段必须加强防雷保护。具体的保护方法是对未沿全线架设避雷线的 35～110kV 线路在进线段内架设避雷线，对全线装有避雷线的线路也将靠近变电站 1～2km 的线段列为进线保护段。

　　变电站进线段保护讲解视频

　　雷击进线段时只有发生反击或绕击才会产生向变电站传播的入侵波。因此，为防止或减少在进线段内形成入侵波，进线保护段应具较高的耐雷水平，避雷线的保护角不宜超过 20°，最大不应超过 30°。这样，雷击进线段线路时发生反击和绕击的概率将大大减小。

　　一、35kV 以上架空进线段的保护

　　图 3 - 29（a）为未沿全线架设避雷线的 35～110kV 线路进线段保护的标准接线图，图 3 - 29（b）为全线有避雷线时的进线段保护接线。其中 PE 为排气式避雷器，F 是变电站内的阀式或氧化锌避雷器。在雷季，如变电站 35kV 进线的隔离开关或断路器可能经常断路运行，同时其线路侧又带电，则必须在靠近隔离开关或断路器处装设一组管型避雷器 PE。PE 外间隙值的整定，应使其在断路运行时，能可靠地保护隔离开关或断路器，而在闭路运行时，不应动作，并应处于母线阀型避雷器的保护范围内。如管型避雷器整定有困难，或无

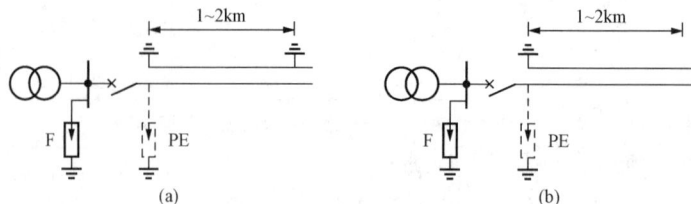

图 3 - 29　35kV 及以上变电站的进线段保护接线

（a）未沿全线架设避雷线时的进线段保护接线；（b）全线有避雷线时的进线段保护接线

适当参数的管型避雷器，可用阀型避雷器或保护间隙代替。下面来求进线段首端落雷时流经避雷器的雷电流及进入变电站的雷电波陡度。

1. 雷电流计算

最不利的情况是进线段首端落雷，如图 3-30（a）所示。由于受线路绝缘放电电压的限制，入侵电压波的最大幅值为线路绝缘的 50% 冲击闪络电压 $U_{50\%}$；行波在 $1\sim2$km 的进线段来回一次的时间需要 $\frac{2l}{v}=2\times(1000\sim2000)/300=6.7\sim13.7\mu s$，入侵波的波头又甚短，故避雷器动作后产生的负电压波折回雷击点在雷击点产生的反射波到达避雷器之前，流经避雷器的雷电流已过峰值，因此可以不计此反射波及其以后过程的影响，只按照原入侵波进行分析计算。

根据图 3-30（b）所示的等值电路图可列出电路方程

$$\left.\begin{array}{l}2u=i_aZ+u_a\\u_a=f(i_a)\end{array}\right\} \quad (3-35)$$

式中　Z——线路的波阻抗；

$u_a=f(i_a)$——避雷器阀片的非线性伏安特性。

举例说明：220kV 线路绝缘的

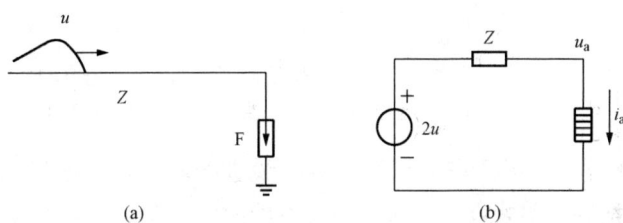

图 3-30　计算流过避雷器雷电流的等值电路
(a) 接线图；(b) 等值电路

$U_{50\%}=1200$kV，线路波阻抗 $Z=400\Omega$，采用 FZ-220J 型避雷器，可以求得通过避雷器的最大雷电流幅值不超过 4.5kA。这也就是 220kV 及以下系统一般以避雷器 5kA 时的残压作为最大残压的理由。

2. 雷电波陡度计算

变电站进线段保护能使入侵波陡度降低的主要原因是线路导线在雷电波作用下发生强烈的冲击电晕。冲击电晕的影响，一方面是增加了电晕能量损耗使幅值衰减；另一方面加大了导线对地电容而使相速度降低引起了波的变形。工程计算中通常忽略电晕能量损耗的影响，只根据相速度减缓的影响来分析变形。

设进线段首端入侵波为斜角平顶波，因电晕效应变形后的波头长度，我国标准推荐可以用以下公式计算

$$\tau=\tau_0+\left(0.5+\frac{0.008U_m}{h_c}\right)l_p \quad (3-36)$$

式中　τ——进线段末端变形后的斜角波头长度，μs；

τ_0——进线段首端斜角波波头的长度，μs。

l_p——进线段长度，km；

h_c——导线对地高度，m；

U_m——入侵波的幅值，kV。

当雷在进线段外首端发生反击时，$\tau_0\approx0$，入侵波经过进线段长度 l_p 后，相应的雷电波陡度为

$$a=\frac{U_m}{\tau}=\frac{U_m}{\left(0.5+\dfrac{0.008U_m}{h_c}\right)l_p} \quad (3-37)$$

二、35kV 及以上电缆进线段的保护

变电站的 35kV 电缆进线段，在电缆与架空线的连接处，由于波的多次折、反射，可能形成很高的过电压，应装设阀型避雷器。避雷器的接地端应与电缆金属外皮连接。对三芯电缆，电缆末端的金属外皮应直接接地，如图 3-31（a）所示；对单芯电缆，应将电缆一端的金属外皮接地，另一端的金属外皮经氧化锌电缆护层保护器（FC）或保护间隙（FG）接地，如图 3-31（b）所示。

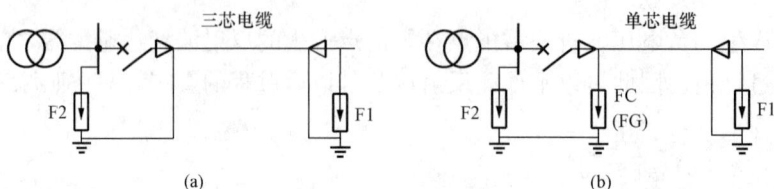

图 3-31 具有 35kV 及以上电缆段的变电站进线段保护接线
（a）三芯电缆段的变电站进线保护接线；（b）单芯电缆段的变电站进线保护接线

对于变电站 35kV 及以上电缆进线段，如若电缆长度不长（≤50m），或虽然较长，但经校验证明装设一组阀式避雷器即能满足要求时，图 3-31 中可只装设 F1 或 F2。若电缆长度较长，且断路器在雷雨季节可能经常开路运行时，为了防止开路端全反射形成很高的过电压损坏断路器，应在电缆末端（靠近变电站端）装设排气式或阀式避雷器。连接电缆进线段前的 1km 架空线路应架设避雷线。对全线电缆—变压器组接线的变电站内是否装设避雷器，应根据电缆前端是否有雷电过电压波入侵，经校验确定。有电缆进线段的架空线路，避雷器应装设在电缆头附近，其接地端应和电缆金属外皮相连。如各架空线均有电缆进线段，则避雷器与主变压器的最大电气距离不受限制。

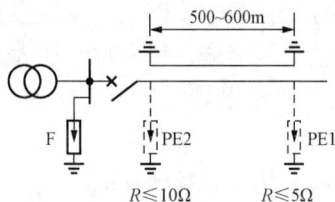

图 3-32 3150～5000kVA、35kV
变电站的简化保护接线

三、35kV 小容量变电站进线段的简易保护

对 35kV 小容量变电站，可根据负荷的重要性和当地雷电活动的强弱等具体情况，适当简化进线段保护。避雷器距变压器的电气距离一般都在 10m 以内，允许有较高的入侵波陡度，所以进线段的长度可以减少到 500～600m，但其首端管型避雷器或保护间隙的接地电阻不应超过 5Ω。简化保护接线如图 3-32 所示，适用于 3150～5000kVA 的 35kV 变电站。容量更小的变电站，保护接线还可以进一步简化（参见我国 GBJ 64—1983《工业与民用电力装置的过电压保护设计规范》、DL/T 620—1997《交流电气装置的过电压保护和绝缘配合》）。

3.2.4 变压器的防雷保护

【学习任务】 通过介绍三绕组变压器、自耦变压器的防雷保护以及变压器中性点的防雷保护的依据，初步学会变压器的防雷保护配置。

一、三绕组变压器的防雷保护

对双绕组变压器而言，当变压器高压侧有雷电波入侵时，通过绕组间的静电和电磁耦合，会使低压侧出现过电压。但实际上，双绕组变压器在正常运行时，高压和低压侧断路器

都是闭合的，两侧都有避雷器保护，所以一侧来波，传递到另一侧去的电压不会对绕组造成损害。

三绕组变压器在正常运行时，可能出现只有高、中压绕组工作而低压绕组开路的情况。这时，当高压或中压侧有雷电波作用时，因处于开路状态的低压侧对地电容较小，低压绕组上的静电分量可达很高的数值以致危及低压绕组的绝缘。因此为了限制这种过电压，需在低压绕组出线端加装一组避雷器，但若变压器低压绕组接有 25m 以上金属外皮电缆时，因对地电容增大，足以限制静电感应过电压，故可不必再装避雷器。

三绕组变压器的中压侧虽然也有开路的可能性，但其绝缘水平较高，所以除了高、中压绕组的变比很大以外，一般都不必装设限制静电感应过电压的避雷器（目前的工程实践及国家电网的反措要求，变压器各侧均装有避雷器）。

二、自耦变压器的防雷保护

为了减小系统的零序阻抗和改善电压波形，自耦变压器除了高、中压自耦绕组外，还有一个三角形接线的低压绕组。在这个低压绕组上应装设限制静电感应过电压的避雷器。

此外，由于自耦变压器中的波过程有其自己的特点，因此其保护方式与其他变压器也有所不同。在中压端套管与断路器之间应装设一组避雷器，在高压端和断路器之间也应加装一组避雷器保护。

三、变压器的中性点保护

变压器在不同的中性点接地方式和绕组结构形式下，中性点所受到的过电压是不同的，需要选择不同参数的避雷器加以保护。

35～60kV 变压器的中性点不接地或经消弧线圈接地，在结构上是全绝缘的，即中性点的绝缘强度（绝缘水平）与端部绕组的相同。设计技术规程规定，35～60kV 变压器的中性点一般不装设保护装置，但多雷区单进线变电站宜装设保护装置。当变压器中性点是经消弧线圈接地，且有单进线运行可能，为了限制开断两相短路时线圈中磁能释放所引起的操作过电压，应在中性点上加装避雷器，其额定电压可按线电压或相电压选择，这种避雷器即使在非雷季节也不应退出运行。

110～220kV 系统属于中性点直接接地系统，其中一部分变压器的中性点系直接接地，同时为了限制单相接地电流和满足继电保护的需要，一部分变压器的中性点是不接地的。

用于 110～220kV 系统的变压器，其中性点绝缘水平有两种情况。

（1）全绝缘，即中性点的绝缘水平与绕组首端绝缘水平相同，此时一般不需要采取专门的保护。但在变电站只有一台变压器且为单路进线的情况下，仍需在中性点装设雷电过电压保护装置。这是因为在三相同时进波的情况下，中性点的最大电压可达绕组首端电压 U_0 的两倍。这种情况虽很少见，但因变电站只有一台变压器，万一中性点绝缘击穿，后果十分严重。

（2）分级绝缘，即中性点的绝缘水平低于绕组首端的绝缘水平。具体地说，220kV 变压器中性点绝缘水平为 110kV；110kV 变压器中性点绝缘水平为 60kV 或 38kV。当变压器中性点采用分级绝缘时，应在中性点装设雷电过电压保护装置，宜选变压器中性点金属氧化物避雷器，并应符合下列要求。

（1）标称放电电流下的残压低于中性点冲击耐压。

（2）避雷器的持续运行电压和额定电压不低于规定值（我国标准规定的持续运行电压和额定电压分别为 $0.45U_m$、$0.57U_m$，其中 U_m 为系统最大运行线电压）。

（3）避雷器能承受所在系统的暂时过电压和操作过电压。

电网单相接地时中性点电位的稳态值为

$$U_0 = \frac{\dfrac{x_0}{x_1}}{\dfrac{x_0}{x_1}+2}U_{phm}\tag{3-38}$$

式中　x_0、x_1——从故障点看进去的零序和正序感抗；

　　　U_{phm}——系统最大运行相电压。

在中性点直接接地的电网中，x_0/x_1 一般不超过 3。在 $x_0/x_1=3$ 的极限情况下，$U_0=0.6U_{phm}\approx0.35U_m$，$U_m$ 为最大运行线电压。故我国标准结合运行经验，规定中性点金属氧化物避雷器的持续运行电压为 $0.45U_m$，额定电压为 $0.57U_m$。

3.2.5　配电变压器的防雷保护

【学习任务】　通过介绍配电变压器的防雷保护措施，了解配电变压器的防雷保护配置。

3～10kV 配电变压器的基本保护措施是靠近变压器装设避雷器，以防止从线路侵入的雷电波损坏绝缘。配电变压器的保护接线如图 3-33 所示。其高压侧装设金属氧化物避雷器（Y5SWS3～10 型）或阀式避雷器（FS-3～10 型），保护装置应尽量靠近变压器装设，其接地线应与变压器低压侧中性点（中性点不接地的电力网中，与中性点的击穿保险器的接地端）以及金属外壳连在一起接地。这样，避雷器动作时，作用在变压器主绝缘上的电压主要是避雷器的残压，不包括接地电阻的电压降（目前的工程实践中有把配变高低压侧避雷器单独接地的做法，且统计数据比传统接法雷击故障较少）。

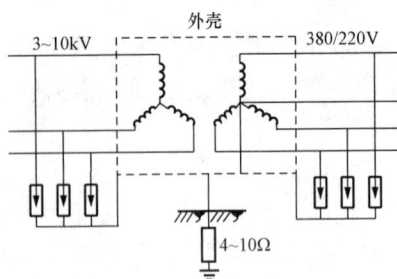

图 3-33　配电变压器的防雷保护接线

运行经验证明，如果只在高压侧装设避雷器，还不能免除变压器遭受雷害事故，这是因为雷直击于低压线或低压线遭受感应雷时，雷击电流侵入低压绕组经中性点接地装置入地，接地电流在接地电阻上产生压降。这个压降使得低压侧中性点电位急剧升高。它叠加在低压绕组上，出现过电压，危及低压绕组。同时，这个电压通过高低压绕组的电磁感应按变比升高至高压侧，与高压绕组的相电压叠加，致使高压绕组出现危险的过电压。这种由于低压绕组遭受雷击过电压，通过电磁感应变换到高压侧，引起高压绕组过电压的现象叫正变换过电压。反之，当高压侧线路遭受雷击时，雷电流通过高压侧避雷器放电入地，接地电流在接地电阻上产生压降。这个压降作用在低压侧中性点上，而低压侧出线此时相当于经电阻接地，因此，电压绝大部分加在低压绕组上了。又经电磁感应，这个压降以变比升高至高压侧，并叠加于高压绕组的相电压上，致使高压绕组出现过电压而导致击穿事故。这种由于高压侧遭受雷击，作用于低压侧，通过电磁感应又变换到高压侧，引起高压绕组过电压的现象叫反变换过电压。因此，在配电变压器低压侧也应加装防雷保护装置，如 FS-0.25 型避雷器或 MY-470 型压敏电阻。

3.2.6　气体绝缘变电站（GIS）的过电压保护

【学习任务】　通过介绍 GIS 变电站过电压保护特点及保护接线方式等内容，了解 GIS 变电站过电压保护接线。

气体绝缘全封闭组合电器（GIS）变电站是将除变压器以外的所有高压电气设备及母线，封闭在一个接地的金属外壳内，壳内充以 3～4 个大气压的 SF_6 气体作为相间和相对地绝缘。

一、GIS 变电站防雷保护的特点

在 GIS 变电站中，因 SF_6 气体绝缘结构都是均匀或稍不均匀电场，故其冲击伏秒特性平坦，其绝缘水平主要决定于雷电冲击电压水平，特别是负极性的雷电冲击水平。

GIS 变电站的波阻抗在 60～100Ω 之间，远比架空线路的波阻抗低，从架空线路进入 GIS 内的折射波的幅值和陡度，都比到达 GIS 入口的入侵波要小得多。

GIS 变电站结构紧凑，设备之间的电气距离小，避雷器离被保护设备较近，防雷保护措施比敞开式变电站容易实现。

GIS 绝缘完全不允许发生电晕，一旦发生电晕将立即击穿，而且没有自恢复性能。因 GIS 的价格昂贵，故要求包括母线在内的整套 GIS 装置的过电压保护应有较高的可靠性，在设备绝缘配合上留有足够的裕度。

二、GIS 变电站的防雷防护接线

GIS 变电站接线方式各不相同，就架空输电线路与 GIS 变电站的连接来说，有经过电缆段和不经过电缆段的区别。至于与变压器的连接，有直接相连的，也有经一段电缆段或架空线连接的。下面讨论对防雷保护来说比较复杂的接线，即一条架空线进入 GIS 变电站，GIS 末端连接变压器的情况。

1. 与架空线路直接相连的 GIS 变电站的防雷保护接线

66kV 及以上进线无电缆段的 GIS 变电站，在 GIS 管道与架空线路的连接处，应装设金属氧化物避雷器（FMO1），其接地端应与管道金属外壳连接，保护接线如图 3-34 所示。如变压器或 GIS 一次回路的任何电气部分至 FMO1 的最大电气距离在 66kV 时不大于 50m，在 110～220kV 时不大于 130m，则可不装 FMO2。连接 GIS 管道的架空线路进线保护段的长度应不小于 2km。

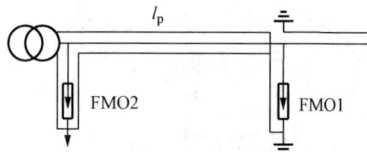

图 3-34　无电缆段进线的 GIS 变电站保护接线

2. 经电缆段进线的 GIS 变电站的防雷接线方式

对有电缆段进线的 GIS 变电站的防雷保护，在电缆段与架空线路的连接处应装设金属氧化物避雷器（FMO1），其接地端应与电缆的金属外皮连接。对三芯电缆，末端的金属外皮应与 GIS 管道金属外壳连接接地，如图 3-35（a）所示；对单芯电缆，应经金属氧化物电缆护层保护器（FC）接地，如图 3-35（b）所示。

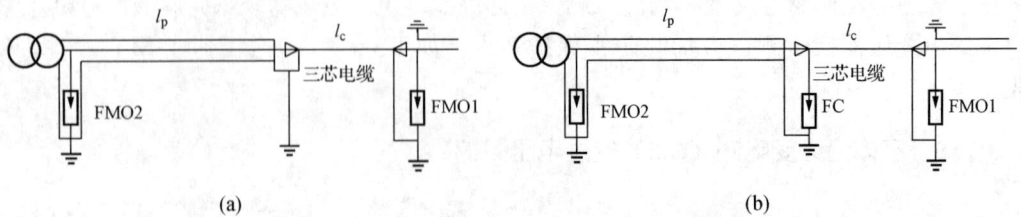

图 3-35　有电缆段进线的 GIS 变电站保护接线
(a) 三芯电缆进线的 GIS 变电站保护接线；(b) 单芯电缆进线的 GIS 变电站保护接线

　　模拟试验和计算表明，对有电缆段进线的 GIS 变电站，一般在首端装设一组避雷器 FMO1，可达到保护的目的。当电缆末端至变压器或 GIS 一次回路的任何电气部分间的最大电气距离对 66kV 电压等级超过 50m、对 110kV 及 220kV 电压等级超过 130m，装一组避雷器不能满足要求时，应在变压器旁再装设一组避雷器 FMO2。

　　对三芯电缆，因三相工频电流产生的交链于电缆金属外皮的合成磁通很小，在电缆金属外皮上产生的感应电动势也很小，电缆两端的金属外皮直接接地时流过金属外皮的电流不大，故电缆两端的金属外皮应直接接地；对单芯电缆，因为芯线的工频电流可能在金属外皮上产生较大的感应电动势，若金属外皮两端同时接地，则可能有较大的电流流过外皮，从而影响电缆的正常运行。若一端接地，则在不接地端又会产生较大的感应过电压，威胁电缆绝缘，故应将电缆一端的金属外皮接地，另一端的金属外皮经氧化锌电缆护层保护器（FC）或保护间隙（FG）接地。

　　无论哪种接线，直接与 GIS 相连或与电缆段相连的架空线进线段必须设置进线段保护，进线保护段的长度不应小于 2km，且应符合进线段保护要求。

3.2.7　输电线路的防雷保护

　　【学习任务】　通过介绍输电线路上过电压产生原因及保护措施，学会输电线路上过电压的工程计算及输电线路的防雷配置。

　　由于输电线路分布区域广，易受雷击，从而引起线路跳闸。同时，雷击以后雷电波沿输配电线路侵入变电站，给电力设备带来危害，因此对线路防雷保护应加以充分重视和研究。

　　根据过电压的形成过程，一般将线路发生的雷击过电压分为两种：一种是雷击线路附近地面，由于电磁感应所引起的过电压，称为感应雷过电压；另一种是雷击于线路引起的过电压称为直击雷过电压。运行经验表明，直击雷过电压对高压电力系统的危害更为严重。

　　输电线路防雷一般采取下列措施。

　　（1）防止雷直击导线。沿线架设避雷线，有时还要装避雷针与其配合，使输电线路免受直接雷击。

　　（2）防止雷击塔顶或避雷线后引起绝缘闪络。雷击塔顶或避雷线时，雷电流通过塔体和接地体，使塔体电位升高，同时在相导线上产生感应过电压。如果升高塔体电位和相导线感应过电压合成的电位差超过线路绝缘闪络电压值，就会发生闪络。为此，应降低杆塔的接地电阻，增大耦合系数，适当加强线路绝缘，在个别杆塔上采用线路型避雷器等，以提高线路耐雷水平，减少绝缘闪络。

（3）防止雷击闪络后转化为稳定的工频电弧。当绝缘子串发生闪络后，应尽量使它不转化为稳定的工频电弧，线路就不会跳闸。适当增加绝缘子片数，减少绝缘子串上工频电场强度，采用不接地或经消弧线圈接地方式，可有效防止稳定的工频电弧形成。

（4）防止线路中断供电。为防止雷击引起的线路跳闸导致供电中断，可采用自动重合闸，或双回路、环网供电等措施，即使线路跳闸，也能不中断供电。

下面将介绍输电线路可能出现的过电压，并对输电线路进行耐雷性能分析计算。

一、感应雷过电压的形成

当雷击线路附近大地时，由于雷电通道周围空间电磁场的急剧变化，会在架空线路的三相导线上产生感应雷过电压。这种过电压的形成过程如下。

雷击导线附近
感应雷动画

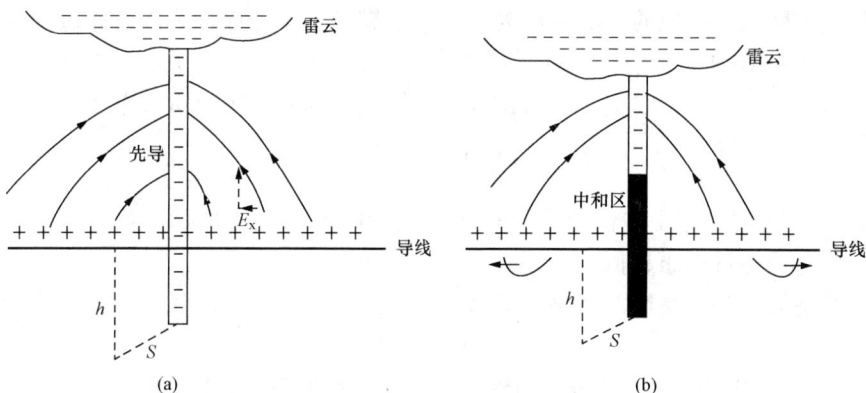

在雷电放电的先导阶段（假设为负先导），线路处于雷云及先导通道与大地构成的电场之中。最靠近先导通道的一段导线上感应正电荷，如图 3-36（a）所示。由于该过程较慢，没有形成明显的电压波。主放电开始以后，先导通道中的负电荷自下而上被迅速中和，相应的电场迅速减弱，使导线上的正束缚电荷迅速释放，形成电压波沿导线向两侧运动，如图 3-36（b）所示。由于主放电的平均发展速度很高，导线上束缚电荷的释放过程也很快，所以形成的电压波的幅值很高。这种由电场变化形成的过电压称为感应雷过电压的静电分量。

图 3-36　感应雷过电压形成示意图
(a) 主放电前；(b) 主放电后

在主放电过程中，伴随着雷电流冲击波，在放电通道周围空间出现甚强的脉冲磁场，其中一部分磁力线穿过导线——大地回路，产生感应电动势。这种由于雷电流所产生的磁场变化而引起的过电压称为感应雷过电压的电磁分量。

实际上，感应雷过电压的静电分量和电磁分量都是在主放电过程中，由统一的电磁场的突变而同时产生的。由于主放电速度比光速小得多，主放电通道和导线差不多互相垂直，互感不大，电磁感应较弱，因此电磁分量要比静电感应分量小得多，所以在导线的总的感应过电压幅值中，静电分量将起主要的作用。

二、感应雷过电压的计算

我国标准 DL/T 620—1997《交流装置的过电压保护和绝缘配合》建议，若导线上方无避雷线，当雷击点离开线路的距离 S（水平距离）大于 65m 时，则导线上感应雷过电压的最大值 U_i 的近似计算式为

$$U_i \approx 25 \frac{Ih_c}{S} (\text{kV}) \tag{3-39}$$

式中　S——雷击点与线路的水平距离，m；

　　　　h_c——导线悬挂的平均高度，m；

　　　　I——雷电流的幅值，kA。

实测表明，感应雷过电压的幅值一般不超过 500kV，而 35kV 线路（铁横担）的 50％雷电冲击放电电压为 350kV，110kV 线路的 50％雷电冲击放电电压为 700kV，故感应雷过电压只可能引起 35kV 及以下电压等级的线路闪络，对 110kV 及以上电压等级的线路一般没有威胁。

当导线上方挂有接地的避雷线时，由于先导电荷产生的电力线有一部分被避雷线截住，即避雷线的屏蔽作用，因而导线上感应的束缚电荷减少，会使导线上的感应雷过电压降低。

设导线和避雷线的平均高度分别为 h_c 和 h_g，如果避雷线没有接地，则导线和避雷线上的感应雷过电压 U_i 和 U_g 分别为

$$U_i = 25 \frac{Ih_c}{S} \tag{3-40}$$

$$U_g = 25 \frac{Ih_g}{S} = U_i \frac{h_g}{h_c} \tag{3-41}$$

但避雷线实际上是接地的，其电位为零。为了满足这一条件，可以设想避雷线上又叠加上一个 $-U_g$ 的感应电压，而它又将在导线上产生耦合电压 $k_0(-U_g)$，k_0 为避雷线和导线之间的几何耦合系数。于是，线路上有避雷线时，导线上的实际感应雷过电压 U'_i 将为

$$U'_i = U_i - k_0 U_g = U_i \left(1 - k_0 \frac{h_g}{h_i}\right) \approx U_i (1 - k_0)(\text{kV}) \tag{3-42}$$

式（3-42）表明，避雷线使导线上的感应雷过电压下降至其 $(1-k_0)$ 倍。耦合系数越大，导线上的感应雷过电压越低。

我国标准建议对一般高度的线路，无避雷线时感应雷过电压的最大值计算式为

$$U_i = ah_c (\text{kV}) \tag{3-43}$$

式中　a——感应过电压系数，其值等于以 kA/μs 计数的雷电流陡度值。

有避雷线时，导线上的感应雷过电压将降低为

$$U'_i = U_i \left(1 - k_0 \frac{h_g}{h_c}\right) = ah_c \left(1 - k_0 \frac{h_g}{h_c}\right) \approx ah_c (1 - k_0)(\text{kV}) \tag{3-44}$$

三、直击雷过电压

我国 110kV 及以上线路一般全线装有避雷线，下面将以中性点直接接地系统中有避雷线输电线路为例来分析架空输电线路的直击雷过电压和耐雷水平。其他线路分析原则相同。

如图 3-37 所示，输电线路遭受直击雷一般有三种典型情况。

（1）雷击杆塔塔顶。

（2）雷击避雷线档距中央。

（3）雷绕过避雷线击于导线，称为"绕击"。

1. 雷击杆塔塔顶

当雷击杆塔塔顶时，雷电流大部分流经被击杆塔及

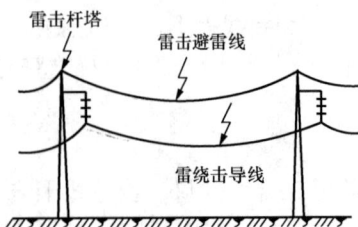

图 3-37　雷击线路的典型情况

其接地电阻流入大地，小部分电流则经过避雷线由两相邻杆塔入地。从雷击线路接地部分（避雷线、杆塔等）而引起绝缘子中闪络的角度来看，这是最严重的情况，产生的雷电过电压最高。雷击杆塔示意图及等值电路如图 3-38 所示。

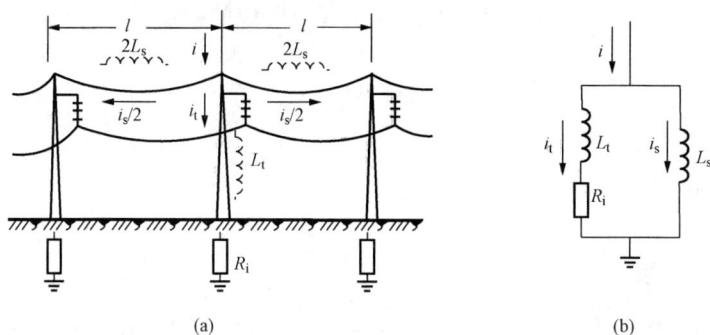

图 3-38　雷击塔顶的示意图和等值电路图
（a）示意图；（b）等值电路

雷击杆塔塔顶动画

三雷击塔顶时直接雷过电压的计算讲解视频

因杆塔最高，杆塔附近上方的雷电一般击于杆塔塔顶上。运行经验表明，在线路落雷总数中雷击杆塔的次数与避雷线的根数和地形有关。雷击杆塔次数与雷击线路总次数的比值称为击杆率（g），我国标准建议的 g 值见表 3-5。

表 3-5　　　　　　　击　杆　率　（g）

地形＼避雷线根数	1	2	地形＼避雷线根数	1	2
平原	1/4	1/6	山丘	1/3	1/4

由于一般杆塔接地电阻 R_i 较小，因而从接地点反射回来的电流波立即到达塔顶，使入射电流加倍，因而注入线路的总电流即为雷电流 i，而不是沿雷电波阻抗传播的入射电流 $i/2$。考虑到雷击点的阻抗较低，故在计算中可略去雷电通道波阻的影响，认为雷电流 i 直接由雷击点注入。由于一部分雷电流经避雷线流走，故流过杆塔的雷电流 i_t 小于 i，二者可表示为

$$i_t = \beta i \tag{3-45}$$

式中 β 称为分流系数，其值可由图 3-38（b）的等值电路求出。对不同电压等级一般长度档距的杆塔，β 值可由表 3-6 查得。可见大部分雷电流通过被击杆塔入地，只有小部分经避雷线支路入地。

表 3-6　　　　一般长度档距的线路杆塔分流系数 β

线路额定电压（kV）	避雷线根数	β	线路额定电压（kV）	避雷线根数	β
110	1	0.90	330	2	0.88
	2	0.86			
220	1	0.92	500	2	0.88
	2	0.88			

塔顶的电位为

$$u_{top} = R_i i_t + L_t \frac{\mathrm{d}i_t}{\mathrm{d}t} = \beta\left(R_i i + L_t \frac{\mathrm{d}i}{\mathrm{d}t}\right)(\mathrm{kV}) \tag{3-46}$$

式中 $\frac{\mathrm{d}i}{\mathrm{d}t}$ 为雷电流的波前陡度，以 $\frac{\mathrm{d}i}{\mathrm{d}t}=\frac{I}{2.6}$ 代入上式，则塔顶电位的幅值为

$$U_{top} = \beta I \left(R_i + \frac{L_t}{2.6}\right)(\mathrm{kV}) \tag{3-47}$$

式中　I——雷电流幅值，kA；

　　　R_i——杆塔的冲击接地电阻，Ω；

　　　L_t——杆塔等值电感，μH。

绝缘子串上的电压幅值 U_{Li} 为

$$U_{Li} = \left[(1-k)\beta R_i + \left(\frac{h_a}{h_t}-k\right)\beta\frac{L_t}{2.6} + \left(1-k_0\frac{h_g}{h_c}\right)\frac{h_c}{2.6}\right]I(\mathrm{kV}) \tag{3-48}$$

式中　h_g、h_c——避雷线、导线对地平均高度，m；

　　　h_t、h_a——杆塔、杆塔横担高度，m；

　　　k_0——避雷线和导线之间的几何耦合系数；

　　　k——考虑电晕影响时的耦合系数。

雷击塔顶后绝缘子串的电压 u_{Li} 随着雷电流瞬时值也随着时间而增大，当绝缘子串上的电压超过其 50% 冲击放电电压时，绝缘子串就发生闪络，通常称之为逆闪络或反击。

2. 雷击避雷线档距中央

在有避雷线的线路上，只有 1/6～1/3 的雷击于杆塔塔顶及其附近的避雷线，其余的雷都击于档距中部的那一段避雷线上。雷真正击于避雷线档距中央约有 10% 的概率，但雷击避雷线档距中央附近时的过电压与雷击避雷线档距中央是一样的。雷击避雷线档距中央时也会在雷击点产生很高的过电压。不过由于避雷线的半径较小，雷击点离杆塔较远，强烈的电晕衰减作用，使过电压波传播到杆塔时，已不足以使绝缘子串闪络，所以通常只需考虑雷击避雷线对导线的反击问题。

雷击避雷线档距中央如图 3-39（a）所示。由图 3-39（b）可得雷击点的电位 u_A 为

$$u_A = i\frac{Z_0}{Z_0 + \frac{Z_g}{2}} \times \frac{Z_g}{2} = i\frac{Z_0 Z_g}{2Z_0 + Z_g} \tag{3-49}$$

由于避雷线与导线间的耦合作用，在导线上将耦合出电压 $k_0 U_A$，所以此时雷击点避雷线与导线间的空气间隙上所承受的最高电压 U_S 为

$$U_S = (1-k_0)U_A = (1-k_0)a\frac{l}{v_g} \times \frac{Z_0 Z_g}{2Z_0 + Z_g} \tag{3-50}$$

由此可见，U_S 与耦合系数 k_0、雷电流陡度 a、档距长度 l 等因素有关。利用式（3-50）并依据空气间隙的耐电强度，可以计算出不发生击穿的最小空气距离 S。结合我国线路多年运行经验的统计分析，我国标准提出对一般线路，15℃无风时，档距中央避雷线与导线间的距离宜按以下经验公式确定

$$S \geqslant 0.012l + 1(\mathrm{m}) \tag{3-51}$$

式中　l——档距长度，m。

雷击避雷线
档距中央动画

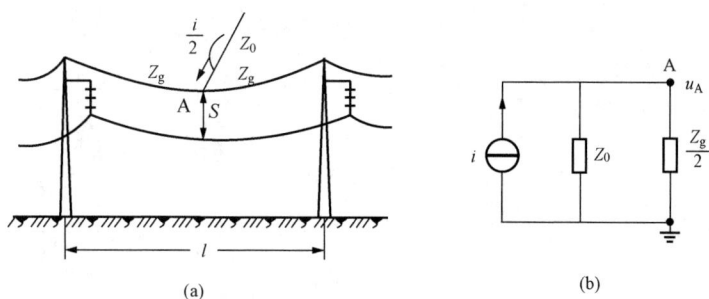

图 3 - 39　雷击避雷线档距中央

（a）示意图；（b）等值电路

　　运行经验表明，只要按式（3 - 51）来确定档距中央避雷线与导线间的空气间隙距离，就不会发生避雷线对导线的反击事故，因此在计算雷击跳闸率时，不考虑这种雷击的情况。

　　3. 雷绕过避雷线击于导线上

　　装设避雷线的线路，仍然有雷绕过避雷线而击于导线（简称雷绕击导线）的可能性。虽然绕击的概率很小，可一旦出现此情况则往往引起线路绝缘子串闪络。模拟试验、运行经验和现场实测都已表明，绕击率 P_α 与避雷线对边相导线的保护角 α（如图 3 - 40 所示）、杆塔高度 h_t 和线路经过地区的地形地貌和地质条件有关，可按以下近似公式计算：

　　对平原线路

$$\lg P_\alpha = \frac{\alpha \sqrt{h_t}}{86} - 3.9 \tag{3 - 52}$$

　　对山区线路

$$\lg P_\alpha = \frac{\alpha \sqrt{h_t}}{86} - 3.35 \tag{3 - 53}$$

式中　α——保护角，°；

　　　h_t——杆塔高度，m。

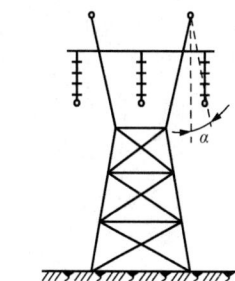

图 3 - 40　避雷线的保护角

　　雷绕过避雷线击于导线上，如图 3 - 41 所示。Z_0 为雷电通道的波阻抗，Z_c 为导线的波阻抗。

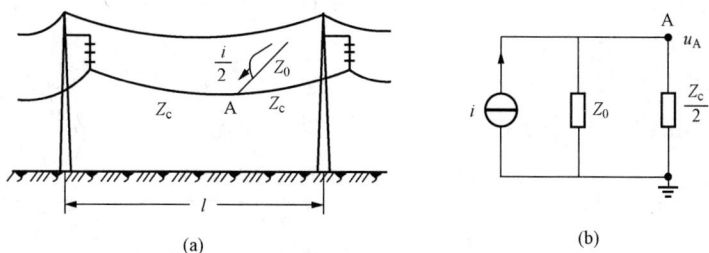

图 3 - 41　雷绕击导线

（a）示意图；（b）等值电路

　　按图 3 - 41（b）所示的等值电路很容易求得流经雷击点 A 的雷电流为

$$i_A = i \frac{Z_0}{Z_0 + \frac{Z_c}{2}} = i \frac{2Z_0}{2Z_0 + Z_c} \qquad (3-54)$$

雷击点电位为

$$u_A = i_A \frac{Z_c}{2} = i \frac{Z_0 Z_c}{2Z_0 + Z_c} \qquad (3-55)$$

u_A 的幅值为

$$U_A = I \frac{Z_0 Z_c}{2Z_0 + Z_c} \qquad (3-56)$$

我国标准中，近似取 $Z_0 \approx \frac{Z_c}{2}$，故

$$U_A = \frac{I}{2} \times \frac{Z_c}{2} = \frac{1}{4} I Z_c \qquad (3-57)$$

若取 $Z_c = 400\Omega$，则式（3-57）进一步简化为

$$U_A = 100 I \text{(kV)} \qquad (3-58)$$

这就是我国现行标准中，用来估算绕击导线时的过电压的近似公式。

四、输电线路耐雷性能的指标及防雷措施

输电线路防雷性能的优劣主要用耐雷水平及雷击跳闸率来衡量。雷击线路时线路绝缘不发生闪络的最大雷电流幅值称为"耐雷水平"，以 kA 为单位。耐雷水平越高，线路发生闪络的概率越小，线路的防雷性能越好；每 100km 线路每年由雷击引起的跳闸次数称为"雷击跳闸率"，它是衡量线路防雷性能的综合指标。

1. 耐雷水平的计算

根据耐雷水平的定义，当雷击塔顶时，在式（3-48）中令 $U_{l,i} = U_{50\%}$，$U_{50\%}$ 为绝缘子串的50％冲击放电电压，即可求得雷击塔顶时的耐雷水平 I_1 为

$$I_1 = \frac{U_{50\%}}{(1-k)\beta R_i + \left(\frac{h_a}{h_t} - k\right)\beta \frac{L_t}{2.6} + \left(1 - k_0 \frac{h_g}{h_c}\right)\frac{h_c}{2.6}} \text{(kA)} \qquad (3-59)$$

从式（3-59）可以看出，雷击塔顶时的耐雷水平与耦合系数 $k_0(k)$、杆塔分流系数 β、杆塔冲击接地电阻 R_i、杆塔等值电感 L_t 以及绝缘子串的50％冲击放电电压 $U_{50\%}$ 等因素有关，实际工程中通常以降低杆塔接地电阻 R_i 和提高耦合系数 k_0 作为提高线路耐雷水平的主要手段。将单避雷线改为双避雷线或增设耦合地线，不仅可以增强导、地线之间的耦合作用，同时也可增加地线的分流作用。

提高线路的耐雷水平可以减少反击概率，但投资要增大。根据技术和经济比较的结果，我国标准中规定，雷击杆塔时的耐雷水平 I_1 应不低于表3-7中所列数值。

表3-7　　　　　　　　　　有避雷线送电线路的耐雷水平

额定电压（kV）	35	110	220	330	500
一般线路耐雷水平（kA）	20～30	40～75	75～110	110～150	125～175
大跨越档距中央和变电站进线段耐雷水平（kA）	30	75	110	150	175

当绕击时，从式（3-56）可知，绕击时导线上电压幅值 U_A 随雷电流幅值 I 的增大而增大，若超过线路绝缘子串的 $U_{50\%}$，则绝缘子串将闪络。绕击时的耐雷水平 I_2 可令 $U_A=U_{50\%}$ 来计算，即

$$I_2 = U_{50\%} \frac{2Z_0+Z_c}{Z_0 Z_c} (\text{kA}) \tag{3-60}$$

我国现行标准建议也可根据式（3-58）近似估算线路绕击时的耐雷水平，这样

$$I_2 = \frac{U_{50\%}}{100} (\text{kA}) \tag{3-61}$$

由式（3-61）可求出，110、220、330、500kV 线路绕击时的耐雷水平分别只有 7、12、16kA 和 27.4kA，因此，对于 110kV 及以上中性点直接接地系统的输电线路，一般都要求沿全线架设避雷线，以防止线路频繁发生雷击闪络跳闸事故。

2. 有避雷线线路的雷击跳闸率计算

无避雷线线路的耐雷水平很低，雷击跳闸率高，故对于 110kV 及以上的输电线路，我国标准要求沿全线架设避雷线，这里主要讨论这种线路的雷击跳闸率。对 110kV 及以上的线路，雷击线路附近地面时感应雷过电压一般不会引起闪络，雷击避雷线档距中央引起的事故也极为罕见。因此在求 110kV 及以上有避雷线线路的雷击跳闸率时，可只考虑雷击杆塔和雷绕击于导线两种情况下的跳闸率。

雷击输电线路跳闸需要具备两个条件，其一是雷电流超过线路的耐雷水平，引起线路绝缘发生冲击闪络；其二是冲击电弧转化为稳定的工频短路电弧。实际上并不是每次冲击闪络都会转化为稳定的工频电弧，有时冲击闪络后电弧会在雷电流过去之后自动熄灭。线路冲击闪络转变为稳定工频电弧的概率，称为建弧率 η。

建弧率 η 与绝缘子串的平均运行电压（有效值）梯度 E 有关，也与闪络瞬间工频电压瞬时值和去游离条件等有关。根据实验和运行经验，建弧率 η 可计算为

$$\eta = (4.5E^{0.75} - 14) \times 10^{-2} \tag{3-62}$$

设 N 为每 100km 线路每年遭受雷击的次数，n_1 为 N 次雷击中，击中杆塔塔顶引起线路跳闸的次数，则 n_1 可由下式计算

$$n_1 = NgP_1\eta [\text{次}/(100\text{km}\cdot\text{a})] \tag{3-63}$$

式中　g——击杆率；

　　P_1——雷电流幅值超过雷击杆塔耐雷水平 I_1 的概率；

　　　η——建弧率。

设 n_2 为线路绕击跳闸率，它可由下式计算

$$n_2 = NP_\alpha P_2 \eta [\text{次}/(100\text{km}\cdot\text{a})] \tag{3-64}$$

式中　P_α——绕击率；

　　P_2——雷电流幅值超过绕击耐雷水平 I_2 的概率。

输电线路总的跳闸率 n 为雷击杆塔跳闸率 n_1 与绕击跳闸率 n_2 之和，即

$$n = n_1 + n_2 = N(gP_1 + P_\alpha P_2)\eta \tag{3-65}$$

对于无避雷线的输电线路，计算所应考虑的原则和过程与有避雷线时基本相同。

3. 线路的防雷措施

为降低线路的雷击跳闸率，提高供电的可靠性，首先应尽可能提高线路的耐雷水平，减

少线路绝缘冲击闪络的次数；其次若发生了冲击闪络，应尽量降低建弧率，减少线路跳闸次数；再者若线路跳闸，应尽量减少停电次数。具体有以下一些措施。

（1）架设避雷线。架设避雷线是高压和超高压输电线路最基本的防雷措施，其主要目的是防止雷直击于导线，同时还有分流作用，可以减小流经杆塔入地的雷电流，从而降低塔顶电位；通过对导线的耦合作用可以减小线路绝缘上所承受的电压；对导线还有屏蔽作用，可以降低感应过电压。

架设避雷线动画

各级电压的线路，一般采用的保护方式如下

1）110kV 输电线路宜沿全线架设避雷线，在年平均雷暴日数不超过 15d 或运行经验证明雷电活动轻微的地区，可不架设避雷线。无避雷线的输电线路，宜在变电站或发电厂的进线段架设 1～2km 避雷线。

2）220～330kV 输电线路宜沿全线架设双避雷线，在年平均雷暴日数不超过 15d 或运行经验证明雷电活动轻微的地区，可架设单避雷线。

3）500～750kV 输电线路应沿全线架设双避雷线。

杆塔上避雷线对边导线的保护角，应符合下列要求：对于单回路，330kV 及其以下线路的保护角不宜大于 15°，330 及以上输电线路的保护角不宜大于 10°。对于同塔双回或多回路，110kV 线路的保护角不宜大于 10°，220kV 以上线路的保护角不宜大于 0°。单避雷线线路不宜大于 25°。对重覆冰线路的保护角可适当加大。

（2）降低杆塔接地电阻。对于一般高度的杆塔，降低杆塔冲击接地电阻是提高线路耐雷水平、降低雷击跳闸率的有效措施。标准要求的杆塔接地电阻见表 3-8。

表 3-8	线路杆塔的工频接地电阻				
土壤电阻率（Ω·m）	≤100	100～500	500～1000	1000～2000	>2000
接地电阻（Ω）	≤10	≤15	≤20	≤25	≤30

降低杆塔接地电阻动画

在土壤电阻率低的地区，应充分利用铁塔、钢筋混凝土杆的自然接地电阻。在高土壤电阻率的地区，用一般方法很难降低接地电阻时，可采用多根放射形接地体，或连续伸长接地体以及垂直接地电极，或采用某种有效的降阻剂降低接地电阻值。

（3）架设耦合地线。在降低杆塔接地电阻有困难时，可以采用在导线下方架设耦合接地线的措施，其作用是增加避雷线与导线间的耦合作用，以降低绝缘子串上的电压。此外耦合地线还可以增加对雷电流的分流作用。运行经验表明，该措施可降低雷击跳闸率 50% 左右，耦合地线对减少雷击跳闸率效果是显著的。

架设耦合地线动画

采用不平衡绝缘
线路防雷措施动画

（4）采用不平衡绝缘方式。在高压及超高压线路中，同杆架设的双回线路日益增多，对此类线路可采用不平衡绝缘方式来降低双回路雷击同时跳闸率以保证不中断供电。不平衡绝缘原则是两回路的绝缘子串片数有差异，这样雷击时绝缘子串片数少的回路先闪络，闪络后的导线相当于地线，增加了与另一回路导线的耦合作用，提高了另一回路的耐雷水平，使之不发生闪络，以保证另一回路连续供电。

（5）采用消弧线圈接地方式。我国 35kV 及以下电网一般采用中性点不接地或经消弧线圈接地的方式，这样可使绝大多数雷击单相闪络接地故障被消弧线圈消除，不致造成雷击跳闸。而当雷击引起两相或三相闪络故障时，第一相闪络并不会造成跳闸，先闪络的导线相当于一根避雷线，增加了分流和对未闪络相的耦合作用，使未闪络相绝缘上的过电压下降，从而提高了线路的耐雷水平。我国消弧线圈接地方式运行效果良好，雷击跳闸率大约可以降低 1/3 左右。

采用消弧线圈接地方式动画

（6）装设自动重合闸。由于雷击造成的闪络大多能在跳闸后自行恢复绝缘性能，所以重合闸成功率较高。据统计，我国 110kV 及以上高压线路重合闸成功率为 75%～90%；35kV 及以下线路约为 50%～80%。因此，各级电压的线路应尽量装设自动重合闸，这是减少停电次数的主要措施。

（7）加强绝缘。对于输电线路的个别大跨越高杆塔地段，落雷机会会增多，杆塔等值电感大，塔顶电位高，感应过电压也高；绕击时的最大雷电流幅值大，绕击率高。这些都增加了线路的雷击跳闸率。为降低跳闸率，可在高杆塔上增加绝缘子串的片数。标准规定，全高超过 40m 有避雷线的杆塔，每增高 10m，应增加一片绝缘子。

加强绝缘动画

（8）采用排气式避雷器。排气式避雷器仅用作线路上雷电过电压特别大或绝缘薄弱点的防雷保护。它能免除线路绝缘的冲击闪络，并使建弧率降为零。排气式避雷器只安装在高压线路交叉的地方及高压线路与通信线路之间的交叉跨越档、过江大跨越高杆塔、变电站的进线保护段等处。

（9）采用线路型金属氧化物避雷器。在雷电活动特别频繁和土壤电阻率较大的地区，可采用线路型金属氧化物避雷器进行防雷。这种避雷器采用复合绝缘外套，质量轻，便于安装。它并接于线路绝缘子串两端，当绝缘子串上的电压达到一定值时动作，从而避免了绝缘子串发生闪络，降低了线路的雷击跳闸率。这种方法的缺点是，避雷器的试验和维护较困难。

线路的防雷是一个技术经济问题。对于高压线路，主要是防止直击雷过电压，根据雷击跳闸的过程，可归纳为采取如下四道防线进行保护。

1）防止雷直击导线：采用避雷线、避雷针、改用电缆线路等。

2）防止反击：降低杆塔的接地电阻，增加耦合和分流（如采用双避雷线、耦合地线），加强绝缘，采用管型避雷器等。

3）防止燃弧：电网中性点经消弧线圈接地，增加绝缘子片数等。

4）防止输电线路供电中断：安装自动重合闸，环网供电等。

对上述四道防线的具体措施，应全面考虑线路的重要程度、系统运行方式、线路经过地区雷电活动的强弱、地形地貌的特点、土壤电阻率的高低等条件，结合当地原有线路的运行经验，根据技术经济比较的结果，因地制宜，采取合理的保护措施。

子情境 3.3　电力系统过电压与绝缘配合

在电力系统中，过电压是指超过正常运行电压并可导致电力系统绝缘或保护设备损坏的电压升高。除了雷电过电压以外，还经常出现另一类过电压——内部过电压。内部过电压

（简称内过电压）是由于断路器操作、故障或其他原因，使系统参数发生变化，引起系统内部电磁能量的振荡转化或传递从而造成的电压升高。按其产生原因分为操作过电压和暂时过电压，而后者又包括谐振过电压和工频电压升高，它们也可以按持续时间的长短来区分，一般操作过电压的持续时间在 0.1s 以内，而暂时过电压的持续时间要长很多。

因操作引起的暂态电压升高，称为操作过电压。所谓操作包括断路器的正常操作（例如分、合闸空载线路或空载变压器、电抗器等），也包括各类故障（例如接地故障、断线故障等）。由于操作，使系统的运行状态发生突然变化，导致系统内部电感元件和电容元件之间电磁能量互相转换的过渡过程。操作过电压具有幅值高、存在高频振荡、强阻尼以及持续时间短等特点。

电力系统在正常或故障时还可能出现幅值超过最大工作相电压、频率为工频或接近工频的电压升高。这种电压升高统称为工频电压升高，或称为工频过电压。工频电压升高的幅值不大，但持续的时间较长。工频电压的升高常伴随操作过电压，其大小直接影响操作过电压的幅值。工频过电压一般不应超过最高运行相电压的 1.3 倍（线路断路器的变电站侧）或 1.4 倍（线路断路器的线路侧）。

因系统中电感、电容参数配合不当，在系统进行操作或发生故障时出现的各种持续时间很长的谐振现象及其电压升高，称为谐振过电压。谐振过电压不仅会在进行操作或发生故障的过程中产生，而且可能在该过渡过程结束后的较长时间内稳定存在，直到发生新的操作，谐振条件受到破坏为止。谐振过电压的危害性既取决于其幅值，也取决于它的持续时间。在设计电力系统时，应考虑各种可能的接线方式和操作方式，力求避免形成不利的谐振回路。

内部过电压的能量来自电网本身，其大小由系统参数决定。通常以系统的最高运行相电压 $U_m/\sqrt{3}$（U_m 为系统最高运行线电压）为基准来计算过电压幅值的倍数 K。若用标幺值表示，则工频过电压基准值定义为最高运行的相电压有效值（$1.0\text{p. u.} = U_m/\sqrt{3}$）；操作过电压基准值定义为最高运行的相电压峰值（$1.0\text{p. u.} = \sqrt{2}U_m/\sqrt{3}$）。

过电压倍数与电网结构、系统容量及参数、中性点接地方式、断路器性能、母线的出线回路数、电网运行接线和操作方式等因素有关，它具有统计性质。通常在中性点直接接地的电网中，如果不采取限压措施，操作过电压的最大幅值可达最高运行相电压幅值的 3 倍以上；在中性点非直接接地的电网中，最大操作过电压可达最高运行相电压幅值的 4 倍以上；谐振过电压的幅值则在 2 倍以上。

3.3.1 电力系统操作过电压

【学习任务】 通过讲解解列过电压、开断电容性负载过电压、空载线路合闸过电压、电弧接地过电压和切除空载变压器过电压的概念、产生原因、影响因素，学会限制操作过电压的措施。

电力系统中存在着许多电感、电容元件，如电力变压器、互感器、发电机、消弧线圈、电抗器、线路导线的电感等均可作为电感元件，而线路导线的对地自部分电容和相间互部分电容、补偿用的并联或串联电容器组、高压设备的杂散电容等均可作为电容元件。

电感和电容均为储能元件，可在电力系统中组成各种振荡回路。在电力系统运行中，当进行操作或发生故障时，将会发生回路从一种工作状态通过振荡转变到另一种工作状态的过渡过程，在设备上将会产生数倍于电源电压的过电压，操作过电压存在的时间一般为几毫秒到几十毫秒。

电力系统中常见的操作过电压有：解列过电压、开断电容性负载过电压、空载线路合闸过电压、电弧接地过电压和切除空载变压器过电压等。在不同电压等级中，起主导作用的操作过电压类型不同。6～10kV 以及 35～60kV 电网中，是电弧接地过电压起主导作用；在110～220kV 电网中，切空载变压器、切除空载线路过电压影响最大；在 330～500kV 电网中，合空载线路过电压危害最大。

一、切除空载线路的过电压

切除空载线路是电力系统中常见的一种操作。一条线路两端的断路器分闸时间总是存在着一定的差异（一般约 0.01～0.05s），所以无论是正常操作或事故操作，都可能出现切除空载线路的情况。产生过电压的根本原因是断路器分闸过程中的电弧重燃现象。

切除空载线路时，断路器切断的是较小的容性电流，通常为几十安到几百安，比短路电流小得多。但在分闸初期，由于断路器（特别是油断路器）触头间恢复电压上升速度可能超过介质强度恢复速度，造成重燃现象，从而引起电磁振荡，出现过电压。切除空载线路时引起的操作过电压幅值大、持续时间长。运行经验表明，断路器灭弧能力越差，重燃几率越大，过电压幅值也越高。

影响切除空载线路过电压的主要因素有断路器的灭弧性能、电网中性点接地方式、母线上的出线数、线路的电晕损失及电磁式电压互感器。

限制切除空载线路过电压有如下措施。

（1）提高断路器的灭弧性能，减少或避免电弧重燃。

（2）在断路器中加装并联分闸电阻，并联分闸电阻可降低断路器触头间的恢复电压和降低重燃后的过电压。

（3）装设避雷器。

（4）在线路首端和末端安装氧化锌或磁吹避雷器，能有效地限制这种过电压的幅值。

二、空载线路的合闸过电压

在电力系统中，空载线路的合闸操作也是常见的一种操作。空载线路合闸分为两种情况，即计划性合闸（正常合闸）和自动重合闸，这时出现的操作过电压称为合空线过电压或合闸过电压。由于两者的初始条件的差别，自动重合闸时的过电压一般要比计划性合闸时的过电压大得多。

影响空载线路合闸过电压产生的主要因素有：①合闸时电压相位，如果合闸是在电源电压接近幅值时发生，出现的合闸过电压较高；②线路残余电压的大小与极性；③线路损耗，线路损耗较大能减弱振荡，从而降低过电压。

限制空载线路合闸过电压有如下措施。

（1）在断路器中加装并联合闸电阻（对自由分量起阻尼作用降低过电压幅值）。

（2）采用同步合闸。

（3）消除和削弱线路残余电压（电磁式电压互感器）。

（4）装设避雷器。

三、切除空载变压器过电压

切除空载变压器也是电力系统中常见的一种操作。空载变压器在正常运行时表现为一励磁电感，因此切除空载变压器就是开断一个小容量电感负荷。高压断路器在开断大的交流电流（100A以上）时，由于电弧中的热游离过程强烈，触头间的电弧通常都是在工频电流自然过零时熄灭。此时电感中的磁场能量为零，不会产生过电压。但在开断空载变压器时，流过断路器的电流为数值较小的空载电流，一般只有变压器额定电流的 $0.5\%\sim5\%$，约数安到数十安。这时会在变压器上和断路器上出现很高的截流过电压，所谓截流现象是指流过电感的电流在到达自然零点前被断路器强行切断，使得储存在电感中的磁场能量被强迫转化为电场能，导致电压的升高。在开断并联电抗器、消弧线圈等电感元件时，也会引起类似的过电压。

影响切除空载变压器过电压的主要因素有：①断路器的灭弧性能，灭弧能力越强，切断电流的能力越强，过电压就越高；②变压器的电感参数，电感越大，电容越小，过电压越高。

限制切除空载变压器过电压的措施是在变压器侧加装阀式避雷器。

四、电弧接地过电压

电力系统中的大部分故障（60%以上）是单相接地故障，电弧接地过电压主要发生在中性点不接地系统中出现单相接地故障时。此时，故障相的对地电压为零，而非故障相的对地电压升高为线值，流过故障点的故障电流是数值不大的电容电流，因故障电流小，三相电源线电压仍维持对称，为不影响对用户继续供电，我国相关规程允许带故障运行一到两小时。

在这一到两小时中，接地点产生接地电弧，并在其中流过非故障相的电流，这种电容电流一般在 $6\sim10kV$ 系统中若大于 30A、在 $35\sim60kV$ 系统中若大于 10A 就不能自行熄灭。由于电弧不稳定（间歇性电弧），将引起系统强烈的电磁振荡过程，产生遍及全电网的电弧接地过电压。

影响电弧接地过电压的主要因素有：①电弧熄灭与重燃的相位；②系统的相关参数；③相间电容、线路损耗；④中性点接地方式等。

限制电弧接地过电压的措施是采用中性点经消弧线圈接地的运行方式，在 110kV 及以上系统中采用中性点直接接地的运行方式。

五、电力系统解列过电压

解列过电压是指多电源系统中因故障或系统失稳在长线路的一端解列，导致瞬态振荡所引起的过渡过程过电压。解列过电压幅值高，振荡波及面大，对系统的扰动很大，会威胁系统中绝缘薄弱的设备。

影响电弧接地过电压的主要因素有解列时线路两端电动势的功角差 δ，线路长度、解列点位置、解列后带空载线路的电源容量，线路损耗、残余电荷的泄放等因素有关。

超高压远距离输电系统的振荡解列过电压可能达到较高的值。实际运行中，上述诸因素最不利情况同时出现的概率是很小的。

限制解列过电压的有效措施是采用金属氧化物避雷器，降低解列过电压的幅值。此外，还可采用自动装置控制解列操作在允许的功角差范围内完成，从而在根本上限制解列过电压的幅值。

3.3.2　工频过电压

【学习任务】　本模块包含工频过电压概念、空载线路电容效应引起的工频过电压、不对称短路引起的工频过电压。通过对不同类型的工频过电压特点分析，掌握产生工频过电压的原因，了解工频过电压对系统运行的影响。

工频过电压是指电力系统在正常或故障时可能出现频率为工频或接近工频、幅值超过最大工作相电压的电压升高，也称为工频电压升高。一般而言工频电压升高的倍数虽然不大，一般不会对电力系统的绝缘直接造成危害，但是它在绝缘裕度较小的超高压远距离输电系统确定系统绝缘水平时，却起着重要的作用。工频电压升高的大小将直接影响操作过电压的幅值；工频电压升高的大小影响保护电器的工作条件和保护效果，例如避雷器的额定电压是由工频电压升高决定的；工频电压升高持续时间长，对设备绝缘及其运行性能有重大影响。例如油纸绝缘内部游离、污秽绝缘子闪络、铁心过热、电晕及其干扰等。

常见的引起工频过电压的原因有空载线路电容效应、不对称接地故障、发电机突然甩负荷等。

系统工频电压升高是决定阀型避雷器灭弧电压的依据。

（1）3、6、10kV 系统工频电压升高可达系统最高电压的 1.1 倍，避雷器的灭弧电压即规定为系统最高电压的 1.1 倍，称为 110% 避雷器，例如 10kV 系统的最高电压按 $1.15U_N$ 考虑，避雷器的灭弧电压为 12.7kV。

（2）35～60kV 系统的工频电压升高可达系统的最高工作电压，避雷器的灭弧电压规定为系统最高电压的 100%，称为 100% 避雷器，例如 35kV 避雷器的灭弧电压为 41kV。

（3）对 110、220kV 系统中的避雷器，其灭弧电压则按系统最高电压的 80% 确定，称为 80% 避雷器，例如 FZ-110J 的灭弧电压为 100kV。

（4）对 330kV 及以上系统，输送距离较长，计及长线路的电容效应时，线路末端工频电压升高可能超过系统最高电压的 80%，则根据安装位置的不同分为：电站型避雷器（即 80% 避雷器）及线路型避雷器（即 90% 避雷器）两种。

3.3.3　谐振过电压

【学习任务】　本模块包含线性谐振过电压、非线性谐振过电压、参数谐振过电压的概念、产生条件、特点和消除措施。

谐振是指振荡回路中某一自由振荡频率等于外加强迫频率的一种稳态或准稳态现象。在这种周期性或准周期性的运行状态中，发生谐振的谐波幅值会急剧上升。谐振过电压是指由于操作原因或故障引起系统中电感和电容元件参数出现不利组合，形成各种不同的振荡回路而产生持续时间较长的不同频率的过电压。谐振回路中包含有电感 L、电容 C 和电阻 R，通常认为系统中的 C 和 R（避雷器例外）是线性元件，而电感 L 有三种不同的特性：线性电感、非线性电感和周期性变化电感，因此相应地谐振过电压就具有三种不同的形式，即线性谐振、非线性（铁磁）谐振、参数谐振过电压。

一、线性谐振过电压

在中性点不接地时或在有效接地的对称线路中，是不可能产生工频参数谐振的，只有在系统有故障或非全相操作，且参数又匹配时线性谐振才有可能发生。线性谐振要求比较严格的参数匹配，限制这种过电流和过电压的方法是使回路脱离谐振状态或增加回路的损耗。在设计和运行时要避免这种现象。

二、非线性谐振过电压

当电感元件带有铁心时，一般都会出现饱和现象，这时电感不再是常数，而是随着电流或磁通的变化而改变，在满足一定条件时，就会产生非线性谐振（铁磁谐振）现象，它具有一些不同于其他过电压的特点。

非线性谐振时，其谐振频率可能是电源频率（基波谐振），或其分数（分次谐波谐振）、或其倍数（偶次或奇次谐波谐振）。

基波铁磁谐振过电压的必要条件是

$$\omega L > \frac{1}{\omega C} \tag{3-66}$$

在非有效接地系统中，当空载母线合闸或单相接地时，由于母线上的各相电磁式电压互感器的饱和程度不同，若参数配合适当，可能引起基频铁磁谐振。再如，在带有空载或轻载变压器的线路中，非全相操作或断线，会使电容与非线性电感形成串联电路，该回路总阻抗为容性时，可能产生较高的基频铁磁谐振。基频铁磁谐振过电压通常为铁心饱和所限制。

除此之外，在含有铁心电感的振荡回路中由于电感值不是常数，回路没有固有的振荡频率，只要参数恰当，谐振频率也可以是电源频率的整数倍或分数倍。如在串联补偿电容器和并联电抗器的串联回路中，以及电磁式电压互感器和较大的母线对地电容的并联回路内，当满足一定条件时，可能会因操作而激发起分次谐波谐振过电压；在 110kV 及 220kV 系统断路器的断口带有均压电容，在开断有电磁式电压互感器的空载母线时，如参数适当，可能产生高频铁磁谐振过电压。

限制铁磁谐振过电压的措施有：改善电磁式电压互感器的励磁特性或改用电容式电压互感器；在电磁式电压互感器的开口三角形中加装阻尼电阻；在选择消弧线圈安装位置时，尽量避免电力网中的一部分失去消弧线圈运行的可能性等。铁磁谐振过电压由于谐振持续时间长，要达十分之几秒以上，甚至可能长期存在，因此不能用避雷器限制。

三、参数谐振过电压

系统中某些元件的电感参数在一定情况下会发生周期性的变化，如发电机在转动时，电感的大小随转子位置的不同而周期性地变化，就有可能产生参数谐振现象，从而引起过电压，也将发电机电感参数周期性变化引起的参数谐振过电压称为发电机自励磁过电压。

当发电机容量较小、空载线路的充电功率较大、损耗电阻又比较小时，为了防止发电机自励磁（参数谐振）过电压，可以采取下列措施。

（1）使发电机的容量大于被投入空载线路的充电功率。

（2）避免发电机带空载线路启动或避免以全电压向空载线路合闸。

（3）快速励磁自动调节器可以限制同步自励磁过电压；异步自励磁过电压上升速度极快，仅能用速动过压继电保护切换机，以限制其作用时间。

3.3.4　绝缘配合的概念和原则

【学习任务】　通过讲解绝缘配合的定义和不同电压等级电网进行绝缘配合的原则，掌握绝缘配合的概念，了解绝缘配合的基本原则。

绝缘配合就是综合考虑电气设备在电力系统中可能承受的各种电压、保护装置的特性和设备绝缘对各种作用电压的耐受特性，合理地确定设备必要的绝缘水平，以使设备的造价、维修费用和设备绝缘故障引起的事故损失，达到在经济上和安全运行上效益最高的目的。因此，绝缘配合从技术上要处理好各种作用电压、限压措施及设备绝缘耐受能力三者之间的相互配合关系；从经济上要协调投资费用、维护费用及事故损失费用三者的关系。不同的系统不同的发展阶段，因结构和限压措施的不同，可以有不同的绝缘水平。

一、绝缘配合的基本原则

绝缘配合的核心问题是确定各种电气设备的绝缘水平，绝缘水平是由长期最大工作电压、大气过电压及内过电压三因素中最严格的一个来决定，它是绝缘设计的首要前提，往往用设备绝缘可以承受（不发生闪络、放电或其他损坏）的试验电压值来表示，包括短时工频试验电压、工频放电电压、长时间工频试验电压、雷电冲击试验电压等。其中短时工频试验用来检验设备在工频运行电压和暂时过电压下的绝缘性能，若内绝缘的老化和外绝缘的污秽对工频运行电压及过电压下的性能有影响时，需作长时间工频试验。至于其他两种冲击试验则分别用来检验设备绝缘耐受冲击过电压的性能。

220kV 及以下的电网，电气设备的绝缘水平主要由大气过电压决定；330kV 及以上的超高压绝缘配合中，操作过电压将起主导作用；特高压电网的绝缘水平可能由工频过电压及长时间工作电压决定。通常电气设备的绝缘水平不考虑谐振过电压；不考虑线路绝缘与变电站绝缘间的配合。

二、绝缘配合的方法

绝缘配合的方法有惯用法、统计法和简化统计法等，除了在 330kV 及以上的超高压线路绝缘（均为自恢复绝缘）的设计中采用统计法以外，在其他情况下目前均采用惯用法。

惯用法是按作用在绝缘上的最大过电压和最小的绝缘强度的概念进行配合的。首先确定设备上可能出现的最危险的过电压，然后根据运行经验乘上一个考虑各种因素的影响和一定裕度的配合系数（或称安全裕度系数），从而决定绝缘应耐受的电压水平。统计法是根据过电压幅值和绝缘的耐受强度的概率分布，用计算的方法求出绝缘放电的概率和线路故障率，在经济技术比较的基础上，正确地确定绝缘水平。简化统计法中，对过电压和绝缘特性两条概率曲线的形状，作出一些通常认为合理的假定，并已知其标准偏差。在此基础上可以计算绝缘的故障率。

惯用法对有自恢复能力的绝缘（如气体绝缘）和无自恢复能力的绝缘（如固体绝缘）都是适用的。统计法至今只能用于自恢复绝缘，主要是输变电设备的外绝缘。

输变电设备绝缘水平以及输电线路绝缘水平的确定详见 GB 311.1—1997《高压输变电设备的绝缘配合》。

【工程小知识 4】

35kV 变电站绝缘配合及过电压保护

本案例引至国家电网公司输变电工程典型设计 35kV 变电站分册。

图 3-42 为变电站电气主接线图；图 3-43 为变电站电气总平面布置图。

电气设备的绝缘配合，参照 DL/T 620—1997《交流电气装置的过电压保护绝缘配合》确定的原则进行。

各级电压等级的氧化锌避雷器按 GB 1032—2000《交流无间隙氧化锌避雷器的使用导则》中的规定进行选择。

1. 35kV 电气设备的绝缘配合

（1）避雷器的选择。35kV 氧化锌避雷器按国内制造厂生产的设备选型，作为 35kV 绝缘配合的基准，其主要技术参数见表 3-9。

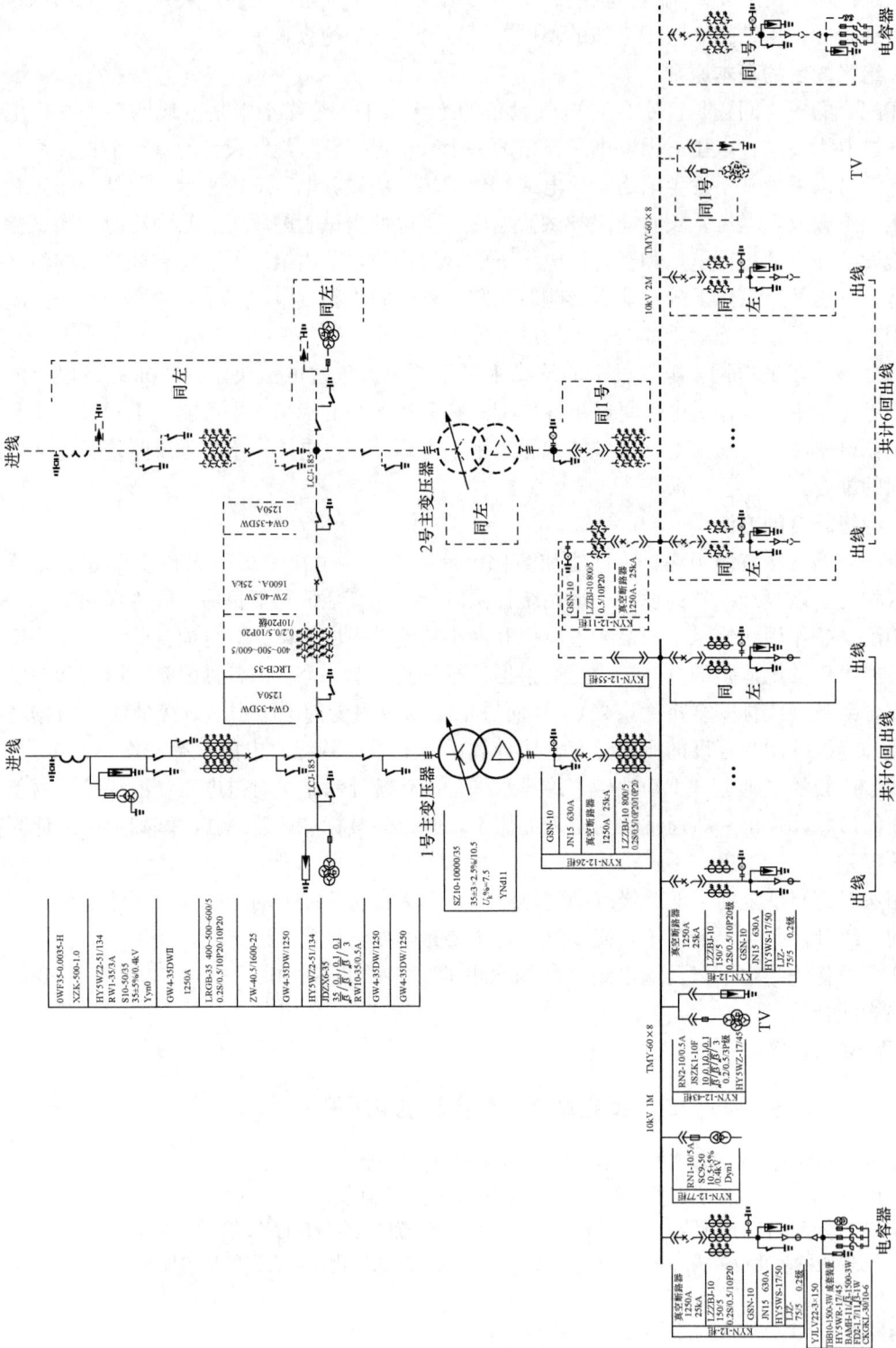

图 3-42 变电站电气主接线图 (35-A-3-000-D1-01)

说明：图中虚线部分为本期不上。

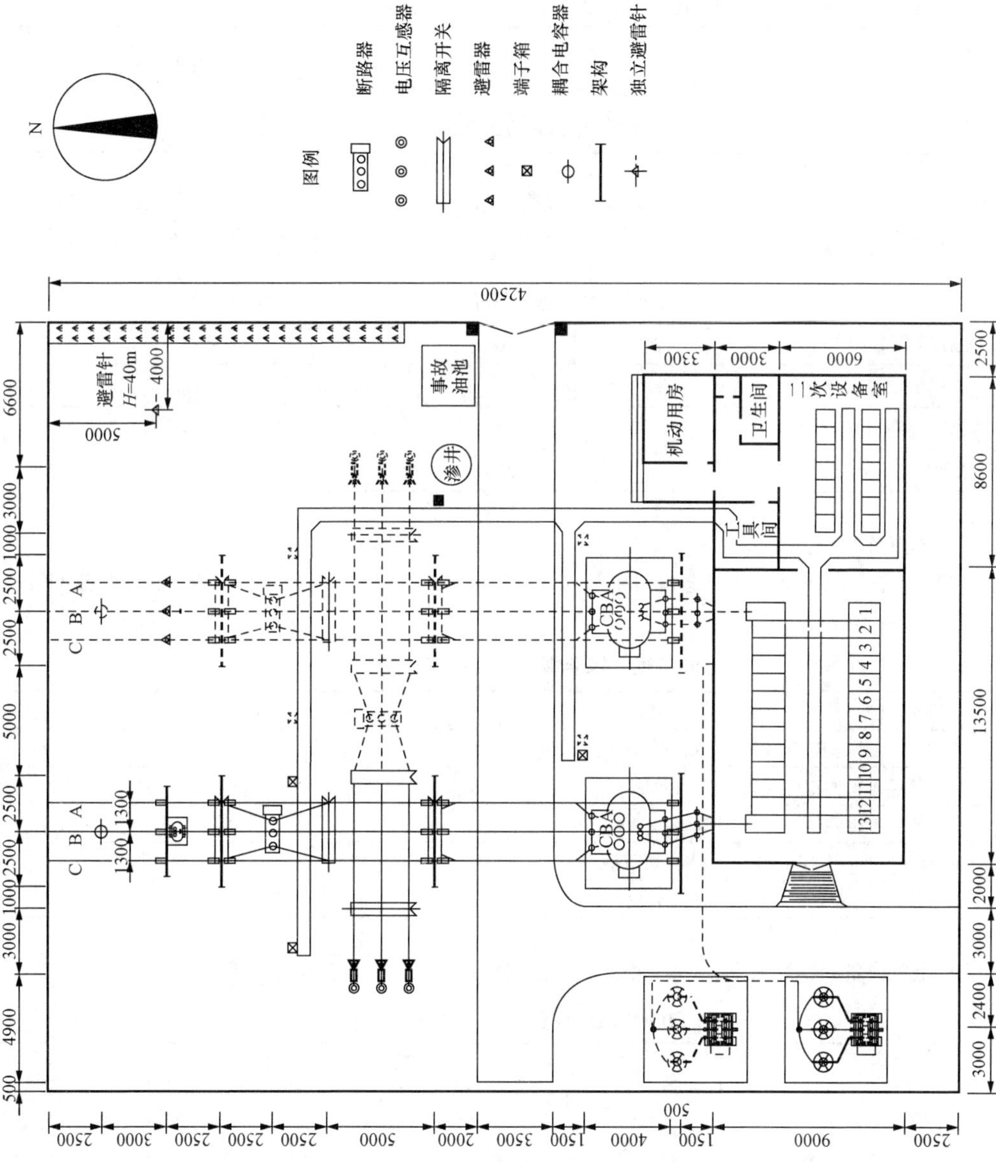

图 3 - 43　电气总平面布置图（35-A-3-000-D1-02）

说明：变电站围墙内占地 1487.5m²，合 2.23 亩。图中虚线部分本期不上。

表 3 - 9   35kV 氧化锌避雷器主要技术参数

避 雷 器 型 号	YH5WZ 型
避雷器额定电压（kV，有效值）	51
最大持续运行额定电压（kV，有效值）	40.8
操作冲击残压（kV，有效值）	114
雷电冲击（8/20μs）5kA 残压（kV，有效值）	134
陡坡冲击（1/5μs）5kA 残压（kV，有效值）	154

（2）35kV 电气设备的绝缘水平。35kV 电气设备的绝缘水平按国家标准选用，有关取值见表 3 - 10。

表 3 - 10   35kV 电气设备的绝缘水平

设备名称	设备耐受电压值				
	雷电冲击耐压（kV，峰值）			1min 工频耐压（kV，有效值）	
	全波		截波		
	内绝缘	外绝缘		内绝缘	外绝缘
主变压器高压侧	200	185	220	85	80
其他电器	185	185		95	95
断路器断口间	185	185		95	95
隔离开关断开间	215			118	

2. 10kV 电气设备的绝缘配合

（1）避雷器的选择。10kV 氧化锌避雷器按国内制造厂生产的设备选型，作为 10kV 绝缘配合的基准，其主要技术参数见表 3 - 11。

表 3 - 11   10kV 氧化锌避雷器主要技术参数

避 雷 器 型 号	YH5WZ 型
避雷器额定电压（kV，有效值）	17
最大持续运行额定电压（kV，有效值）	13.6
操作冲击残压（kV，有效值）	38.3
雷电冲击（8/20μs）5kA 残压（kV，有效值）	45
陡坡冲击（1/5μs）5kA 残压（kV，有效值）	51.8

（2）10kV 电气设备的绝缘水平。10kV 电气设备的绝缘水平按国家标准选用，有关取值见表 3 - 12。

表 3 - 12   10kV 电气设备的绝缘水平

设备名称	设备耐受电压值				
	雷电冲击耐压（kV，峰值）			1min 工频耐压（kV，有效值）	
	全波		截波		
	内绝缘	外绝缘		内绝缘	外绝缘
主变压器高压侧	75	75	85	35	35
其他电器	75	75		42	42
断路器断口间	75	75		42	42
隔离开关断开间	85			49	

3. 雷电过电压保护

（1）主变压器的绝缘配合。根据过电压规程要求经过计算，主变压器 35、10kV 侧由 35、10kV 母线避雷器进行保护。

（2）35、10kV 配电装置雷电过电压保护。在 35、10kV 配电装置每段母线上均设置金属氧化物避雷器。

（3）防直击雷。变电站采用在站内设置 1 根 40m 对立避雷针防直击雷保护。

4. 接地

变电站的接地装置设计与站址区域土壤电阻率、短路入地电流有很大的关系，典型设计因很难确定设计条件，故对接地装置设计不做推荐，具体工程可根据工程实际条件进行。

本方案变电站接地网采用水平敷设的接地干线为主，垂直接地极为辅联合构成的复合式人工接地装置，并在独立避雷针及避雷器处设立集中接地装置，考虑到土壤对接地体的腐蚀，接地体寿命按 30 年，年腐蚀率取 0.1mm。接地装置的材料选用－50mm×6mm 热镀锌扁钢。

在变电站具体工程设计中，如果变电站土壤电阻率较高，可以采取填充相应的降阻剂或敷设外引接地网、水下接地网的措施降低接地电阻。对于变电站仅敷设人工接地体难于满足跨步电动势或接地电动势需要的时候，可在经常操作的设备周围采用水平网格的均压带及高电阻率的绝缘操作地坪。

在发生接地故障时，为防止将高电位引向站外、低电位引向站内，在引出站外的低压线路、通信线路、管线等处应采取相应的隔离措施。

二次室设备接地采用铜排。

思　考　题

3-1　限制雷电破坏作用的基本措施是什么？它们各起什么保护作用？

3-2　简述变电站的进线段保护作用。

3-3　空载线路合闸有几种情况？什么情况下可能引起的合闸过电压最高？

3-4　国家有关标准对雷电流是如何定义的？

3-5　试述雷击地面时，被击点电位的计算模型。设雷电流 $I=100kA$，被击点 A 对地电阻 $R=30\Omega$，试求 A 点的电位 U_A（雷电通道波阻抗 $Z_0=300\Omega$）。

3-6　电力系统中的防雷保护有哪些基本措施？简述其原理。

3-7　某电厂原油罐直径为 10m，高出地面 10m，现采用单根避雷针保护，针距罐壁最少 5m，试求该避雷针的高度应是多少？

3-8　试述阀式避雷器各电气特性参数的意义。

3-9　无间隙金属氧化物避雷器有何优点？有些金属氧化物避雷器为何要加串联或并联间隙？

3-10　阀式避雷器的间隙为何不能取消？

3-11　什么是金属氧化物避雷器的额定电压？它应满足什么条件？

3-12　设土壤电阻率 $\rho=100\Omega\cdot m$，用一根 3m 长、40mm×40mm×4mm 的角钢做成接地体，试计算并比较垂直埋设与水平埋设时的接地电阻值（水平埋设深度为 0.5m）。

3-13　变电站的接地网为何要设计成网状？

3-14　雷电流从大型接地网的某点流入地中时，整个接地网都能起到散流作用吗？如何降低接地网的冲击接地电阻？

3-15　雷击离 35kV 输电线 70m 处的照明塔，记录到雷电流幅值为 80kA。输电线在杆塔上的悬挂点高度是 12m，弧垂是 4.5m，求输电线上的感应雷过电压值。若幅值相同的雷击中杆塔，雷电流波头长度 2.6μs，试计算此时导线上的感应雷过电压分量。

3-16　试分析避雷线对提高线路耐雷性能的作用。

3-17　变电站的直击雷保护需要考虑什么问题？为防止反击应采取什么措施？

3-18　安装在终端变电站的 220kV 变压器的冲击耐压水平 U_w＝945kV，220kV 阀式避雷器的冲击放电电压 U_i＝630kV。设进波陡度 a＝450kV/μs，试求避雷器安装点到变压器的最大容许电气距离。

3-19　说明变电站进线保护段的作用及对它的要求。

3-20　试述变电站进线保护段的标准接线中各元件的作用。

3-21　试述 GIS 变电站的过电压保护的特点。

3-22　某 100kV 变电站进线段长度为 1km，变电站中的避雷器与变压器之间的距离为 50m，变压器的雷电冲击电压为 420kV，当入侵波的陡度为 1.5kV/m 时，若避雷器残压为 260kV，能否起到保护变压器的作用？

3-23　已知某输电导线上方无避雷线，雷击点与导线的距离为 50m，导线离地的高度是 10m。试求：

（1）导线上的感应雷过电压最大值 U_i；

（2）如果导线上有避雷线，且避雷线接地，则导线上的感应雷过电压是多少？（已知耦合系数 k_0＝0.5，雷电流的幅值 I＝80kA）

附录 1 一球接地时，球隙放电标准
电压表（IEC 1960 年公布）

附表 1-1　　**球隙的工频交流、正负极性直流、负极性冲击放电电压（kV，峰值）**

大气条件：气压 101.3kPa，温度 20℃

间距 (cm)	球 直 径 (cm)												间距 (cm)
	2	5	6.25	10	12.5	15	25	50	75	100	150	200	
					(195)	(209)	244	263	265	266	266	266	10
						(219)	261	286	290	292	292	292	11
						(229)	275	309	315	318	318	318	12
						(289)	331	339	342	342	342	13
						(302)	353	363	366	366	366	14
						(314)	373	387	390	390	390	15
						(326)	392	410	414	414	414	16
						(337)	411	432	438	438	438	17
						(347)	429	453	462	462	462	18
						(357)	445	473	486	486	486	19
0.05	2.8						(366)	460	492	510	510	510	20
0.10	4.7							489	530	555	560	560	22
0.15	6.4							515	565	595	610	610	24
0.20	8.0	8.0						(540)	600	635	655	660	26
0.25	9.6	9.6						(565)	635	675	700	705	28
0.30	11.2	11.2						(585)	665	710	745	750	30
0.40	14.4	14.3	14.2					(605)	695	745	790	795	32
0.50	17.4	17.4	17.2	16.8	16.8	16.8		(625)	725	780	835	840	34
0.60	20.4	20.4	20.2	19.9	19.9	19.9		(640)	750	815	875	885	36
0.70	23.2	23.4	23.2	23.0	23.0	23.0		(665)	(775)	845	915	930	38
0.80	25.8	26.3	26.2	26.0	26.0	26.0		(670)	(800)	875	955	975	40
0.90	28.3	29.2	29.1	28.9	28.9	28.9			(850)	945	1050	1080	45
1.0	30.7	32.0	31.9	31.7	31.7	31.7	31.7		(895)	1010	1130	1180	50
1.2	(35.1)	37.6	37.5	37.4	37.4	37.4	37.4		(935)	(1060)	1210	1260	55

续表

间距 (cm)	球 直 径 (cm)												间距 (cm)
	2	5	6.25	10	12.5	15	25	50	75	100	150	200	
1.4	(38.5)	42.9	42.9	42.9	42.9	42.9	42.9		(970)	(1110)	1280	1340	60
1.5	(40.0)	45.5	45.5	45.5	45.5	45.5	45.5			(1160)	1340	1410	65
1.6		48.1	48.1	48.1	48.1	48.1	48.1			(1200)	1390	1480	70
1.8		53.0	53.5	53.5	53.5	53.5	53.5			(1230)	1440	1540	75
2.0		57.5	58.5	59.0	59.0	59.0	59.0	59.0	59.0		(1490)	1600	80
2.2		61.5	63.0	64.5	64.5	64.5	64.5	64.5	64.5		(1540)	1660	85
2.4		65.5	67.5	69.5	70.0	70.0	70.0	70.0	70.0		(1580)	1720	90
2.6		(69.0)	72.0	74.5	75.0	75.5	75.5	75.5	75.5		(1660)	1840	100
2.8		(72.5)	76.0	79.5	80.0	80.0	81.0	81.0	81.0		(1730)	(1940)	110
3.0		(75.5)	79.5	84.0	85.0	85.0	86.0	86.0	86.0	86.0	(1800)	(2020)	120
3.5		(82.5)	(87.5)	95.0	97.0	98.0	99.0	99.0	99.0	99.0		(2100)	130
4.0		(88.5)	(95.5)	105	108	110	112	112	112	112		(2180)	140
4.5			(101)	115	119	122	125	125	125	125		(2250)	150
5.0			(107)	123	129	133	137	138	138	138	138		
5.5				(131)	138	143	149	151	151	151	151		
6.0				(138)	146	152	161	164	164	164	164		
6.5				(144)	(154)	161	173	177	177	177	177		
7.0				(150)	(161)	169	184	189	190	190	190		
7.5				(155)	(168)	177	195	202	203	203	203		
8.0					(174)	(185)	206	214	215	215	215		
9.0					(185)	(198)	226	239	240	241	241		

注 1. 本表不适用于测量 10kV 以下的冲击电压。

2. 括号内为间隙距离大于 0.5D 时的数据,其准确度较低。

附表 1-2　　　　　球隙的正极性冲击放电电压 (kV,峰值)

大气条件:气压 101.3kPa,温度 20℃

间距 (cm)	球 直 径 (cm)												间距 (cm)
	2	5	6.25	10	12.5	15	25	50	75	100	150	200	
					(215)	(226)	254	263	265	266	266	266	10
						(238)	273	287	290	292	292	292	11
						(249)	291	311	315	318	318	318	12
							(308)	334	339	342	342	342	13

续表

间距 (cm)	球　直　径　（cm）												间距 (cm)
	2	5	6.25	10	12.5	15	25	50	75	100	150	200	
							(323)	357	363	366	366	366	14
							(337)	380	387	390	390	390	15
							(350)	402	411	414	414	414	16
							(362)	422	435	438	438	438	17
							(374)	442	458	462	462	462	18
							(385)	461	482	486	486	486	19
0.05							(395)	480	505	510	510	510	20
0.10								510	545	555	560	560	22
0.15								540	585	600	610	610	24
0.20								(570)	620	645	655	660	26
0.25								(595)	660	685	700	705	28
0.30	11.2	11.2						(620)	695	725	745	750	30
0.40	14.4	14.3	14.2					(640)	752	760	790	795	32
0.50	17.4	17.4	17.2	16.8	16.8	16.8		(660)	755	795	835	840	34
0.60	20.4	20.4	20.2	19.9	19.9	19.9		(680)	785	830	880	885	36
0.70	23.2	23.4	23.2	23.0	23.0	23.0		(700)	(810)	865	925	935	38
0.80	25.8	26.3	26.2	26.0	26.0	26.0		(715)	(835)	900	965	980	40
0.90	28.3	29.2	29.1	28.9	28.9	28.9			(890)	980	1060	1090	45
1.0	30.7	32.0	31.9	31.7	31.7	31.7	31.7		(940)	1040	1150	1190	50
1.2	(35.1)	37.8	37.6	37.4	37.4	37.4	37.4		(985)	(1100)	1240	1290	55
1.4	(38.5)	43.3	43.2	42.9	42.9	42.9	42.9		(1020)	(1150)	1310	1380	60
1.5	(40.0)	46.2	45.9	45.5	45.5	45.5	45.5			(1200)	1380	1470	65
1.6		49.0	48.6	48.1	48.1	48.1	48.1			(1240)	1430	1550	70
1.8		54.5	54.0	53.5	53.5	53.5	53.5			(1280)	1480	1620	75
2.0		59.5	59.0	59.0	59.0	59.0	59.0	59.0	59.0		(1530)	1690	80
2.2		64.0	64.0	64.5	64.5	64.5	64.5	64.5	64.5		(1580)	1760	85
2.4		69.0	69.0	70.0	70.0	70.0	70.0	70.0	70.0		(1630)	1820	90
2.6		(73.0)	73.5	75.5	75.5	75.5	75.5	75.5	75.5		(1720)	1930	100
2.8		(77.0)	78.0	80.5	80.5	80.5	81.0	81.0	81.0		(1790)	(2030)	110

间距 (cm)	球 直 径 (cm)												间距 (cm)
	2	5	6.25	10	12.5	15	25	50	75	100	150	200	
3.0		(81.0)	82.0	85.5	85.5	85.5	86.0	86.0	86.0	86.0	(1860)	(2120)	120
3.5		(90.0)	(91.5)	97.5	98.0	98.5	99.0	99.0	99.0	99.0		(2200)	130
4.0		(97.5)	(101)	109	110	111	112	112	112	112		(2280)	140
4.5			(108)	120	122	124	125	125	125	125		(2350)	150
5.0			(115)	130	134	136	138	138	138	138	138		
5.5				(139)	145	147	151	151	151	151	151		
6.0				(148)	155	158	163	164	164	164	164		
6.5				(156)	(164)	168	175	177	177	177	177		
7.0				(163)	(173)	178	187	189	190	190	190		
7.5				(170)	(181)	187	199	202	203	203	203		
8.0				(189)	(196)	211	214	215	215	215			
9.0					(203)	(212)	233	239	240	241	241		

注　括号内为间隙距离大于 $0.5D$ 时的数据，其准确度较低。

附录 2　氧化锌避雷器电气特性

附表 2 - 1　　　　　　　　　　　　氧化锌避雷器电气特性

序号	避雷器型号	避雷器额定电压（kV）	系统标称电压（kV）	持续运行电压（kV）	直流 1mA 参考电压（不小于，kV）	陡波冲击电流残压（不大于，kV，峰值）	雷击冲击电流残压（不大于，kV，峰值）	操作冲击电流残压（不大于，kV，峰值）	标称放电电流（kA）
1	HY5WS-17/50	17	10	13.6	25	57.5	50	42.5	5
2	HY5WZ-17/45	17	10	13.6	24	51.8	45	38.3	5
3	HY5WZ-51/134	51	35	40.8	73	154	134	114	5
4	Y10W-100/260W	100	110	79.6	148	297	260	226	10
5	Y1.5W-72/186W	72	110	58	103		186	174	1.5
6	Y10W-200/520W	204	220	159	296	594	520	452	10
7	Y1.5W-144/320W	144	220	116	205		320	299	1.5

注　避雷器型号参数含义：H—复合绝缘外套；Y—氧化锌避雷器；W（第一个）—无间隙；W（第二个）—防污型；S—配电型；Z—电站型。

附录 3 人工接地极工频接地电阻的计算

一、垂直接地极的接地电阻可计算为（如附图 3-1 所示）

当 l_d 时

$$R_V = \frac{\rho}{2\pi l}\left(\ln\frac{8l}{d} - 1\right) \tag{附3-1}$$

式中 R_V——垂直接地极的接地电阻，Ω；

ρ——土壤电阻率，$\Omega \cdot m$；

l——垂直接地极的长度，m；

d——接地极用圆钢时，圆钢的直径，m〔当用其他型式钢材时，其等效直径应按下式计算（如附图 3-2 所示）：钢管，$d=d_1$；扁钢，$d=\frac{b}{2}$，等边角钢，$d=0.84b$；不等边角钢，$d=0.71\sqrt[4]{b_1 b_2(b_1^2+b_2^2)}$〕。

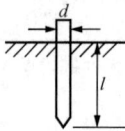

附图 3-1 垂直接地极的示意图

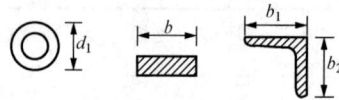

附图 3-2 几种型式钢材的计算用尺寸

二、不同形状水平接地极的接地电阻可计算为

$$R_h = \frac{\rho}{2\pi L}\left(\ln\frac{L^2}{hd} + A\right) \tag{附3-2}$$

式中 R_h——水平接地极的接地电阻，Ω；

L——水平接地极的总长度，m；

h——水平接地极的埋设深度，m；

d——水平接地极的直径或等效直径，m；

A——水平接地极的形状系数。

水平接地极的形状系数可采用附表 3-1 所列数值。

附表 3-1 水平接地极的形状系数 A

水平接地极形状	—	L	人	O	+	□	✳	✳	✳	✳
形状系数 A	−0.6	−0.18	0	0.48	0.89	1	2.19	3.03	4.71	5.65

三、水平接地极为主边缘闭合的复合接地极（接地网）的接地电阻可计算为

$$R_n = \alpha_1 R_e \tag{附3-3}$$

$$a_1 = \left(3\ln\frac{L_0}{\sqrt{S}} - 0.2\right)\frac{\sqrt{S}}{L_0}$$

$$R_{\mathrm{e}} = 0.213 \frac{\rho}{\sqrt{S}}(1+B) + \frac{\rho}{2\pi L}\left(\ln\frac{S}{9hd} - 5B\right)$$

$$B = \frac{1}{1 + 4.6\dfrac{h}{\sqrt{S}}}$$

式中　R_{n}——任意形状边缘闭合接地网的接地电阻，Ω；

　　　R_{e}——等值（即等面积、等水平接地极总长度）方形接地网的接地电阻，Ω；

　　　S——接地网的总面积，m^2；

　　　d——水平接地极的直径或等效直径，m；

　　　h——水平接地极的埋设深度，m；

　　　L_0——接地网的外缘边线总长度，m；

　　　L——水平接地极的总长度，m。

四、人工接地极工频接地电阻的简易计算，可采用附表 3-2 所列公式

附表 3-2　　　　　　　　　　人工接地极工频接地电阻（Ω）简易计算式

接地极型式	简 易 计 算 式
垂直式	$R \approx 0.3\rho$
单根水平式	$R \approx 0.03\rho$
复合式 （接地网）	$R \approx 0.5\dfrac{\rho}{\sqrt{S}} = 0.28\dfrac{\rho}{r}$ 或 $R \approx \dfrac{\sqrt{\pi}}{4}\times\dfrac{\rho}{\sqrt{S}} + \dfrac{\rho}{L} = \dfrac{\rho}{4r} + \dfrac{\rho}{L}$

注　1. 垂直式为长度 3m 左右的接地极；

　　2. 单根水平式为长度 60m 左右的接地极；

　　3. 复合式中，S 为大于 $100\mathrm{m}^2$ 的闭合接地网的面积；r 为与接地网面积 S 等值的圆的半径，即等效半径，m。

参　考　文　献

［1］ DL/T 620—1997. 交流电气装置的过电压保护和绝缘配合.

［2］ GB 311.1—1997. 高压输电设备的绝缘配合.

［3］ GB 311.7—1988. 高压输变电设备的绝缘配合使用导则.

［4］ IEC 712（1993）. 绝缘配合. 第一部分　定义、原则和规则.

［5］ IEC 712（1996）. 绝缘配合. 第二部分　使用导则.

［6］ DL/T 620—1997. 交流电气装置的过电压保护和绝缘配合.

［7］ DL/T 621—1997. 交流电气装置的接地.

［8］ GB 50057—2010. 建筑物防雷设计规范.

［9］ GB 311.1—1997. 高压输变电设备的绝缘配合.

［10］ GBJ 64—1983. 工业与民用电力装置的过电压保护设计规范.

［11］ 邱毓昌，施围，张乔根. 高电压工程基础. 北京：机械工业出版社，2006.

［12］ 沈其工，等. 高电压技术. 4 版. 北京：中国电力出版社，2014.

［13］ 国家电网公司人力资源部. 国家电网公司生产技能人员职业能力培训通用教材：高电压技术. 北京：中国电力出版社，2010.

［14］ 国家电网公司. 国家电网公司生产技能人员职业能力培训规范　第 9 部分：变电运行（110kV 及以下）. 北京：中国电力出版社，2009.

［15］ 林福昌. 高电压工程. 3 版. 北京：中国电力出版社，2015.

［16］ 常美生. 高电压技术. 3 版. 北京：中国电力出版社，2012.

［17］ 肖汉宁，等. 绝缘材料知识系列. 长沙：大众用电，2008（8）.